KB061599

새로운 시선의
금융과
재테크

새로운 시선의 금융과 재테크

초판 1쇄 발행 2024년 1월 11일

지 은 이 최윤곤
발 행 인 권선복
편   집 한영미
전 자 책 서보미
발 행 처 도서출판 행복에너지
출판등록 제315-2011-000035호
주   소 (157-010) 서울특별시 강서구 화곡로 232
전   화 0505-613-6133
팩   스 0303-0799-1560
홈페이지 www.happybook.or.kr
이 메 일 ksbdata@daum.net

값 20,000원
ISBN 979-11-93607-13-8 (13320)

Copyright ⓒ 최윤곤, 2024

* 이 책은 저작권법에 따라 보호받는 저작물이므로 무단전재와 무단복제를 금지하며, 이 책의 내용을 전부 또는 일부를 이용하시려면 반드시 저작권자와 〈도서출판 행복에너지〉의 서면 동의를 받아야 합니다.

도서출판 행복에너지는 독자 여러분의 아이디어와 원고 투고를 기다립니다. 책으로 만들기를 원하는 콘텐츠가 있으신 분은 이메일이나 홈페이지를 통해 간단한 기획서와 기획의도, 연락처 등을 보내주십시오. 행복에너지의 문은 언제나 활짝 열려 있습니다.

새로운 시선의
금융과
재테크

최윤곤 지음

도서
출판 행복에너지

추천사

지금까지 우리나라는 부동산이 국민의 주된 저축 수단이었습니다. 돈은 떼일 수도 있지만, 부동산은 움직일 수 없으니 가장 안전한 저축수단이라고 생각했습니다. 지난 50년간 물가가 30배, 1인당 달러 표시 소득이 140배 올랐는데, 부동산값은 3천 배나 올랐습니다. 그래서 부동산 투자가 금융저축보다 더 높은 수익을 보장해 왔고 부동산 불패론이 국민의식을 지배해 온 것입니다.

하지만 이제 부동산저축 시대는 지나고 금융저축 시대가 열리고 있습니다. 앞으로 물가는 안정되고 인구는 감소하고 주택공급은 늘어날 것입니다. 디지털 사회가 되면 토지나 건물에 대한 의존은 감소합니다. 집값은 오늘날 일본이 경험한 것처럼 장기적으로 하향 안정화될 것으로 예상됩니다. 결국 가계저축은 부동산에서 금융저축과 투자로 이동하게 될 것입니다.

금융저축 시대가 되면 가계저축은 주로 은행예금이나 보험, 주식, 채권 등과 같은 금융상품에 투자해야 합니다. 특히 주식, 채권, 펀드가 중요한 투자대상이 될 것입니다. 하지만 일반시민들이 투자상품으로 자산을 관리하는 것은 쉬운 일이 아닙니다.

이번에 저자가 펴낸 『새로운 시선의 금융과 재테크』는 이러한 전환기적 시점에 일반시민들이 쉽게 효율적으로 금융투자자산을 관리할 수 있도록 안내하고 있다는 점에서 의미가 크다고 생각합니다. 저자는 중앙대학교 경제학과에서 제가 가르친 제자입니다. 그는 금융감독원에서 33년간 근무하면서 금융시장을 분석하고 감독하는 일을 하였습니다. 또 최근 2년간은 금융교육교수라는 직책으로 공공기관이나 대학 또는 시민 등을 대상으로 금융시장과 자산관리에 대한 강의를 해왔습니다. 이 책은 그의 경륜과 강의를 바탕으로 엮어낸 것으로, 일반시민들을 위해 재테크 실전전략을 알기 쉽게 설명한 책이라 할 수 있습니다.

부동산저축 시대에서 금융저축 시대로 이행하는 전환기적 시점에서 이 책이 일반시민들에게 주식, 채권, 펀드 등 투자상품에 쉽게 효율적으로 투자할 수 있는 길잡이가 되어 주기를 바라는 바입니다.

2023년 12월

중앙대 명예교수, 전 한국은행 총재 **박 승**

최종구 (前 금융위원회 위원장)

코로나 팬데믹 이후 그 어느 때보다도 금융시장에 대한 관심이 뜨겁다. 고금리와 고환율은 일상이 되어 버렸다. 인플레이션과 고금리로 세계경제와 국제금융시장은 변동성이 심해지고, 우리나라 경제와 금융시장도 불확실성이 커지고 있다.

때마침 전 금융감독원 간부가 금융시장이 어떻게 작동하는지, 금리와 환율이 어디서 어떻게 결정되는지 실감 나게 현장 속으로 안내하는 책을 펴내 의미가 크다. 더욱이 데이터와 논거를 토대로 여러 가지 금융시장의 핫이슈를 냉철하게 분석함으로써 그야말로 '새로운 시선의' 금융시장 해설서로 손색이 없다. 특히 여러 오해와 왜곡이 넘쳐나는 미국 중앙은행과 국제금융시장에 대해 워싱턴 주재원 근무 경험, 관련 법률과 자료를 토대로 상세하게 설명하여 투자자들뿐만 아니라 언론과 관계기관도 참고할 만하다.

"바보야, 문제는 경제야"라는 문구가 자주 회자하듯이, 돈이 중요한 세상이다. 경제적 자유를 갈망하는 MZ세대를 위해 단순하면서도 실현 가능한 구체적인 재테크 전략과 방법을 제시하여 젊은 세대들에게 유익한 책이라 생각된다.

김용범 (前 기획재정부 제1차관, 前 금융위원회 부위원장)

2020년 코로나 팬데믹 이후 전 세계 금융시장은 변동성이 심한 상황이 지속되고 있다. 그야말로 격변의 시대지만 언젠가는 또 다른 균형에 도달할 것이다.

이 책은 국내 금융시장과 국제 금융시장을 씨줄과 날줄로 하여 논란이 있는 주제를 화두로 던져 나름대로 깊이 있게 차근차근 설명한다. 때론 비유와 예시를 들어 어려운 내용도 쉽게 풀어내며 독자를 금융시장의 핫이슈 현장으로 안내한다.

우리 금융시장에는 외국인 투자자, 국제금융시장, 미국 중앙은행 등에 대한 여러 오해가 있는 것이 현실이다. 금융감독의 현장에서 여러 경험을 쌓은 저자가 풍부한 데이터와 자료를 토대로 고정관념을 깨려는 시도는 특히 주목할 만하다.

이 책은 더욱이 MZ세대와 은퇴세대를 위한 자산관리 전략과 실전 사례를 손에 잡히게 구체적으로 제시하여 유익하기도 하다. 격랑의 파고를 넘기 위해 자유 시장경제와 자본시장은 성장하고 발전한다는 이론과 현실을 신뢰하고 장기 적립식으로 글로벌 자산배분 전략으로 투자를 하라는 조언은 설득력이 있다.

최수현 (국민대 석좌교수, 제9대 금융감독원장)

현대 금융은 다양화, 융합화, 디지털화되고 있다. 금리, 환율 등 금융시장은 변동성이 커지고 있다. 금융소비자로서는 양질의 금융상품을 구분할 수 있는 현명한 금융센스를 가지고 금융시장에 참여해야 피 같은 돈과 자산을 지킬 수 있다.

금융감독원에서 자본시장 업무와 금융교육 교수로서 금융 전반에 대한 해박한 지식과 풍부한 경험을 가진 저자가 〈새로운 시선의 금융과 재테크〉 책에서 우리가 알아야 할 금융의 길을 안내하고 있다.

젊은 세대와 일반인들에게 어떻게 하면 금융을 쉽게 이해시켜 금융이 자연스럽게 몸에 배도록 할 것인가에 대해 금융현장에서 오랜 고민을 해온 저자는 객관적 자료와 논거를 바탕으로 금융의 다양한 주제에 대한 그 동안의 칼럼을 금번에 새로운 시각에서 편집하여 책으로 우리에게 다가 왔다.

금융에 대한 열정과 경륜이 녹아 있는 책의 출간에 크게 축하하고 기쁜 마음이다. 금융소비자, 금융시장 참여자와 일반인의 금융이해력을 높여서 富의 창출과 축적에 도움을 주고 꿈과 희망을 이루게 하는 길라잡이 역할을 해나가기를 열렬히 성원한다.

진웅섭 (前 금융감독원 원장)

금융소양은 이미 현대인이 갖추어야 할 필수 자질이 되었다. 금융상품은 다양하고 더욱 복잡해지고 있다. 더욱이 최근 금융시장의 변동성과 불확실성이 커지고 있어 금융지식의 중요성은 더욱 부각되고 있다.

이런 시기에 원장 재임시절 함께 일한 간부가 금융시장 현장을 생생히 설명한 책을 출간한다는 소식을 들으니 매우 반가웠다. 특히 평소 업무를 추진할 때도 종합적인 시각과 균형감각을 지키려 했던 필자의 자세가 이 책의 구성이나 내용 면에서 잘 반영되어 있다고 생각한다. 여러 논란이 있을 수 있는 금융시장의 다양한 이슈를 비판적인 관점에서 다각도로 분석하여 필자의 견해를 제시한 부분은 주목을 끈다.

나아가 미래가 불확실한 젊은 세대가 유념해야 할 실전 재테크 전략과 포트폴리오까지도 제시하여 실용성 면에서도 매우 유익한 책으로 판단된다. 또한 은퇴세대에 대한 자산관리 안내도 곁들여 베이비붐 세대에게도 참고가 될 만하다.

아무쪼록 이 책이 모든 금융소비자에게 생생하고 손에 잡히는 금융교육 교과서로 자리매김하기를 기대한다.

나재철 (前 금융투자협회 회장)

최근 고금리와 고환율이 지속되고 증시 변동성이 확대되면서 자본시장 업계뿐만 아니라 투자자들에게도 참으로 어려운 시기입니다. 그 어느 때보다도 미국 중앙은행의 통화정책과 대외 요인이 우리 금융시장에 큰 영향을 미치고 있습니다.

시의적절하게도, 오랜 자본시장 감독 경험을 바탕으로 금융시장을 현장감 있게 다각도로 분석한 책이 출간되어 반가운 마음입니다. 더욱이 젊은 세대를 위한 장기적인 재테크 전략과 은퇴세대를 위한 인컴 창출 자산관리 전략을 포트폴리오와 함께 구체적으로 제시하고 있어 매우 유익하다고 생각합니다.

증권시장은 참으로 예측하기 어렵고 개별 주식투자로는 성공하기 쉽지 않다며 투자는 전문가에게 맡기고, 각자 자기 계발하고 운동하고 여행하라는 저자의 진심 어린 조언은 되새겨볼 만합니다.

협회장으로 재임하면서 투자자 교육과 퇴직연금 제도개선에 관심이 많았습니다. 이 책이 금융시장의 속성을 이해하고 재테크 전략을 수립하는 데 많은 도움이 될 것으로 기대해 봅니다.

김신 (SK증권 대표이사)

코로나 팬데믹 과정에서 급격히 풀린 유동성으로 자산 가격이 급등한 후 높은 인플레이션에 따른 금리 인상으로 자산시장이 급격히 냉각되면서 투자자들은 큰 혼란과 고통을 겪고 있습니다.

재테크는 일생에 걸쳐 이루어져야 하므로 철저한 계획에 따라 실행되어야 합니다. 이번에 출간된 〈새로운 시선의 금융과 재테크〉는 일생의 재테크를 설계하는 분들에게 큰 도움이 되리라 생각합니다.

저자는 금감원에서의 오랜 업무 경험과 전문성을 바탕으로 금융시장의 작동원리를 쉽고 명쾌하게 소개합니다. 또 다양한 금융시장의 리스크를 현장에서 본 경험을 바탕으로 교과서적인 투자이론에 매몰되지 않고 금융상품의 이면에 작동하는 시장원리를 가감 없이 소개하고 투자자들이 균형감 있는 포트폴리오를 구축하도록 안내합니다.

저는 그간 저자와의 만남에서 나누었던 대화와 저자가 작성한 칼럼으로 읽었던 내용이 잘 정리되어 매우 기뻤습니다. 모쪼록 젊음을 바쳐 금융시장의 발전을 위해 노력한 전문가의 경륜이 담긴 이 책을 통해 금융시장과 재테크에 대한 관점을 바르게 정립하시길 바랍니다.

머리말

　지방에 근무하다 보니 일주일에 두 번 장항선 열차를 타고 다니면서 창가로 계절의 변화를 느끼며 상념에 젖어본다. 옆자리에 앉은 청년은 열심히 책을 보고 있는데, 살짝 쳐다보니 주가 그래프가 많다. '차트분석' 책으로 주식투자 공부를 하고 있나 보다. 그는 투자에 성공하여 큰돈을 벌 수 있을까?

　6년 전 지방의 한 중학교 경제 동아리 금융교육을 참관하러 간 적이 있다. 금융감독원 간부가 왔다고 하니 교장 선생님, 동아리 선생님, 학생들까지도 비트코인에 투자하면 어떻겠느냐 진지하게 물었다. 투자에 신중해야 한다는 원론적이고 직업적인 답변을 할 수밖에 없었다. 조언을 뒤로 하고 용기 있게 투자한 사람은 어쩌면 돈을 벌었을 것이다. 그들은 삶이 윤택해지고 경제적 자유를 얻었을까?

　누구에게나 자산관리는 매우 중요하다. 그렇다고 재테크를 위해서만 이 책을 쓴 것은 아니다. 손에 잡히는 실전 재테크 안내서를 넘어 현장감 있는 금융시장 해설서, 나아가 고정관념을 깨는 금융이슈 평론서를 지향한다.

첫째, 명쾌한 재테크 원칙과 실전 포트폴리오를 제시한다. 오랜 자본시장 업무와 퇴직연금 운용 경험으로 재테크 원칙이나 방법을 평가할 수 있는 능력은 충분하다. MZ세대가 은퇴 후 30억을 만들 수 있는, 쉽고 실현 가능한 방법을 안내한다. 당연히 보장된 것은 아니지만, 가능성이 크다.

둘째, 금융시장이 실제로 어떻게 작동하는지 살펴본다. 금리나 환율을 누가, 어디서, 어떻게 결정하는지 금융시장 현장으로 안내하여 실감 나게 소개한다. 비유와 예시를 통해 낮은 단계에서부터 비교적 전문적인 부분까지 가능한 한 쉽게 설명한다.

셋째, 금융시장을 둘러싼 여러 고정관념을 파헤친다. 정보의 바다인 금융시장에는 전문가와 선수가 넘쳐난다. 하지만 여러 가지 오해와 고정관념이 똬리를 틀고 있다. 금리와 주가, 환율과 수출, 보험과 연금, 주식투자 기법, 버핏지수, 코리아 디스카운트, 공매도, 외국인 투자자, 미국 중앙은행 등에 대해 공정하고 합리적으로 실상을 이해하도록 새로운 시선으로 설명한다.

인터넷 신문을 운영하는 친구의 권유로 지난해부터 재테크를 포함하여 금융시장을 실감 나게 설명하고, 평소 문제의식을 느끼고 있던 이슈를 비판적으로 분석하는 칼럼을 썼다. 일반인, 특히 젊은 세대가 공유하면 좋겠다는 생각에 칼럼을 편집하고 수정·보완하여 용기를 내서 책을 내게 되었다. 많은 사람이 책에서 제시된 재테크 원칙과 방법을 통해 훗날 경제적 자유를 얻는다면 큰 보람이 되겠다. 필자도 같은 맥락으로 퇴직연금을 운용하고 있으며, 자녀도 실천에 들어갔다.

글을 쓴다는 것은 참으로 어려운 일이었다. 초안을 잡고 실제 금융시장 현장, 근거 자료, 데이터 등을 여러 차례 확인하고 게다가 내용을 매끄럽고 읽기 쉽도록 수십 번의 수정을 거치는 작업이었다. 그런데도 오류나 부정확한 내용이 있으면 이는 온전히 필자의 책임이다.

출판을 흔쾌히 허락해 주고 편집 방향에 대해 진솔한 조언을 해 준 행복에너지 권선복 대표님과 깔끔한 편집과 디자인으로 근사한 책을 만들어 준 최새롬 팀장님께 감사를 드린다. 그간 긴 칼럼을 읽어 주고 코멘트 해주고 응원해 준 금감원 후배 간부님과 지인에게도 고마움을 전한다. 마지막으로 사랑하는 가족과 하늘나라에 계신 할아버지, 할머니, 아버지께 이 책을 바친다.

2023년 12월

최 윤 곤

차례

추천사 4

머리말 12

I

재테크, 왕도는 없는가

1. **재테크 왕도는 있다** 24

투자는 왜 해야 하는가? ◆ 6가지 투자원칙 : 장기투자, 적립식 투자, 글로
벌 투자, 자산배분 투자, 목표기반 투자, 저비용 투자 ◆ 이러한 투자원칙
에 부합하는 금융투자상품 TDF! ◆ 돈을 좇지 말고, 돈이 돈 벌게 해야!

2. **고금리나 우대금리론 큰돈 벌기 어렵다** 39

'장병내일준비적금' 이제는 진짜 들어야 한다 ◆ '청년도약계좌' 돈이 크게
불어나지 않는다 ◆ 고금리 특판 예·적금도 돈이 크게 불어나지 않는다

3. **MZ세대, 30억 목돈마련 가능하다** 49

DB와 DC, 이 또한 선택의 문제다 ◆ 연금저축이나 IRP, 운용이 무엇보다 중요하다 ◆ MZ세대가 퇴직할 무렵 30억 목돈마련 가능한 일이다 ◆ 장기 적립식 글로벌 분산투자를 하면 충분히 보상을 받는다

4. **은퇴세대, 김민재 같은 선수가 필요하다** 66

수비 위주의 안전한 승리전략이 필요하다 ◆ 인컴 위주의 안정적인 필승 포트폴리오를 마련하다 ◆ 연금저축을 투 트랙(two-track)으로 활용하다 ◆ 연금자산을 인출할 때도 노하우가 필요하다

5. **보험은 저축도 투자도 연금도 아니다** 76

저축보험과 변액보험, 가성비가 있을까 ◆ 보험은 연금일까, 연금은 보험 일까 ◆ 공시이율은 예·적금 금리와 비슷한 수준이다 ◆ 연금보험 상품의 그림자를 살펴보자 ◆ 달러보험 가입도 신중해야 한다 ◆ 종신보험도 결국 선택의 문제다

6. **은행은 금융상품을 파는 대형마트다** 90

은행에서 파는 금융상품이 다 안전하지 않다 ◆ 사모펀드 사태는 미국에선 상상할 수 없는 일이다

7. **리스크는 금융의 알파요 오메가다** 97

수익성과 안전성 두 마리 토끼를 잡을 순 없다 ◆ 분산투자를 통해 리스크 를 줄일 수 있다 ◆ 채권투자도 때론 리스크가 클 수 있다 ◆ 꼬리 리스크 가 있는 상품은 신중해야 한다 ◆ 금융의 핵심은 리스크다

금융시장, 어떻게 작동할까

8. 금융을 혈액순환으로 이해하면 쉽다 110

9. 기준금리는 금융의 조타수다 115

금리는 쉽게 말해 '돈의 값'이다 ◆ 중앙은행 총재 혼자 결정하지 않는다 ◆ 사후적으로 대응한다는 비판이 많다 ◆ 노련한 운전사는 방어운전을 한다

10. 미국 중앙은행에 대한 오해와 왜곡을 깨다 124

미국 중앙은행은 단일기관이 아니라 연합체다 ◆ '연방준비제도이사회'는 일제잔재로 잘못된 명칭이다 ◆ 미국 중앙은행은 민간기관이다? ◆ 연방준비은행은 월가가 좌지우지한다? ◆ 연방준비은행이 달러를 발행한다?

11. 시장금리는 채권시장에서 결정된다 149

할인율이 채권의 진짜 금리다 ◆ 국채 발행금리는 국고채전문딜러가 결정한다 ◆ 채권시장은 도대체 어디에 있을까 ◆ 증권회사가 시장금리 결정에 큰 영향을 미친다 ◆ 마이너스 금리는 채권시장에서 일어나는 일시적 현상이다

12. 회사채 발행금리는 눈치싸움과 줄다리기로 결정된다 164

금리는 채무불이행에 대한 리스크 프리미엄을 반영한다 ◆ 프로들의 치열한 눈치싸움과 줄다리기로 결정된다 ◆ 구체적으로 수요예측 과정을 통하여 금리수준이 결정된다

13. 대출금리는 기준금리가 따로 있다 174

코픽스와 은행채 금리가 대출 기준금리가 된다 ◆ 신용 프리미엄과 우대금
리는 고객의 몫이다 ◆ 고정금리와 변동금리 선택은 쉽지 않다

14. 환율은 누가 어떻게 결정할까 181

원/달러 환율은 '원화값'이 아니라 '달러값'이다 ◆ 달러를 사고파는 외환시
장은 어디에 있을까 ◆ 원/달러 환율은 해외에서 계속 변동한다

15. 외환위기 진짜 방아쇠는 은행의 단기외채다 193

단기외채가 위기를 촉발하고 심화시킨다 ◆ 해외은행의 차익거래도 요주
의 대상이다 ◆ 외화자금시장 조달여건이 매우 중요하다

16. 환율이 오르면 수출이 증가할까 202

가격효과와 소득효과 등 다양한 요인이 영향을 미친다 ◆ 환율효과가 크게
약화하고 있다 ◆ 비가격적인 요소가 수출에 큰 영향을 미친다

17. 국제금융시장 주도세력은 누구일까 211

국제금융시장은 미국계가 주도하고 있다 ◆ JP Morgan이 세계 금융시장
의 리더로 부상하다 ◆ 투자은행도 역시 미국계가 주도한다 ◆ 골드만삭
스가 사실상 투자은행의 리더다 ◆ 세상의 돈도 미국계가 운용한다 ◆
BlackRock이 세계 최대 자산운용회사로 부상하다

증권시장, 고정관념을 깨다

18. 주식투자 기법은 얼마나 유용할까 **236**

주가는 술 취한 사람처럼 어디로 갈지 알 수 없다 ◆ 기술적 분석은 차트를 통해 주가를 분석한다 ◆ 기본적 분석은 재무제표 분석을 통해 본질가치를 산정한다(PBR, PER, PEG, PSR) ◆ 주가는 참으로 예측하기 어렵다

19. 증권사 지수전망은 타율이 얼마나 될까 **252**

증권사 지수 전망은 실망스러운 수준이다 ◆ 해외 유수 투자은행도 마찬가지다 ◆ 지수 전망은 왜 이렇게 맞지 않을까 ◆ 역시 시장은 예측하기 어렵다

20. 코리아 디스카운트는 정말 존재할까 **262**

PBR이나 PER 지표는 다분히 한계가 있다 ◆ 가치평가에 무형자산의 영향이 커지고 있다 ◆ 애플은 고평가되고 삼성전자는 저평가된 것일까 ◆ 애널리스트의 낙관적 편향이 신뢰성을 떨어뜨린다 ◆ 거래되는 장소도 다르고, 거래되는 물건도 다르다 ◆ 주가가 낮은 데는 다 이유가 있다

21. 버핏지수는 고평가 척도로 타당할까 **278**

본디 자본시장 발전 정도를 판단하는 지표다 ◆ 버핏지수는 우상향한다 ◆ 버핏지수는 그냥 경험칙 정도로 참고하면 무방하다

22. **금리가 오르면 주가는 내릴까** **287**

시장은 미리 금리향방을 전망하고 움직인다 ◆ 금리가 상승할 때 주가가
오르는 경우가 많다 ◆ 금리와 주가가 음(-)의 상관관계를 보이기도 한다
◆ 환율과 주가는 상호 피드백 영향을 준다

23. **외국인 투자자 그들은 핫머니인가** **298**

뮤추얼펀드, 연기금, 국부펀드가 주도세력이다 ◆ 기업에 목소리를 내는
행동주의 펀드는 소수다 ◆ 국내채권 투자세력은 외국 중앙은행이 주도
한다

24. **공매도는 증권시장에서 공공의 적인가** **307**

공매도 주도세력은 누구일까 ◆ 공매도가 증권시장에서 정말 공공의 적인
가 ◆ 무차입공매도는 얼마나 중대한 위법행위일까 ◆ 외국인의 공매도 위
반은 어느 정도 중대한 위법행위일까 ◆ 공매도와 연계된 부정거래를 집
중 감시할 필요가 있다

맺음말 326

출간후기 327

참고자료 330

재테크,
왕도는
없는가

① 재테크 왕도는 있다

Money matters! 돈이 중요한 세상이다.

돈 벌기 위해 주식, 코인, 가상자산 투자로 낮이나 밤이나 바쁘다. 스마트폰 하나면 몇 초 만에 전 세계로 돈이 오고 간다. 언론이나 유튜브에는 자칭 주식 전문가들이 차고 넘친다. 재테크 관련 책들도 수없이 쏟아진다. 언론은 '동학개미', '서학개미', '주린이', '10만 전자', '따상' 등 앞다투어 신조어를 외쳐대면서 '주식 권하는 사회'를 부추긴다.

코스피 지수는 코로나 전 2,200선, 코로나로 1,400선으로 급락, 돈 풀어 3,300선으로 급반등, 인플레이션과 금리인상으로 2,100선으로 급락, 2년 반 만에 일어난 일이다. 롤러코스터가 따로 없다. 주식투자로 돈 벌기는 쉽지 않다. 전문가들은 체계적으로 공부하

재테크, 왕도는 없는가

고 투자하라고 하지만, 공부한다고 될 일이 아니다. 그러면 증권 회사 직원들은 다 부자가 되었을까.

미래를 예측하는 일은 힘든 일이다. 시장에서는 외국인, 기관, 큰손, 개미 등 수백만 명의 투자자들이 매일 매일 돈을 벌려고 치고받는다. 주식시장은 제로섬이 아니다. 결국 이익을 본 투자자들은 10% 이내라는 게 정설이다.

재테크, 왕도는 없는가? 있다. 그것도 대체로 알려져 있다. 결론부터 말하자면 장기투자, 적립식 투자, 글로벌 투자, 자산배분 투자, 목표기반 투자, 저비용 투자다. 한마디로 요약하면 '글로벌 장기 분산투자'다. 그간 강의에서 많이 활용했던 삼성자산운용의 『이기는 투자』라는 투자자 교육자료를 토대로 설명하고자 한다. 이 자료는 체계적인 분석을 통해 투자원칙을 설득력 있게 제시하고 있다.

투자는 왜 해야 하는가?

경제가 발전하고 성장률이 둔화하면서 금리는 장기적으로 하락 추세다. 물론 최근에는 연 3% 수준으로 올랐고 어떤 금융기관은 5%를 준다고 요란을 떤다. 하지만 5% 이자를 받으려면 조건이

까다롭고 가입금액도 제한이 있다. 장기적으로 5%를 주는 예금은 현실적으로 불가능하다.

2~3% 수준의 금리로는 아무리 장기로 적금을 넣어도 돈이 크게 불어나지 않고 물가상승을 고려하면 하나마나다. 연 5% 이상은 돼야 돈이 늘어나는 것을 체감할 수 있다. 그러려면 결국 리스크 있는 자산에 투자해야 한다.

(출처 : 삼성자산운용 『이기는 투자』)

재테크, 왕도는 없는가

미국의 경우 지난 45년간(1976~2020) 물가는 4.7배(연평균 3.5%), 장기 국채는 19.0배(6.8%), S&P500 지수는 41.6배(8.6%) 상승하였다. 우리 나라는 과거 35년간(1986~2020) 물가는 3.4배(연평균 3.5%), 정기예금은 7.9배(6.1%), 코스피 지수는 28.3배(9.9%) 상승하였다. 이는 장기간 리스크자산에 투자하면 그만큼 보상해준다는 의미다. 하이 리스 크 하이 리턴(high risk high return)이 이론적으로나 실제적으로 타당하 다는 얘기다.

첫 번째 투자원칙은 장기투자다

단기간의 주가 상승과 하락을 예측하는 것은 거의 불가능하다. 증권사의 연간 전망은 틀리기 쉽고 뒷북치기로 유명하다. 과거 70 년간(1950~2020) 미국 S&P500 지수의 일별 상승·하락 확률은 53.1% 와 46.2%다. 과거 40년간(1980~2020) 우리나라 코스피 지수는 51.4% 와 48.3%이다. 상승·하락 확률은 거의 반반이며, 동전 던지기와 비슷하다.

성공확률 70%를 우수한 투자자라고 할 때, 들어갈 때(매수)와 나 올 때(매도) 두 번 성공해야 하니 성공확률은 50%도 채 안 된다. 내 릴 때 사서 오를 때 팔아 이익을 얻는 파도타기 기법(market timing)도 말이 쉽지 성공하기 어렵다. 많은 투자자는 주가가 오르면 뒤늦게 사고 내리면 겁에 질려 팔고, 펀드도 오르면 가입하고 내리면 환매한다.

미국의 마젤란 펀드는 13년간(1977~1990) 연평균 29%의 경이적인 수익률을 올렸는데, 투자자 절반 이상이 손실을 보았다. 이는 시장의 등락을 견디지 못하거나 단기적인 수익률에 취해 성급하게 환매한 데 원인이 있다.

미국 S&P500 지수에 1년간 투자하면 최고 72.3%, 최저 마이너스 (-)47.5%(연평균 12.5%), 10년간 투자하면 연간 최고 20.0%, 최저 마이너스 (-)4.5%(연평균 10.6%), 20년간 투자하면 연간 최고 18.6%, 최저 3.9%(연평균 10.5%) 수익률을 얻었다.

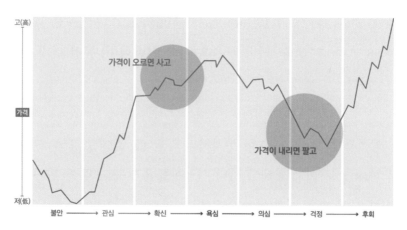

(출처 : 삼성자산운용 『이기는 투자』)

재테크, 왕도는 없는가

우리나라 코스피 지수에 1년간 투자하면 최고 236.2%, 최저 마이너스 (-)64.5%(연평균 13.6%), 10년간 투자하면 연간 최고 25.0%, 최저 마이너스 (-)8.6%(연평균 9.2%), 20년간 투자하면 연간 최고 13.0%, 최저 1.6%(연평균 7.8%) 수익률을 보였다.

단기간 투자하면 천당과 지옥을 왔다 갔다 한다. 재수 없으면

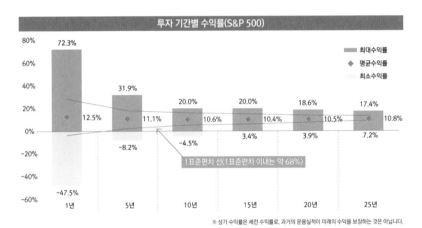

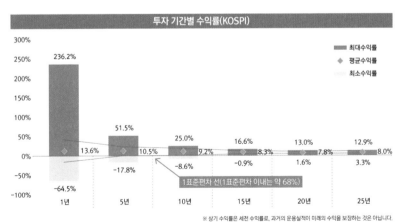

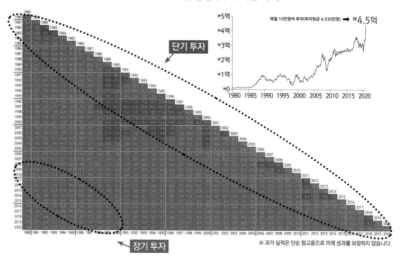

• 한국 KOSPI 주가지수도 장기투자 時에는 항상 (+) 수익률 기록

(출처 : 삼성자산운용 『이기는 투자』)

10년을 투자해도 손해를 볼 수 있다. 투자 기간이 길어져도 연평균 수익률은 8~10%로 별 차이가 없지만, 수익률의 변동성과 손실 가능성은 작아지게 된다. 그래서 장기투자가 답이라는 얘기다.

두 번째 투자원칙은 적립식 투자다

이는 시간을 배분하여 평균 매입 단가를 낮추는 효과적인 투자 방법이다. 이를 매입원가 평균법(dollar cost averaging)이라고 한다. 주가가 내려가면 그만큼 많은 주식 수(좌수)를 매입하게 되는 효과가 있다. 지난 40년간 한 달에 10만 원씩 코스피 지수에 투자했다면 누적 투자원금은 4,930만 원, 평가금액은 4.5억 원으로 원금이 9.2배나 증가하였다.

젊은 세대들은 급여의 일정액을 적립식으로 투자하는 것이 현명하다. 만약 목돈이 있는 중장년 세대라면 여러 차례 나눠서 투자하는 것이 좋다. 목돈을 한 번에 투자하면 이익을 크게 볼 수 있지만, 손해도 크게 볼 수 있다. 목돈을 모아서 나중에 투자한다는 것은 잘못된 방법으로 목돈을 모으기 위해서는 적립식으로 리스크 자산에 장기적으로 투자해야 한다. 장기 적립식 투자가 정답이다.

• **사례** : 1980년부터 2020년 12월까지 KOSPI지수에 매달 10만원 투자
• **누적 투자 원금** : 4,930만원 → **평가액** : 4.5억(원금이 9.2배로 증가)

(출처 : 삼성자산운용 『이기는 투자』)

세 번째 투자원칙은 글로벌 투자다

2023.6월말 기준 전 세계 증시에서 차지하는 국가별 비중은 미국 42.5%, EU 11.1%, 중국 10.6%, 일본 5.4%, 홍콩 4.0%, 영국 2.9%, 우리나라는 11위로 2.2% 수준이다. 당연히 미국에 많이, 우리나라는 조금만 투자해야 한다. 지역을 분산하고 통화를 분산해서 투자해야 한다. 우리나라 시장을 잘 안다고 우리나라에만 투자하는 것은 투자원칙에 맞지 않고 리스크가 크다. 또 애국주의가 돈 벌어 주는 것도 아니다. 베트남이 뜬다고 베트남 펀드에만 투자하는 것은 그만큼 리스크가 크다. 각국의 시장 비중을 고려하여 글로벌 분산투자를 해야 한다.

네 번째 투자원칙은 자산배분 투자다

투자성과는 90% 이상이 자산 배분에 의해 결정된다. 종목 선정이나 마켓 타이밍의 영향은 아주 적다. 미국 월가에서 펀드매니저와 원숭이가 종목을 선정하여 수익률 경쟁을 하였는데 원숭이가 이겼다는 웃지 못할 얘기를 들어본 적이 있을 것이다. 그만큼 수익이 나는 종목을 선정하는 것이 어렵다. 떨어질 때 사서 오를 때 파는 마켓 타이밍도 마찬가지로 어렵다. 물론 좋은 종목, 마켓 타이밍으로 이익을 보는 사람도 있으나 전체적으로 확률이 낮다는 얘기다.

	2001	2002	2003	2004	2005	2006	2007	2008	2009	2010	2011	2012	2013	2014	2015	2016	2017	2018	2019	2020
1	40.5	25.9	55.8	25.6	56.8	32.1	39.4	13.7	78.5	30.2	9.8	20.0	26.7	32.3	4.1	11.8	37.3	1.0	27.7	33.8
2	10.4	14.0	33.1	14.7	34.0	20.1	34.6	8.3	51.8	23.6	8.4	18.6	9.0	7.6	1.5	11.2	23.9	0.9	23.0	18.3
3	8.4	11.8	32.3	13.8	21.4	12.0	16.2	5.9	30.0	18.9	8.0	18.2	2.0	7.5	0.8	10.2	22.4	-1.8	18.4	15.9
4	8.2	10.5	25.9	11.8	10.8	10.3	10.5	-3.1	28.8	16.8	6.2	15.8	-1.4	6.1	0.8	7.5	14.7	-2.1	17.6	10.7
5	6.7	8.7	23.9	10.3	9.5	6.0	9.0	-11.7	27.0	12.2	4.8	11.3	-2.0	5.1	-0.4	5.8	10.8	-5.2	16.1	10.1
6	-2.6	-1.2	20.9	9.1	8.8	5.2	9.0	-20.5	22.5	11.8	4.2	10.7	-2.6	4.9	-0.8	5.6	10.5	-5.6	13.8	9.4
7	-4.9	-6.2	7.7	2.8	4.3	6.9		-35.6	18.9	10.6	-0.5	9.4	-2.7	4.1	-0.9	5.4	6.8	-6.0	10.0	8.0
8	-16.8	-7.2	3.1	4.7	2.6	3.1	5.9	-39.7	16.0	8.5	-5.5	6.4	-2.9	-2.0	-3.1	5.2	6.2	-8.7	7.7	5.8
9	-19.5	-19.9	2.2	3.5	2.0	2.1	5.1	-40.7	7.2	5.9	-9.7	2.6	-3.2	-2.2	-6.4	1.7	2.5	-11.2	6.9	3.9
10								-53.3	5.9	5.4	-13.3	2.0	-6.4	-3.5	-14.9	1.6	2.3	-14.6	6.4	-3.1
11								-3.6	4.4	-18.4	-1.1	-9.5	-17.0	-24.7	1.0	1.7	-15.4	6.0	-11.3	

■분산포트폴리오 ■KOSPI ■선진국 주식 ■신흥국 주식 ■미국 국채 ■선진국 국채 ■회사채/정부기관채 ■MBS ■신흥국채권 ■원자재 ■리츠

※ 과거의 성과가 미래의 수익을 보장하지 않습니다.

(출처 : 삼성자산운용 『이기는 투자』)

또 주식이 장기적으로 많은 수익을 준다고 하더라도 선진국 주식펀드나 개도국 주식펀드에만 투자하면 시장 상황에 따라 이익이 크게 나기도 하고 손실이 크게 나기도 한다. 들쭉날쭉하다는 건 리스크가 크다는 얘기다. 그래서 한쪽에서 손해를 봐도 다른 한쪽에서 이익을 얻어 장기적으로 양호한 이익을 얻을 수 있는 자산배분이 가장 중요하다.

선진국과 개도국의 시장 비중을 고려하여 글로벌하게 투자하고, 주식·채권·원자재·리츠 등으로 전략적으로 자산을 배분하여 투자하는 것이 꾸준하고 안정적인 이익을 얻는 가장 효과적인 방법이다.

다섯 번째 투자원칙은 목표기반 투자다

5년 후 아파트 구입을 위해 목돈을 마련하려는 경우 전액을 리스크자산에 투자하는 것은 좋은 방법이 아니다. 투자 기간과 중요도에 따라 적절하게 안전자산과 리스크자산을 배분하여야 한다.

또 생애주기에 따라 리스크자산의 배분도 달라져야 한다. 이제 갓 직장생활을 시작한 20대 후반과 은퇴를 앞둔 50대 후반의 투자는 달라야 한다. 20대 후반은 돈을 벌고 투자할 수 있는 기간이 길어서 리스크자산에 많이 투자해야 하고, 50대 후반은 당연히 조금만 해야 한다. 은퇴가 가까워질수록 손실을 회복할 시간이 짧고 은퇴하면 생활비를 인출해야 하므로 안전자산의 비중을 늘려나가야 한다.

리스크자산에 '100-나이' 정도(예를 들어 50세는 100-50=50%) 투자해야

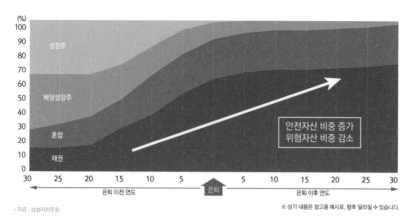

· 자료 : 삼성자산운용   ※ 상기 내용은 참고용 예시로, 향후 달라질 수 있습니다.

(출처 : 삼성자산운용 『이기는 투자』)

재테크, 왕도는 없는가

한다는 재테크 법칙도 많이 알려져 있다. 목돈 마련 목표나 생애 주기를 고려하여 투자하여야 한다.

여섯 번째 투자원칙은 저비용 투자다

장기간에 투자했을 때 조그마한 수수료 차이가 나중에 수익률에 큰 영향을 미친다. 30년 투자하면 저비용 펀드(총보수 0.15%)와 고비용 펀드(1.5%)는 각각 4.2%와 35.1%가 보수로 차감된다. 만약 30년간 1억 원을 연 5% 수익률로 투자한다면 저비용 펀드는 4.1억 원, 고비용 펀드 2.8억 원이 된다. 장기적으로 투자하면 작은 수수료 차이로 투자수익률이 크게 차이가 난다.

한편 유망한 종목을 발굴해서 투자하는 고비용 펀드(액티브 펀드)

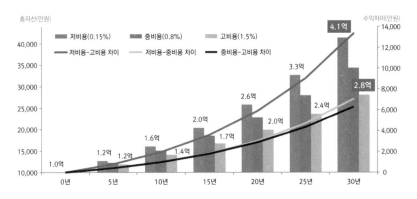

(출처 : 삼성자산운용 『이기는 투자』)

가 그냥 지수구성 종목에 투자하는 저비용 펀드(패시브 펀드, 인덱스펀드)보다 수익률 면에서 대체로 우수하지도 않다. 또 잘 나가는 펀드라도 계속 좋은 수익률을 내기도 어렵다. 그래서 '투자의 현인'으로 추앙받고 있는 워런 버핏은 인덱스 펀드가 투자자들에게는 가장 합리적인 투자방법이라고 조언한다.

이러한 투자원칙에 부합하는 금융투자상품 TDF!

앞에서 언급한 투자원칙을 고려하여 개인이 글로벌하게 자산을 배분하기 위해 여러 개 펀드를 골라 포트폴리오를 구성하고 생애주기에 따라 리스크자산 비중을 조절하는 것은 어렵고 번거롭다. 이러한 투자원칙이 잘 반영된 금융상품이 있다. 바로 퇴직연금에서 주로 편입하고 있는 TDF(Target Date Fund)라는 상품이다. MZ세대라면 TDF 2045나 2050, 40대는 TDF 2035나 2040, 50대는 TDF 2025나 2030 정도가 적합한 상품이다.

예를 들어 '2045' 숫자는 은퇴 시점을 나타내는 것으로 지금은 80% 정도를 주식과 같은 리스크자산에 투자하다가 서서히 비중을 낮춰서 2045년 은퇴 시점에는 약 30% 정도로 줄여주는 상품으로 이해하면 된다. 비행기가 착륙할 때 바로 착륙하지 않고 서서히 고도(리스크자산)를 낮춰 착륙한다(glide path)는 개념으로 생애주기에 따라 리스크자산 비중을 조절해 주는 투자상품이다.

젊은 세대들은 연금저축과 IRP(개인형 퇴직연금)에 가입하여 매월 적립식으로 TDF에 투자하는 것이 가장 합리적인 은퇴 대비 재테크 방법이다. 어느 펀드가 좋을까 또 언제 가입하고 환매할까 신경 쓸 필요도 없다. 연말 정산할 때 세금혜택도 받을 수 있다.

PB(은행이나 증권회사 전문 상담직원)와 상담하여 우수한 3개 운용사의 TDF 2045~2050 상품을 선택하여 매월 100만 원(1개는 40만 원, 다른 2개는 각각 30만 원) 30년간 납입하여 투자하면 30년 후에는 약 22억 원으로 불어나 있을 것이다(누적원금은 3.6억 원, 기대수익률 연 10%). 물론 미래는 불확실하다. 하지만, 과거의 경험과 데이터에 의거 예측하고 행동하는 것이 합리적이다. 당연히 은퇴 무렵에 전쟁이 나거나 세상에 이변이 생기지 않아야 한다.

장년층들은 배당이나 이자를 받는 자산에 주로 투자하는 TIF(Target Income Fund)가 적합한 상품이다. 출시된 지 얼마 되지 않아 수탁액이 많지 않다. 배당수익률이 높은 부동산 인프라 펀드(대표적으로 맥쿼리인프라펀드), 리츠펀드, 리츠ETF에 투자하는 것도 하나의 방법이다. 아니면 리스크자산이 30% 정도 들어있는 TDF 2025도 대안이다. 이러한 상품들도 당연히 손해 볼 수 있다. 하지만, 가슴 졸임(리스크)의 대가로 은행 이자보다 높은 연 5% 정도의 수익률을 얻을 수 있다.

돈을 좇지 말고, 돈이 돈 벌게 해야!

주식투자는 안 하는 게 상책이다. 리스크가 크고, 얽매이게 되고, 일희일비하기 쉽다. 공부한다고 되는 것도 아니다. 고급 정보로 투자하는 것은 공정하지 않고 반칙이고 자칫하다가는 불법에 휘말리게 된다. 산이 높으면 골이 깊듯이, 이익을 많이 보려 하면 리스크도 그만큼 크다. 그렇다고 리스크를 감당하지 않으면 어느 정도 높은 이익을 얻을 수 없다. 세상에 공짜 점심은 없다.

한마디로 '글로벌 장기 분산투자'가 답이다. 이러한 원칙을 알아도 더 많이 벌려는 욕심 때문에 실천하기 쉽지 않다. 실천은 온전히 자기 자신의 몫이다. 필자도 실천하지 못했음을 고백하지 않을 수 없다. 이러한 원칙을 일찍 알았다면 어땠을까 생각해본다.

옛날 어른들은 돈을 쫓아가지 말라고 했다. 진료는 의사에게, 약은 약사에게 맡기듯이 투자도 전문가에게 맡겨야 한다. 우리는 일 하고, 자기 계발하고, 운동하고, 여행도 다니면서 사랑하는 가족과 좋은 친구들과 건강하게 즐겁게 행복하게 살면 된다. 돈이 돈 벌게 하고!!!

재테크, 왕도는 없는가

②
고금리나 우대금리론
큰돈 벌기 어렵다

　베이비붐 세대는 국민학교(지금의 초등학교) 시절 반강제적으로 예금통장을 만들어 예금을 했다. 코 묻은 돈으로 조그마한 목돈을 모으는 길이고, 국가적으로는 '공업입국(工業立國)' 건설을 위한 산업자금 조달에 일조하는 일이기도 했다.

　요즘 초등학생은 금융교육 자매결연을 맺은 은행 지점을 방문하여 예금통장을 만드는 과정과 목돈 마련을 위해 적금 드는 법을 배운다. 사실상 금융의 첫걸음마를 떼는 모습이다. MZ세대는 손안에서 온종일 순식간에 재테크를 한다. 고금리 상품 외에 주식, 채권, 펀드, 코인, 조각 투자까지 거침이 없다. 군인들도 근무일과가 끝나면 최전방에서도 보통 저녁 6~9시까지는 핸드폰을 사용할 수 있다. 예약주문이 가능하여 손안에서 우리나라 주식뿐만 아니라 미국 주식이나 코인 거래도 가능하다.

'장병내일준비적금' 이제는 진짜 들어야 한다

　정부 정책에 부응하여 은행은 군인을 위한 우대금리 적금상품을 내놓고 있다. 예·적금 금리가 2% 안팎이었을 때에도 약 4~5%의 우대금리를 줬다. 월급을 저축해서 제대 후에 목돈을 마련하도록 지원하자는 취지다.

　매달 한 은행에 20만 원 한도로 최대 40만 원까지 가입할 수 있다. 보통 두 개 은행에 20만 원씩 납입하면 제대 후에 약 750만 원의 목돈을 손에 쥘 수 있다. 매월 40만 원씩 육군 현역 복무기간인 18개월간 적금을 넣으면 원금은 720만 원, 5% 우대금리를 적용하면 이자는 285,000원, 총 7,485,000원의 목돈이 된다. 과거 평균금리 2%를 적용하면 이자가 114,000원으로 총 7,314,000원이다. 우대금리로 더 받게 되는 이자는 171,000원으로 적은 금액은 아니지만, 큰돈도 아니다.

　지금이야 고금리 시기이지만 5% 우대금리는 군인이기 때문에 특별히 혜택을 준 금리다. 길어야 21개월, 가입금액이 최대 40만 원으로 제한되어 있어 은행으로서도 크게 부담이 되지 않으면서 미래 고객을 유치할 수 있다.

　2022년부터는 장병적금에 가입하면 재정지원금으로 금리를

　　　　　　　　　　　　　재테크, 왕도는 없는가

1% 더 주고, 나중에 원리금의 33%를 매칭지원금(소위 '3:1 매칭지원금'이라고 함)으로 받는다. 매칭지원금은 목돈 마련을 통해 장병들의 사회 복귀를 지원하기 위해 정부예산에서 지급하는 혜택이다. 매월 40만 원씩 18개월간 납입하면 원금은 720만 원, 우대금리 5%를 적용하면 이자는 285,000원, 재정지원금 1% 추가 금리로 57,000원, 매칭지원금은 2,488,860원, 모두 합하여 총 10,030,860원의 목돈이 된다.

우대금리 5% 외에 재정지원금과 매칭지원금을 합한 금액을 수익률로 환산해 보면 연 50%에 달한다. 금융시장에서는 상상할 수 없는 엄청난 확정 수익률로 군인들은 반드시 가입해야 하는 상품이다. 장병적금에 가입하지 않으면 재정지원금과 매칭지원금을 받을 수 없다. 예전에는 그냥 우대금리 혜택만 있어서 적금에 가입하지 않아 발생하는 기회손실은 17만 원 정도에 불과했다. 하지만 정부지원금이 도입되면서 기회손실이 약 255만 원으로 늘어나 놓치면 안 되는 큰돈이다.

제대하면 약 1,000만 원의 목돈이 생긴다. 부모님으로부터 용돈을 가져다 쓰더라도 당연히 한도 40만 원을 꼭 채워 가입해야 한다. 2023년부터 정부매칭지원금이 71%로 확대되어 나중에 받는 총액은 1,290만 원, 수익률로 환산하면 연 100%에 달한다. 장병적금을 들지 않아 발생하는 기회손실은 약 541만 원으로 거의 국립대 연간 등록금에 해당하는 큰 금액이다.

현실에서는 있을 수 없는 어마어마한 확정 수익률이다. 장병들의 목돈 마련을 위해 정부예산으로 지원하기 때문에 가능한 일이다. 리스크가 큰 증권시장에서 과거 10년간 연간·종목수 기준으로 100% 이상 수익률을 올린 확률은 약 5%에 불과하고, 반대로 50% 이상 손실을 본 확률도 약 4%에 달했다.

제대 후 마련된 목돈은 학자금이나 생활비 또는 여행경비로 요긴하게 사용할 수 있다. 아니면 미래를 위해 종잣돈(seed money) 삼아 적립식 펀드에 투자할 수도 있다.

(출처 : 장병 신병교육 수료식 장면, 필자가 직접 찍은 사진)

재테크, 왕도는 없는가

'청년도약계좌' 돈이 크게 불어나지 않는다

2023년 금융위의 정책에 따라 은행권은 청년들의 자산 형성을 위한 '청년도약계좌' 상품을 출시했다. 5년 만기 적금상품으로 고정금리(3년)·우대금리·비과세가 적용되고 매달 70만 원 한도 내에서 자유롭게 납입할 수 있다.

매달 40만 원까지는 정부기여금 매칭비율이 6%로 기여금은 월 24,000원 한도로 지급된다. 매달 40만 원씩 우대금리 4%로 5년간 납입하면 원금은 2,400만 원, 기여금은 144만 원, 기여금과 이자를 더하여 만기에 받는 총액은 28,026,400원이다.

연 환산 금리로는 6.6%에 달해 굉장히 높은 수준이다. 정부기여금으로 받게 되는 금액은 1,586,400원(이자 포함)으로 연간 약 30만 원을 더 받는 셈이다. 그리 큰돈은 아니다. 매달 70만 원을 가입하면 정부기여금 매칭비율은 3%로 기여금이 월 21,000원 지급된다. 매달 70만 원씩 우대금리 4%로 5년간 납입하면 원금은 4,200만 원, 기여금은 126만 원, 기여금과 이자를 더하여 만기에 받는 총액은 47,658,100원이다. 연 환산 금리로는 5.3%에 달해 높은 수준이다. 정부기여금으로 받게 되는 금액은 1,388,100원(이자 포함)으로 연간 약 27만 원을 더 받는 셈이다. 원금에 비하면 적은 돈이다.

고금리 특판 예·적금도 돈이 크게 불어나지 않는다

시중에는 고금리 특판 예·적금 상품이 고객을 유혹하고 있다. 자세히 따져보면 납입한도 외에도 카드사용이나 급여이체 등 우대금리 조건이 도사리고 있다. 행운번호에 당첨된 경우에만 고금리를 적용받는 경우도 있다. 잠시 금리가 안정되면서 시중에는 5% 고금리 상품이 사라졌다. 그래도 여전히 5% 고금리를 내거는 상품을 보면 월 가입한도가 20만 원, 가입기간도 1년 정도다.

3.5% 수준의 일반적인 금리와 5% 고금리의 차이가 얼마나 될까? 1년간 매달 20만 원을 납입하면 원금은 240만 원이다. 5% 고금리를 적용하면 이자는 65,000원, 3.5% 일반금리를 적용하면 이자는 45,500원이다. 그 차이는 19,500원으로 커피 서너 잔 정도의 적은 금액이다.

가능하지도 않지만 매달 100만 원씩 1년간 넣을 수 있다 하더라도 이자 차이는 47,500원밖에 되지 않는다. 매달 20만 원씩 10년간 5% 고금리로 넣을 수 있다면 2.5% 일반금리와 이자 차이는 3,025,000원이다. 상당한 액수로 보이지만 연간으로 따지면 약 30만 원으로 이 또한 큰돈이 아니다.

재테크, 왕도는 없는가

고금리로 장기간 돈을 불려야 효과가 크다

고금리 적금상품으로 가입금액 한도가 매달 100만 원, 30년간, 5% 고금리를 보장한다면 얘기는 완전히 달라진다. 원금의 합계는 3억6천만 원이다. 5% 고금리 이자는 270,750,000원, 2.5% 일반금리 이자는 135,375,000원으로 그 차이는 135,375,000원으로 엄청나다.

결국 고금리 상품을 쫓아다녀도, 정부가 지원금을 줘도 돈이 크게 불리지 않는다. 은행이 장기간 고금리를 제공할 수 없고, 정부도 오랫동안 많은 지원금을 줄 수 없다. 최근에는 보기 드문 고금리 시기다. 이러한 고금리가 수년 이상 지속되기는 어렵다. 예금

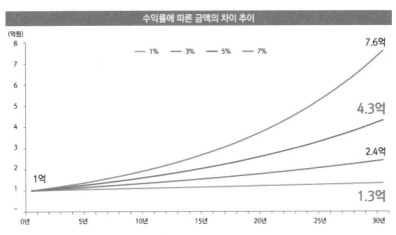

(출처 : 삼성자산운용 『이기는 투자』)

금리도 5%를 넘다가 지금은 4% 주는데도 찾기 어렵다. 5% 고금리를 계속 누리기는 어려운 게 현실이다.

군이 여러 사례를 살펴본 이유는 아무리 고금리라 하더라도 기간이 짧으면 효과가 작다는 점을 강조하고 싶어서이다. 나아가 아무리 기간이 길더라도 금리 자체가 낮으면 이 또한 돈이 실감 나게 불리지 않는다. 높은 금리로 장기간 돈을 불려야 효과가 크다.

자산을 증식하는 방법은 크게 두 갈래 길이 있다

손실 볼 위험 없이 안전하게 은행에 적금하는 방법과 손실 볼 리스크를 감수하면서 적립식 펀드에 투자하는 방법이다. 투자기간, 투자목적, 투자성향에 따라 선택은 달라질 수밖에 없다.

은행 적금으로는 자산을 충분히 불릴 수 없다. 고금리 상품은 만기가 짧다. 30년 정도 장기간 고금리를 주는 상품은 세상에 없다. 금융시장에서 고금리가 오래 지속될 수 없고 금리는 예년 수준으로 돌아가 2~3%가 될 것이다. 그 정도 금리로는 아무리 오랫동안 적금을 넣어도 돈이 많이 늘어나지 않는다.

게다가 물가상승을 생각하면 더욱 그렇다. 통상 2% 수준의 인플레이션을 고려하면 실질금리는 1%가 될까 말까다. 30년 적금을 들

재테크, 왕도는 없는가

어봐야 실질이자는 얼마 되지 않는다. 다시 말해 아무리 장기로 적금을 넣어봐야 구매력으로 볼 때 원금에서 많이 늘어나지 않는다.

결국 리스크를 감당하면서 30년 정도 적립식으로 펀드에 투자해야 자산을 실감하게 증식할 수 있다. 투자의 대가나 전문가들은 저비용 분산투자를 위해 글로벌 인덱스펀드나 생애주기에 따라 리스크자산 비중을 자동으로 조절해 주는 TDF(Target Date Fund) 투자를 많이 권장하고 있다. 과거 증권시장 분석에 따르면 연 8~10%의 투자수익률을 기록한 것으로 나타났다.

구체적으로 매달 100만 원, 30년간 적립식으로 글로벌 인덱스펀드에 투자하고 기대수익률 연 10%로 계산하면, 원금은 3억6천만 원, 이익금은 19억1,933만 원으로 총 22억7,933만 원(월 복리로 계산한 것임)의 어마어마한 목돈이 된다.

장기간 투자하면 적금의 이자에 해당하는 이익금은 상상할 수 없을 정도로 큰 금액이 불린다. 이는 당연히 보장되거나 확정된 수익률이 아니다. 과거의 경험으로 볼 때 합리적으로 기대할 수 있다는 얘기다. 결국 선택에 달려있다.

3년 또는 5년 후 목돈 마련을 위해 적립식 펀드만을 선택하는 것은 그 나름대로 리스크가 있다. 과거 분석에 따르면, 3~5년간 투자하면 이익 볼 확률이 훨씬 높지만, 손실 볼 확률도 10%가 조금 넘는다. 확정금리 적금과 리스크 상품인 적립식 펀드를 반반씩 나눠서 넣는 것도 적절하게 리스크를 줄이면서 기대수익률을 높이는 방법이다.

정부가 장병들이나 청년들에게 목돈마련을 위해 고금리 적금 상품에 정부보조금을 지원하는 취지는 충분히 이해가 간다. 하지만 원금을 제외하면 지원금 자체는 자산 증식에 큰 도움이 될 정도는 아니다. 적금상품에 정부자금을 지원하는 것이 젊은 세대에게 안전한 상품으로 목돈을 마련하는 방법에 익숙해지도록 만들지는 않을까? 목돈을 마련하기 위해서는 적금을 들어야 한다는 고정관념을 심어주는 것은 아닐까? 혹시 리스크를 감당하고 투자상품에 투자하는 경험과 기회를 줄이는 것은 아닐까?

젊은 세대들이 목돈을 마련하고 자산을 형성하기 위해서 일시적인 고금리 상품에 가입하기보다는 합리적인 수준에서 리스크를 감당하고 장기적으로 투자상품에 투자할 필요가 있다는 점을 강조하고 싶다.

재테크, 왕도는 없는가

3

MZ세대,
30억 목돈마련 가능하다

　이생망, 영끌, 빚투 등 요즘 MZ세대의 안타까운 경제현실을 풍자한 신조어가 난무한다.

　주식이나 코인 투자로 큰돈을 번 사람이 가끔 있지만, 가능성은 매우 낮다. 로또 1등에 당첨되어 십수억 원(세후 평균 13.7억 원)을 탄 사람이 매주 여러 명 나오지만 당첨확률은 814만분의 1로 0.0000001% 정도다. 단기간에 큰돈을 벌기는 매우 어렵다. 하지만 MZ세대가 은퇴할 무렵 30억 원이라는 큰돈을 모으는 것은 그리 어렵지 않다. 고차원적인 금융지식이나 투자기법을 공부할 필요도 없다.

　자본주의 시장경제와 증권시장의 성장과 발전을 신뢰하고 저축보다는 투자를 선택할 것인가 하는 '선택'의 문제다. 개별종목

투자보다는 장기 적립식, 글로벌 자산배분, 저비용(인덱스펀드) 투자의 3대 자산관리 원칙에 따라 투자할 것인가 하는 '선택'의 문제다. 나아가 30여 년 동안 장기간에 걸쳐 무소의 뿔처럼 좌고우면하지 않고 꾸준하게 실천할 수 있느냐의 '실천'의 문제다. 나머지는 세월이 흐르면 돈이 돈을 벌게 해줄 것이다.

국민연금으론 충분하지 않다

우리나라는 국민연금, 퇴직연금, 연금저축 3층 구조로 은퇴 이후 생활을 준비하도록 하고 있다. 국민연금은 누구나 의무적으로 가입해야 한다. 베이비붐 세대들은 늦어도 63세부터는 국민연금을 받을 수 있다. MZ세대는 65세부터 받을 수 있지만 앞으로 평균연령과 정년이 늘어날 것으로 보여 실제로 연금을 탈 무렵에는 67~68세 정도로 늦춰질 가능성이 있다.

직장생활을 하면서 급여에서 4.5%, 회사가 4.5%를 부담하여 총 9%의 국민연금보험료를 낸다. 납부 상한액이 정해져 있어 많이 내고 많이 탈 수도 없다. 상한액은 매년 정부가 조정하는데, 2022.7~2023.6월 기준 상한액은 49만7,700원(기준소득월액 553만 원)으로 그 절반인 24만8,850원이 급여에서 원천징수 된다.

재테크, 왕도는 없는가

직장이 없는 배우자도 국민연금에 임의가입 하는 것이 나름대로 연금소득을 늘리는 방법이다. 베이비붐 세대는 주부인 배우자에게 주는 '선물'로 가입하기도 했다. 국가에서 노후생활을 지원하기 위해 최저 금액(9만 원)으로 임의가입 하면 비교적 높은 수익률로 연금을 받을 수 있도록 설계되어 있다.

국민연금의 소득대체율은 40%로 매년 물가상승률을 반영하여 지급한다. 소득대체율은 소득이 낮은 사람은 높고 소득이 높은 사람은 낮은 하후상박(下厚上薄) 구조로 되어 있다. 국민연금은 2055년이면 고갈될 것으로 예측된다. 보험료율을 올리고 납입기간은 늘리고 수급시기를 늦추는 방향으로 제도개선이 이루어질 것으로 예상된다. MZ세대의 부담이 늘어날 수밖에 없는 것이 현실이다.

약 30년 후에 국민연금이 고갈될 것이라고 추산되기 때문에 젊은 세대는 국민연금을 내기만 하고 받지는 못할 것이라고 혹세무민하는 세력도 있다. 무책임하고 세대 간 갈등과 불안을 조장하는 주장에 불과하다. 국가가 존재하는 한 국민에게 연금을 지급하게 되어 있다. 다만 연금제도 개혁을 위한 사회적 합의와 고통 분담이 필요하다.

DB와 DC, 이 또한 선택의 문제다

다음으로, 퇴직연금은 예전 퇴직금이 퇴직연금 체계로 개선되어 확정급여형(DB : Defined Benefit)과 확정기여형(DC : Defined Contribution) 중 종업원이 선택한다.

DB는 회사가 퇴직적립금을 금융기관에 맡겨 운용하고 나중에 직원이 퇴직할 때 정해진 퇴직금(퇴직 전 3개월 통상임금 × 근무연수)을 지급한다. 회사는 금융기관과 퇴직적립금 관리계약을 체결하고 회사가 알아서 적립금을 운용한다. 운용손익도 전적으로 회사에 귀속된다. DB를 선택한 직원은 임금피크를 앞두거나 높은 직위에서 물러나게 되면 급여가 감소하므로 보통 통상임금이 최고 시점일 때 DB를 DC로 전환하는 것이 유리하다.

DC는 회사가 매달 직원에게 사실상 퇴직금을 지급한다. 회사와 퇴직연금 관리계약이 체결된 금융기관 중 직원이 지정한 금융기관에 개설된 직원 명의의 퇴직연금계좌(DC계좌)로 매달 퇴직금이 이체된다. 회사는 퇴직금을 지급만 하고 운용은 개인이 전적으로 알아서 한다.

결국 퇴직연금으로 DB와 DC 중 어느 것을 선택할 것인가의 '선

재테크, 왕도는 없는가

택'의 문제다. 베이비붐 세대야 대체로 은퇴해서 의미가 없지만, MZ세대들은 매우 중요한 이슈다.

시간이 흐름에 따라 임금 상승, 근무연수에 따른 호봉 상승, 승진에 따른 직책수당 상승 등으로 급여가 오르면서 DB 퇴직금도 증가한다. 한 직장에 오래 근무할 계획이고 비교적 안정적 성향이며 운용에 신경 쓰고 싶지 않은 사람은 DB를 선택하는 경향이 높다.

반면 매달 회사로부터 퇴직금을 받아 개인이 직접 운용하는 DC는 어떤 상품을 선택하느냐, 어떻게 운용하느냐에 따라 운용성적이 달라진다. 퇴직금으로 받은 원금보다 줄어들 수도 있고 DB 퇴직금보다 많을 수도 있다.

DC계좌에서 예·적금 상품이나 MMF 등 비교적 안전한 상품으로 운용하면 손실을 보지는 않지만 DC 퇴직금이 실감 나게 불어나지 않는다. 오히려 DB 퇴직금보다 적을 가능성이 크다. 그 결과 우리나라는 선진국보다 원금보장상품을 많이 편입하여 낮은 수익률을 보이는 게 현실이다.

연금은 사실상 투자다

예전 베이비붐 세대야 부모 세대로부터 퇴직금은 안전하게 관리해야 한다는 말을 많이 들어왔다. 연금자산은 노후를 대비한 것이므로 원금보장형 상품, 국공채 등 안전자산으로 안전하게 관리해야 한다는 인식은 고정관념이다.

우리나라 국민연금도 2022년 말 기준으로 주식투자 비중이 44.1%, 부동산·인프라·사모펀드 등 대체투자 비중은 16.4%로 대체투자를 포함한 리스크자산 비중은 60.5%다. 2028년에는 주식투자 비중이 55% 수준으로 확대되므로 대체투자를 포함한 리스크자산 비중은 70% 내외가 된다.

2017년 기준 연금선진국 7개국의 공적연금을 포함한 연금자산의 평균 주식투자 비중은 46%로 나타났다. 부동산과 사모펀드 등 대체투자 비중은 24%로 리스크자산 비중은 70%에 달한다. 특히, 미국은 사적연금 401(k)은 주식형펀드 43%, TDF 20%로 다른 나라에 비해 주식형 자산비중이 훨씬 높다.[1]

우리나라는 2021년 말 현재 연금저축 160.1조 원 중 국공채 등 비교적 안전자산으로 운용되는 연금저축보험 비중이 70.0%(112.0조 원)다. 일반 연금보험과 변액연금을 포함한 개인연금 총액 368.7조 원 중 보험회사 연금이 87.0%(320.6조 원)를 차지했다. 2022년 말 퇴직연금 적립금은 336조 원에 달하고 88.6%가 원리금 보장상품으로 운용되고 있다. 비교적 안전한 금융상품을 선호하는 회사의

DB 퇴직연금이 포함되어 있어 더욱 그렇다. 2019~2021년 원리금 보장성 상품의 연평균 수익률은 2%대에 머문 반면 실적배당형은 6.38~10.67%를 기록했다. 2022년에는 주가가 크게 하락하여 실적배당형은 마이너스 수익률을 기록했을 것이다.

이처럼 연금선진국은 연금자산 중 리스크자산 투자비중이 약 70%에 달하고, 채권 등 안전자산 투자비중은 약 30%에 불과하다. 하지만 우리나라는 유달리 원금보장상품, 국공채 등 안전자산 위주로 운용하여 연금자산 수익률이 낮다는 지적을 받고 있다.

투자의 원리는 변하지 않는다. 리스크가 낮은 상품으로 운용하면 기대수익률이 낮고, 리스크가 높은 상품으로 운용하면 기대수익률은 높다. 자본시장의 역사는 리스크자산에 장기간 투자하면 리스크에 대해 충분히 보상해준다고 말한다. 20~30년 정도 투자하면 실제로도 리스크가 큰 상품이 실현수익률도 높게 나타난다.

연금자산 운용 원칙도 자산관리 원칙과 크게 다를 바 없다. 전문가들은 노후 대비 자산이라 할지라도 젊은 세대들은 장기간 적립식으로 투자하므로 주식형 인덱스펀드를 포함한 리스크자산에 80% 정도, 은퇴세대는 20~30% 수준 운용하도록 권고한다. 나머지는 채권형 펀드나 배당주 펀드, 리츠 등 인컴을 제공하는 비교적 안전자산으로 운용하면 된다.

전문가들은 TDF에 장기 투자하도록 조언한다

전문가들은 MZ세대가 보통 30년 남짓 근무한다고 보면 안정적인 예·적금 상품보다는 TDF2045(퇴직시점) 또는 TDF2050 생애주기 투자상품으로 DC 퇴직금을 운용하도록 권고한다. 자동매입약정을 통해 매달 적립식으로 TDF에 장기 투자하도록 조언한다.

TDF는 주식, 채권, 리츠, 원자재 등 다양하게 자산을 배분하여 생애주기에 따라 리스크자산 비중을 조절해 준다. 자산배분을 통해 변동성은 조금 낮추면서 양호한 수익률을 추구하는 맞춤형 퇴직연금 상품이다.

자산운용 전략이나 수수료가 조금씩 다르므로 PB와 상의하여 3~4개 자산운용사 TDF에 투자하는 것도 좋은 방법이다. 보통 DC 계좌에서 70%까지 주식형 펀드 등 리스크자산을 편입할 수 있으나 TDF는 100%까지 편입할 수 있다.

가입 초기에 주가가 떨어지면 퇴직연금이 손실을 볼 수도 있지만, 초기 투자금액은 30년 동안 납입하는 전체금액으로 보면 일부에 불과하다. 주가가 떨어지면 오히려 낮은 가격으로 자산을 편입할 기회다. 일희일비할 필요가 없다. 퇴직연금은 짧게는 30년, 퇴직 후 인출기간을 생각하면 길게는 60년의 장기전이다.

좀 더 안정적인 포트폴리오를 구축하고 싶다면 절반은 TDF에 투자하고 나머지 절반은 배당수익률이 높은 인프라펀드나 리츠를 편입하는 것도 대안이 될 수 있다. 우리 시장에 상장된 맥쿼리인프라펀드나 여러 리츠종목은 비교적 안정적으로 5~7% 수준의 배당수익률을 얻을 수 있다. DC계좌는 배당소득세가 면제된다. 배당금이나오면 추가로 투자하여 복리효과를 누릴 수도 있다. 다만, 펀드처럼 자동 편입되지 않고 주식처럼 직접 매수해야 하므로 번거롭다.

DB나 DC는 선택의 문제다. 합리적으로 리스크를 감당하고 장기적으로 적립식으로 TDF를 통해 분산투자하면 전문가들은 연 8~10% 기대수익률을 누릴 수 있다고 분석한다. 결국 이를 신뢰하고 DC를 선택할 것인지는 각자의 몫이다.

예를 들어 초봉 4,200만 원, 임금인상과 호봉·직책수당 상승 등을 고려하여 연평균 연봉 상승률을 5%로 가정하면 30년 후 연봉은 1억7,288만 원이 된다.[2] DB를 선택하면 30년 후 DB 퇴직금은 4억 3,220만 원[(1억7,288만 원/12)×30년]으로 예상된다.

반면 DC를 선택하면 매달 퇴직금을 받아 DC계좌로 이체된 퇴직금 원금 총액은 2억3,254만 원에 달한다. 이를 이체될 때마다 TDF에 투자하여 연 8%의 수익률을 거둔다면 30년 후 DC 퇴직연금 평가액은 6억6,975만 원이 예상된다. DC가 DB보다 약 1.5배 많다. 이는 리스크(risk)를 감수하고 투자한 대가(reward)로 이해하면 된다. 물론 확정된 금액은 아니며, 합리적으로 충분히 기대할 수 있는 금액이다.

연봉 상승률이 얼마나 될 것인지, DC 수익률이 어느 정도 될 것인지에 따라 다르다. 쉽게 말해 연봉 상승률보다 높은 투자수익률을 얻을 수 있으면 DC가 유리하다. 결국 각자의 선택과 실천에 달려있다.

DB든 DC든 퇴직하면 퇴직금은 퇴직소득세를 납부하고 일시금으로 찾을 수 있다. 아니면 개인형 퇴직연금(IRP : Individual Retirement Plan) 계좌로 이체되어 개인이 직접 운용하면서 연금으로 나눠서 받을 수 있다. 급하게 돈이 필요하지 않으면 계속 운용하면서 연금으로 받는 것이 낫다.

퇴직소득세는 다른 소득과 구분하여 과세가 되는 분류과세로 근무기간 등을 고려하여 계산되는데, 보통 5~10% 정도 세금이 부과된다. 퇴직하면 퇴직금과 퇴직소득세가 확정되지만, IRP로 이체하면 퇴직소득세는 당장 내지 않고 나중에 연금으로 받을 때 낸다. 이때도 퇴직소득세의 30~40%를 감면받는다. 예를 들어 퇴직소득세율이 8%라면 연금 수령을 개시하고 10년까지는 연금수령액의 5.6%(8%의 30%를 감면), 그 이후는 4.8%(8%의 40%를 감면)의 세금만 내면 된다.

연금저축과 IRP로 일찍부터 은퇴에 대비하다

다음으로는 은퇴에 대비하여 사적연금인 연금저축과 IRP에 가입하는 것이다. 정부는 국가나 회사가 지급하는 연금 외에 개인이 추가로 연금을 적립하여 노후에 대비하도록 연금저축이나 IRP 납입금에 대해 세제혜택을 부여하고 있다.

연금저축에 연간 600만 원, IRP는 연금저축과 합하여 연간 900만 원까지 세액공제를 받을 수 있다. 총 급여액이 5,500만 원 이하는 납입액의 15%(지방세 포함 16.5%), 그 이상은 납입액의 12%(지방세 포함 13.2%)의 세금을 돌려받는다.

직장인이라면 연금저축과 IRP는 꼭 가입해야 한다. 가능하면 연금저축과 IRP 계좌에 각각 납입하여 최대한 세제혜택을 받는 것이 유리하다. 연봉이 4,800만 원이면 예를 들어 연금저축으로 매월 40만 원(연 480만 원), IRP로 매월 35만 원(연 420만 원)을 납입하면 연말정산에서 148만5천 원을 돌려받는다. 연말정산에서 급여계좌로 세금을 돌려받지만 이를 다시 연금저축이나 IRP에 넣어 계속 투자하는 것도 연금소득을 늘리는 방법이다.

연금저축이나 IRP, 운용이 무엇보다 중요하다

세제혜택보다도 연금저축이나 IRP를 어떻게 운용할 것인가가 보다 중요한 문제다. 연금은 그냥 '바구니'여서 그 안에 어떤 상품을 넣을 것인가가 핵심이다. 금융기관별로 마련해 놓은 상품이 다르다. 은행은 연금저축신탁, 보험회사는 연금저축보험, 증권회사는 연금저축펀드라는 이름으로 상품이 나와 있다.

먼저 연금저축신탁은 은행에서 내놓은 원리금 보장형 연금상품이나 수익률이 낮아 2018부터는 판매가 중단되어 소멸한 상품이다. 연금은 안전해야 한다는 고정관념이 깨지고, 장기간에 걸쳐 적립식으로 납입하므로 투자상품을 통해 수익률을 추구하는 방향으로 운용돼야 하는 점을 시사한다.

연금저축보험은 보험회사가 매달 공시하는 공시이율로 납입금을 불려준다. 보험회사는 확정금리 성격의 공시이율을 지급하므로 국채 등 비교적 안전자산에 투자한다. 공시이율은 정기적금 금리보다 조금 높거나 비슷한 수준이나 관리비용(사업비)을 고려하면 실질적으로는 정기예금 금리보다 낮다.[3] 연금저축보험으로 30년을 납입해도 연금자산이 실감 나게 불리지 않는다.

연금은 보험이 아니라 결국 투자다

최근 고금리 시기에는 연금저축펀드를 든 가입자가 잠시 5%대의 정기예금 상품을 편입할 수 있었지만, 만기가 1년 또는 3년 정도로 짧다. 지금은 4%대 예금상품을 찾기도 어렵다. 고금리 상품으로 장기간 운용할 수 없다는 얘기다.

전문가들은 MZ세대는 연금저축에 장기간 납입하여 적립식으로 투자하게 되므로 증권회사 연금저축펀드에 가입하여 전 세계 주식시장에 분산투자하는 글로벌인덱스펀드에 투자하도록 조언한다. 개별 펀드는 고르기 어렵고 리스크도 크다. 특정산업, 특정 국가만 투자하는 펀드는 그만큼 리스크가 크다. 유망한 종목에 투자하는 액티브펀드는 수수료가 비싸고 그렇다고 높은 수익률을 보이는 것도 아니다. 전문가들은 글로벌인덱스펀드로 투자하도록 조언한다. TDF보다는 좀 더 적극적인 투자전략으로 이해하면 된다.

좀 더 높은 수익률을 얻으려고 시장상황에 따라 ETF나 개별 펀드를 매수(매입)하고 매도(환매)를 반복하는 소위 파도타기 전략인 마켓타이밍(market timing)은 성공하기 쉽지 않다. 시장을 예측한다는 게 어려운 일이고 매매 타이밍을 잡는 것도 피곤한 일이다.

매년 900만 원 30년간 납입하면 세금으로 환급받은 금액만 하더라도 3,564만 원으로 연금저축·IRP의 연수익률을 0.9%포인트 (p) 상승시킬 수 있다. 매년 환급받은 돈을 기대수익률 10%로 재투자하면 30년 후 1억9,542만 원이 되어 연수익률을 3.3%포인트(p) 높이는 효과가 있다.

은퇴 이후를 대비하기 위하여 연금저축과 IRP에 최대로 세제혜택을 받을 수 있는 연간 900만 원(월 75만 원)보다 조금 많은 1,200만 원(월 100만 원)을 납입하는 것은 크게 부담스러운 금액은 아니다. 월 100만 원을 30년간 납입하여 연 10%의 수익률을 거둔다면 세제혜택 환급분을 제외하고도 22억7,933만 원(원금 3억6천만 원)이 예상된다. 장기간 리스크자산에 투자하면 큰돈을 만들 수 있다.

연금저축은 5년 이상 가입해야 하고, 55세 이후 10년 이상 연금으로 받아야 한다. 세액공제를 받은 연금저축을 도중에 해지하면 16.5%의 기타소득세가 부과된다. 즉, 세액공제 받은 금액을 토해내야 한다.

연금저축은 세제혜택을 받지 않은 납입금 원금은 언제든지 비과세로 찾을 수 있다. 세제혜택을 받은 납입금과 전체 운용수익은 연금으로 받을 때 나이에 따라 3.3%(80세 이상)~5.5%(70세 미만)의 연금소득세를 낸다.

재테크, 왕도는 없는가

나중에 연금으로 많이 인출하면 종합소득세 문제가 발생한다. 현재는 연간 1,200만 원 이내는 연금소득세 3.3~5.5%만 부과된다. 1,200만 원을 초과하면 국민연금을 포함하여 다른 소득과 합산하여 종합소득세로 신고하거나, 아니면 연금저축·IRP 사적연금 인출분에 대하여 16.5%의 분리과세를 선택할 수 있다. MZ세대가 퇴직하여 연금을 받을 때는 종합소득세로 신고해야 하는 1,200만 원 한도도 상향 조정될 것이다(정부는 2024년부터 1,500만 원으로 상향 조정하는 세법 개정을 추진 중에 있다). DB·DC 퇴직금은 분류과세 대상이므로 별도로 과세하고 합산되지 않는다.

MZ세대가 퇴직할 무렵 30억 목돈마련 가능한 일이다

MZ세대가 퇴직할 무렵 사적연금(연금저축+개인IRP)으로 22억7,933만 원, 회사 DC 퇴직연금으로 6억6,975만 원, 세금혜택 수익분 1억9,542만 원, 모두 합하여 약 31억 원의 목돈이 예상된다. 현재가치로 환산하면 약 13억 원가량의 엄청난 돈이다.[4]

이 정도면 은퇴 이후 생활을 위해 추가로 저축(투자)하지 않아도 될 자산이다. 원본을 유지하면서 매달 1,300만 원(현재가치로 536만 원 정도)을 인출할 수 있다.[5] 일찍부터 연금저축에 가입하여 용돈을 투자하는 것도 괜찮은 방법이다. 투자는 오래 해야 복리의 마법을

[MZ세대 30억 만들기 프로젝트]

구 분	납입원금	이익금	총 예상금액
DC(퇴직연금)	2억 3,254만원	4억 3,721만원	6억 6,975만원
연금저축	1억 8천만원	9억 5,966만원	11억 3,966만원
IRP	1억 8천만원	9억 5,966만원	11억 3,966만원
세제혜택분	3,564만원	1억 5,978만원	1억 9,542만원
합 계	6억 2,818만원	25억1,631만원	31억 4,449만원

누릴 수 있다. 세제혜택을 받지 않은 납입금 원금은 세금 없이 나중에 필요할 때 언제든지 찾을 수 있어 유리하다.

　어려서부터 용돈으로 삼성전자 주식을 사준다는 보도를 자주 본다. 삼성전자가 세계적으로 유명한 회사이지만 미래에 수익률이 높을 주식인지는 장담하기 어렵다. 주가를 쳐다보고 일희일비할 가능성도 크다. 게다가 개별주식 투자는 펀드보다 리스크가 훨씬 크다. 개별주식보다는 글로벌인덱스펀드나 TDF에 투자하는 것이 합리적이다.

장기 적립식 글로벌 분산투자를 하면 충분히 보상을 받는다

워런 버핏을 포함하여 세계적인 투자의 대가들은 성과가 우수한 펀드를 고르기보다는 저비용의 인덱스펀드에 장기 투자하라고 조언한다. TDF상품도 좋은 대안으로 추천된다.

인덱스펀드는 혁신성장기업과 사양기업의 비중이 자동으로 조정된다. 최근 글로벌 시장을 선도하고 있는 애플, 마이크로소프트, 아마존, 구글, 메타, 테슬라, TSMC, 엔비디아 등 글로벌 혁신기업에 많이 투자하게 된다. 자본주의 시장경제와 증권시장은 치열한 경쟁과 혁신을 통해 장기적으로 발전하고 성장한다는, 리스크를 감수하고 장기 적립식 글로벌 분산투자를 하면 충분히 보상해준다는 이론과 현실에 바탕을 두고 있다.

MZ세대가 은퇴할 무렵 30억 원이라는 큰돈을 마련하는 것은 현실적으로 가능한 일이며, 그리 어렵지도 않다. 물론 투자의 세계는 항상 손실 볼 가능성은 있다. 세상에 공짜 점심은 없다. 하지만 리스크를 감수하고 자산관리 원칙을 지키면서 장기투자 하면 보상을 해준다고 자본시장의 역사는 말한다.

안전성을 중시하면 수익률은 낮게 되어 있다. 선택과 실천은 각자의 몫이다.

은퇴세대,
김민재 같은 선수가 필요하다

　요즘 제일 핫한 해외파 축구선수는 이탈리아 리그 나폴리 팀의 우승 주역인 김민재 선수다. 최고의 수비수로 인정받아 지난봄부터 빅클럽 이적설이 매일 스포츠 면을 뜨겁게 달궜다. 마침내 2023.7월 독일 바이에른 뮌헨에 입단하여 맹활약하고 있다. 위치선정, 공중볼 경합, 몸싸움, 패스 성공, 태클 시도 등 탁월한 수비능력 뿐만 아니라 빌드업, 오버래핑 등 공격가담 능력도 좋은 평가를 받고 있다.

　비유컨대, 은퇴를 앞두거나 은퇴한 세대는 김민재 같은 선수와 전략이 필요하다. 비교적 높은 수준의 배당을 안정적으로 또박또박 받을 수 있는 인컴(income) 위주로 자산을 배분해야 한다. 그렇다고 안전한 예금상품으로 운용하면 은퇴대비 자산이 별로 불리지 않고 인출로 빨리 줄어들게 된다. 지키기에 급급한 나머지 승리를

　　　　　　　　　　　　　　재테크, 왕도는 없는가

놓칠 수 있다.

수비 위주의 안전한 승리전략이 필요하다

축구로 말하자면 후반전도 절반이 지나가고 있는 시점이다. 득점이 많든 적든 이기고 있는 상황에서 공격적인 축구를 할 필요는 없다. 득점을 할 수도 있지만, 실점을 해서 이긴 게임을 질 수도 있다. 수비 위주의 안전한 승리전략을 마련할 필요가 있다. 그렇다고 철벽 수비만 하는 것은 능사가 아니다.

젊을 때는 장기 적립식으로 글로벌인덱스펀드나 TDF2045~2050으로 적극적으로 수익을 추구하는 전략이 필요하다. MZ세대야 장기간에 걸쳐 적립식으로 투자하므로 주가가 폭락해도 오히려 저가로 매수할 기회다. 은퇴세대는 주식비중이 높은 투자상품에 많이 투자하면 연금자산에 큰 손실이 발생할 수 있다. 회복할 시간이 많지 않다. 생활비를 위해 매달 인출도 해야 한다. 리스크자산에 많이 투자하는 것은 바람직하지 않다. 이는 본능이고 상식이다.

전문가들은 은퇴세대는 채권이나 리츠 등 이자나 배당을 주는 인컴형 자산에 약 70%, 수익을 추구하는 투자상품에 약 30% 정도 투자하도록 권고한다. 안정적으로 인컴을 올리고, 일부를 리스크자산에 투자하여 이익을 얻는 전략이다. 은퇴세대에게는 TDF2020~2025가 적절한 상품이다. 예를 들어 TDF2025는 은퇴시점인 2025년에 주식 등 리스크자산에 약 30%, 나머지 70%는 채권이나 리츠 등 인컴형 안전자산에 투자한다.

인컴 위주의 안정적인 필승 포트폴리오를 마련하다

전문가들은 배당수익률이 높은 맥쿼리인프라펀드(이하 '맥쿼리'라고 함)나 리츠ETF를 많이 추천한다.

맥쿼리는 주로 국내 고속도로, 유료도로, 항만, 도시가스 등에 투자하는 인프라 펀드다. 주가 변동성이 크지 않고 안정적인 배당을 통해 현금흐름을 창출할 수 있다. 은퇴세대 뿐만 아니라 MZ세대도 은퇴 대비하여 선호하는 종목이다.

최근 10년간(2013~2022년) 연도별 평균주가 대비 배당수익률이 평균 6.3%다. 2016년 4.7%, 2015년 5.9%를 제외하고는 모두 6% 이상의 배당수익률을 보였다. 1만 원에 매수하여 보유한 투자자라면 매년 7% 이상의 배당수익률이 기대된다.

맥쿼리 또한 주식이므로 주가 변동은 피할 수 없다. 과거 10년간 전년 말 종가 대비 연도별 최고치와 최저치의 등락률 평균은 각각 +15.6%와 (-)6.6%를 보였다. 과거 흐름으로 볼 때 변동성이 그리 크지 않고 비교적 오른 경우가 많아 주가 오르내림에 예민할 필요는 없다.

시장 흐름을 예측하여 고가에 팔고 저가에 사거나, 배당 기준일 전에 매도하고 나중에 다시 사 차익을 챙기는 매매전략은 계속해서 성공하기 어렵다. 매수한 후 장기 보유하는 것이 마음 편한 투자다. 퇴직금을 IRP 계좌로 이체하여 새롭게 매수할 때는 여러 차례 나눠서 사는 것이 분산투자 원칙에 부합된다.

여러 리츠종목에 투자하는 리츠부동산인프라ETF(이하 '리츠ETF'라고 함)도 많이 추천된다. 맥쿼리 비중이 약 17%로 가장 높고 나머지 13개 리츠종목을 포함하여 총 14개 종목으로 구성된 ETF로 개별 리츠종목 투자의 리스크를 어느 정도 줄일 수 있다.

리츠ETF는 월 단위로 분배금을 지급한다. 구성종목의 배당시기와 배당액에 따라 매달 편차가 있다. 2022년 이후 세계적인 금리상승으로 주가가 많이 떨어졌다. 전문가들은 리츠ETF의 배당수익률이 오히려 높아져 연 5~6% 수준에 이를 것으로 예상한다.

맥쿼리나 리츠ETF 주가가 오르내려 연금자산이 평가이익이나 손실이 날 수 있다. 하지만 주가 변동성은 일반주식보다는 낮다. 장기간 보유하여 배당을 받기 위한 투자이므로 그 정도 가슴 졸임(변동성)은 견뎌야 높은 배당으로 보상을 받을 수 있다. 맥쿼리나 리츠ETF는 주식형 펀드처럼 리스크자산으로 분류된다. IRP에서는 최대 70%까지만 편입할 수 있다. 나머지 30%는 안전자산으로 구성해야 한다.

가장 간단한 IRP 포트폴리오와 추가득점 전략

가장 간단한 IRP 포트폴리오(portfolio)는 맥쿼리 40%, 리츠ETF 30%, TDF2020~2025 30%로 구성할 수 있다. 가장 단순하고 수비 위주의 승리전략이 잘 구축된 포트폴리오로 여겨진다.

TDF상품을 조합하여 추가 득점을 노릴 수도 있다. 예를 들어 TDF2025(수비형 미드필더), TDF2030(공격형 미드필더), TDF2040(공격수) 각각 10%로 구성할 수 있다. 각자의 성향에 따라 기용하는 선수를 달리하면 된다. TDF2030는 주식이 50% 정도 편입되어 있어 세계 주식시장 동향에 따라 상당한 영향을 받는다.

홀란, 음바페, 케인, 벨링엄같은 월드클래스 공격수를 기용하여 추가 득점을 노린다면 수비진용을 조정해야 한다.

30% 비중인 안전자산에 TDF2020(또는 2025)을 편입하여 확실하게 수비수로 자리매김하고, 50%는 맥쿼리와 리츠ETF에 투자하여

강력한 수비진용을 구축한다. 나머지 20%는 2차전지, AI 관련, 글로벌하이테크, 미국빅테크기업TOP10 등 혁신성장산업 ETF나 펀드에 투자하여 추가득점을 노린다. 시장의 흐름에 따라 변동성이 크지만, 혁신성장산업에 장기 투자하여 연금자산 증식을 꾀하도록 전문가들은 조언한다.

연금저축을 투 트랙(two-track)으로 활용하다

대체로 DB나 DC 퇴직금이 이체되는 IRP가 연금저축보다 금액이 많다. 따라서 IRP는 안정적인 인컴추구 전략으로, 연금저축은 적극적인 수익추구 전략으로 구분하여 운용하는 것도 효과적인 방법이다.

[은퇴세대 연금자산 운용 포트폴리오 예시]

운용전략 구분		포트폴리오 내역	비중
가장 단순한 포트폴리오		• 맥쿼리인프라펀드 • 리츠ETF • TDF2020~2025	40% 30% 30%
추가득점 포트폴리오		• TDF2020~2025 • 맥쿼리 + 리츠ETF • 2차전지 · AI · 글로벌하이테크 · 미국빅테크 TOP10(각각 5%)	30% 50% 20%
투 트랙 포트폴리오	IRP	• 맥쿼리 + 리츠ETF • TDF2020~2025	70% 30%
	연금저축	• 2차전지 · AI · 글로벌하이테크 · 미국빅테크 TOP10	각각 25%

IRP는 단순하게 맥쿼리와 리츠ETF로 70%, TDF2020~2025 30% 운용한다. 반면 연금저축은 2차전지, AI 관련, 글로벌하이테크, 미국빅테크기업TOP10 등 혁신성장산업 ETF나 펀드로 운용한다. 물론 공격에 치중하면 실점을 할 때도 있지만, 전체적으로 안정적인 인컴 자산 위주로 투자하여 수비를 튼튼히 하되, 혁신성장산업에 일부 투자하여 추가 득점을 노리는 전략이다.

연금자산을 인출할 때도 노하우가 필요하다

연금자산을 잘 운용하는 것이 매우 중요하지만 인출할 때도 노하우가 필요하다. 퇴직하면 DB나 DC계좌에서 퇴직금과 퇴직소득세가 확정된다. 퇴직소득세는 다른 소득과 구분하여 과세되는 분류과세로 근무기간을 고려하여 세율이 그리 높지 않다.

IRP계좌로 이체되어 퇴직금을 운용할 때 조기에 퇴직연금 인출을 개시하는 것이 세금을 조금이라도 절약하는 방법이다. 퇴직 후 새로운 직장을 다니거나 다른 소득이 있더라도 조금씩 인출을 시작하는 편이 낫다.

IRP계좌가 개설된 금융기관에 인출 개시를 신청하여 매달 1만 원씩 인출하거나 연간 한 번만 인출해도 인출연수가 쌓이게 된다. 인출을 개시한 후 10년간은 애초 퇴직소득세의 30%, 그 이후는

재테크, 왕도는 없는가

40%를 감면받는다. 예를 들어 퇴직소득세율이 6%가 적용되었다면, 인출 후 10년까지는 4.2%, 그 이후는 3.6%가 적용된다.

별도로 납입하여 운용하는 연금저축과 IRP에서 연간 1,200만 원 이내로 인출하면 70세 미만은 5.5%, 80세 미만은 4.4%, 그 이후로는 3.3% 세금이 부과된다. 1,200만 원을 초과하여 인출하면 국민연금이나 나머지 소득과 합산하여 종합과세 된다. 연금저축과 개별납입 IRP 금액이 상당하면 종합과세 대상이 되지 않도록 조기에 인출을 개시할 필요가 있다. 종합과세 대상이 되더라도 여러 공제가 적용되어 세율이 크게 높지는 않다. 다른 소득이 상당하여 종합과세로 세금이 많으면 연금저축과 IRP 사적연금 부분에 대해서 16.5% 기타소득세로 분리하여 세금을 신청할 수 있다.

퇴직연금 인출방법으로 일정한 금액을 인출하는 정액법, 일정한 비율로 인출하는 정률법이 있다. 정액법으로 인출한 후 주가가 여러 해 계속해서 하락하면 연금자산이 크게 줄어들 수 있다며 정액법의 위험성을 설명하기도 한다. 물론 연금자산이 크게 감소하면 인출규모를 조절할 필요가 있다. 하지만 주가가 수년간 계속해서 하락하여 연금자산이 지속해서 크게 감소할 가능성은 크지 않다.

인컴형 자산 위주로 포트폴리오를 구축하여 매년 나오는 배당금과 연금자산 중 일부를 인출하게 되므로 연금자산이 급격히 줄어들지 않는다. 게다가 주가라는 게 오르고 내리고를 반복하므로 여러 해 지속해서 하락할 가능성도 낮다.

예를 들어 연금자산으로 IRP 3억 원, 연금저축 1억 원을 모은 상태에서 퇴직하여 다른 소득은 없고 국민연금, 퇴직연금과 연금저축을 통해 생활비를 충당하는 경우를 살펴보자.

앞에서 제시한 단순한 포트폴리오로 IRP 3억 원 중 70%인 2억1천만 원을 맥쿼리와 리츠ETF에 투자하고, 나머지 30%는 TDF2020에 투자한다. 인컴형 자산의 배당수익률은 연 6% 정도로 예상되어 연간 약 1,260만 원의 배당이 기대된다. 매달 약 100만 원을 인출해도 퇴직연금 원본은 유지될 수 있다. 물론 주식시장 변동에 따라 퇴직연금 평가금액은 달라진다. 직장생활을 30여 년 했다면 국민연금과 퇴직연금의 배당금을 더하면 서울시민 적정 생활비 250만 원을 만들 수 있다.[1] 생활비로 부족하면 퇴직연금이나 연금저축에서 추가로 더 인출하면 된다.

단순한 포트폴리오의 기대수익률은 약 6%로 예상된다. 이론적으로는 연금자산 총액 4억 원을 기대수익률 연 6%로 불리면서 매달 200만 원을 인출하면 연금자산 원본은 줄어들지 않고 계속해서 인출할 수 있다는 계산이 나온다.

재테크, 왕도는 없는가

물론 현실에서는 시시각각 시장이 변동하므로 연금자산 평가액도 매일 달라진다. 인출하는 과정에서 연금자산 평가액이 늘어날 수도 있고 인출금액보다 더 크게 줄어들 수도 있다. 다만 배당소득으로 인출금액의 상당 부분을 충당할 수 있어 연금자산 원본 감소 폭은 그만큼 줄어들게 된다. 평균 기대수명이 갈수록 늘어나 퇴직 후 연금자산 운용은 20년 이상의 장기전이다. 젊은 세대와 다른 점은 연금자산을 인출한다는 것이다.

비교적 장기전임을 생각하면 안정적인 수비를 통한 인컴추구 전략을 주축으로 하되, 일부는 공격을 통한 수익추구 전략도 병행할 필요가 있다. 예금 등 원리금 보장상품을 통한 철벽수비 전략은 추가 실점은 없지만 사실상 지는 게임이나 다름없다.

5

보험은 저축도 투자도
연금도 아니다

보험으로 저축한다, 보험으로 투자한다, 보험으로 연금도 한
다? 보험으로 두 마리 토끼를 잡을 수 있을까?

1970~80년대 부모들에게 교육보험은 필수품으로 여겨졌다. 자
녀만은 꼭 대학에 보내고 싶어 했던 교육열이 강한 우리나라 부모
들은 목돈이 들어가는 학자금을 마련하기 위해 보험에 가입했다.
매달 내는 보험료에서 보험회사와 보험설계사가 얼마나 가져가는
지, 얼마의 이율로 불려서 되돌려주는지 알지도 못했다. 그냥 십
여 년 후 목돈을 마련한다는 희망에 교육보험을 들던 때였다.

당시만 하더라도 예금금리가 10%를 넘고 시장 실세금리는 20%
에 육박하던 고금리 시절이었다. 시중은행 1년 만기 정기예금 평
균 금리는 70년대 16.05%, 80년대 10.20%, 90년대 9.57%였다.[1] 예

재테크, 왕도는 없는가

금금리나 시장 실세금리와 비교해서 어느 정도 이율인지 알 턱이 없고 자상하게 알려주는 보험설계사도 드물었다. 그만큼 금융소비자의 금융지식이 부족하고, 보험회사도 판매실적을 올리기에 급급하던 때였다.

금융 세상은 많이 달라졌다. 소비자의 금융지식 수준도 올라가고 권리도 강화되었다. 금융상품을 판매하는 금융회사의 의무도 한층 엄격해졌다. 고객이 내는 보험료에서 보험회사가 얼마를 떼는지, 적립된 보험료가 얼마의 이율로 불리는지 소비자는 묻을 수 있고 보험설계사는 당연히 설명해야 한다.

저축보험과 변액보험, 가성비가 있을까

보험상품 가운데 저축보험과 변액보험은 보험으로 저축하고 투자하는 상품이다. 사망하면 약간의 보험금이 지급되는 보장성 보험이 가미되지만, 보험료 대부분으로 저축하고 투자하는 상품이다. 이런 상품이 가성비가 있을까? 두 마리 토끼를 잡을 수 있을까? 모든 게 빛과 그림자가 있기 마련이다. 냉정하게 따져봐야 할 상품이다.

먼저 저축보험은 고객이 내는 보험료가 모두 적립되어 저축되지 않는다. 납입보험료에서 위험보험료 외에 계약체결·관리비용, 만기보험금 보증비용 등 제반 수수료와 비용, 소위 '사업비'가 차감된다. 상품에 따라 다르지만 납입보험료의 85~95%만 적립되어 보험회사의 공시이율로 불려 나중에 목돈으로 돌려받는다.[2] 사업비가 5~15% 정도라는 의미다. 도중에 해지하면 납입한 원금보다 적게 돌려받을 가능성이 크다.

저축보험은 저축상품이나 다름없다. 보험회사는 만기 환급금을 고객에게 안전하게 돌려줘야 하므로 국공채 등 안전자산 위주로 운용한다. 공시이율은 정기예금 금리와 비슷한 수준이거나 오히려 낮을 때도 있다.

2022.10월 자금시장이 경색되면서 시장금리가 치솟자, 5년 만기 연 6%에 가까운 확정이율을 제시한 저축보험이 출시되어 인기를 끌었다. 하지만 이는 고객이탈로 유동성 확보가 시급한 보험사가 내놓은 일회성 상품일 뿐이다.

가끔 저축보험을 10년 이상 납입하면 이자소득세가 면제된 점을 강조하면서 가입을 권유하기도 한다. 이 또한 그림자가 있기 마련이다. 만약 매달 100만 원씩 10년간 저축보험에 들면 총 납입 원금은 1억2천만 원이다. 비용, 수수료, 위험보험료 등 차감률을 5%로 가정하면 적립금은 1억1,400만 원이다. 공시이율이 3%라고

하면 이자는 1,909만 원이며, 294만 원의 세제혜택을 보게 된다. 참고로 2023.8월 생명보험사의 10년 유지 기준 저축보험의 평균 사업비는 보험료 대비 5.31%로 나타났다.[3]

하지만 보험회사가 사업비로 차감한 금액은 600만 원에 이른다. 미미한 위험보험료를 고려하면 보험회사 사업비로 차감된 금액이 세제혜택 받은 금액보다 훨씬 많다. 게다가 비과세 혜택을 받기 위해서는 10년 이상 장기간 보험료를 납입해야 한다. 도중에 돈이 필요해서 해약하게 되면 세제혜택을 받지 못하고 사업비 차감으로 원금도 돌려받지 못할 가능성이 매우 크다.

저축보험은 결국 저축상품이다. 보험회사 사업비가 얼마인지, 공시이율이 예금금리나 시장금리와 비교해 어느 정도 수준인지, 해약 시 환급률은 어떤지 꼼꼼히 확인해봐야 한다. 10년 이상의 장기상품이라면 만기 지급액을 기준으로 연 환산 수익률(복리)이 얼마인지도 따져볼 필요가 있다.

변액보험은 보험료 대부분이 투자상품인 펀드에 투자하는 사실상 투자상품이다.

저축보험처럼 형식적인 보장성보험이 가미될 뿐이다. 이 또한 계약체결·관리비용과 위험보험료가 차감된 금액으로 펀드에 투자된다. 실제 공시된 변액연금의 사업비는 회사와 상품별로 최소 6.66% 최대 14.16%로 나타났다. 위험보험료는 미미하여 대부분이 사업비로 차감된다고 보면 된다. 변액보험에 가입할 때는 회사별 사업비, 펀드 운용성과, 펀드의 다양성, 전문성 등을 충분히 비교해 보고 가입할 필요가 있다.[4]

납입보험료 대부분이 펀드에 투자되기 때문에 펀드의 성과, 즉 증권시장의 향방에 따라 변액보험의 순자산가치(환매금액)는 달라진다. 보험회사는 펀드를 직접 운용하지 않고 변액보험이라는 형태로 펀드를 판매하는 회사다. 제공하는 펀드가 다양하지 않고 변경하기도 그리 쉽지 않다.

변액보험을 7년간 해약하지 않고 유지한 비중은 약 30%에 불과하다. 보험설계사를 통하여 변액보험(연금형)에 가입하고 연간 수익률을 3.5%로 가정하면 7년 후 환급액은 납입금의 92.8%로 원금에도 미치지 못한 것으로 나타났다. 쉽게 말해 사업비로 떼는 금액이 수익보다 더 컸다는 의미다.

투자가 주된 목적이라면 굳이 높은 수수료와 비용을 줘 가면서까지 펀드 종류도 다양하지 않은 변액보험을 들 필요가 있는지 잘 따져봐야 한다. 펀드에 투자하고 싶으면 그냥 펀드에 적립식으로 투자하면 된다.

보험은 연금일까, 연금은 보험일까

보험회사는 즉시연금을 비롯하여 여러 가지 연금보험 상품을 판매하고 있다. 연금상품은 보험회사의 전유물인 것처럼 인식되고 있다. 여러 보고서에서도 금융상품을 분류하면서 보험과 연금을 한 묶음으로 분류하기도 한다. 엄밀히 말하면 연금은 그냥 '바구니'에 불과하다. 바구니를 누가 관리하는지가 중요할 수도 있다. 하지만 어떤 상품으로 운용하는지, 얼마나 잘 운용하는지, 수수료와 비용이 얼마나 되는지, 고객에게 얼마로 돌려주는지가 핵심이다.

공시이율은 예·적금 금리와 비슷한 수준이다

보험회사는 안전한 연금지급을 위하여 국공채, 금융채, 대출 등 비교적 안전한 자산으로 운용한다. 공시이율은 예·적금 금리와 비슷한 수준이다. 연금보험의 공시이율은 보통 1~2%대다. 최근 고금리 시기에 잠시 3%를 넘었으나 지금은 대부분 2%대다.

과거 10년간(2010~2019) 18개 생명보험사 연금저축보험의 수익률은 단순평균으로는 1.18%, 적립금 가중평균으로는 1.71%로 매우 저조하였다.[5] 보험회사가 공제한 수수료는 1.75%로 수익률을 낮추는 중요한 요인의 하나로 지적되었다. 과거 10년 평균 은행 정기예금 금리는 2.29%로 연금저축보험보다 높게 나타났다.

연금자산을 예금이나 국공채 위주로 운용하면 자본시장의 장기적인 성장의 과실을 누리지 못하여 수익률이 낮을 수밖에 없다. 이러한 자산운용은 비교적 안전하지만, 연금자산을 실질적으로 증식하지 못한다. 일반적인 주식형 펀드보다 기대수익률이 훨씬 낮다.

증권회사에서 가입하는 연금저축펀드나 퇴직연금은 고객이 가입하는 펀드나 상품에 따라 수익률이 달라진다. 같은 펀드라도 해마다 들쭉날쭉하다. 증권시장 분석에 따르면 30년간 장기적으로 미국 인덱스펀드나 글로벌 인덱스펀드에 투자하면 연 환산 8~10%의 수익률을 올린 것으로 나타난다. 주식시장의 변동성을 감내하면서 장기적인 성장의 혜택을 누린 결과다.

최근에는 생애주기에 따라 리스크자산 비중을 자동으로 조절해 주는 연금자산 운용에 적합한 TDF(Target Date Fund) 상품이 많이 출시되어 있다. 전문가들은 TDF 상품으로 연금자산을 운용하도록 권고하기도 한다. 전문적인 투자지식도 필요 없다. PB에게 상담을 받아 서너 개 자산운용사의 TDF 상품을 선택하여 자동매입 약정을 통해 매달 적립식으로 투자하면 될 뿐이다.

수수료는 부과기준이 달라 잘 따져봐야 한다

보험은 매달 납부하는 보험료에 대해 부과되지만, 펀드는 매년 평가금액(순자산가치)에 대해 부과된다.

원리금 보장 연금저축보험은 대체로 가입 후 7년까지는 6% 내외의 수수료와 비용이 차감된다. 2023.8월 생명보험회사의 10년 유지 기준 연금보험의 평균 사업비는 보험료 대비 6.53%로 나타났다.[6]

연금저축펀드는 가입하는 상품에 따라 수수료 차이가 있다. 환매하고 매매할 때마다 수수료가 발생할 수 있다. 장기투자자라면 인덱스펀드로 퇴직연금이나 연금저축 전용 온라인 클래스로 가입하면 수수료는 매년 0.5%~1% 정도에 불과하다.

매달 100만 원씩 20년간(총 납입액 2억4천만 원) 두 상품에 적립식으로 투자한다고 가정하여 두 상품의 수수료를 비교해 보자.

연금저축보험은 공시이율 2.5% 수수료 6%로, 연금저축펀드는 수익률 8% 수수료 0.75%로 계산해 보면 총 수수료는 20년 후 평가금액 기준으로 보험은 4.88%(납입액 기준으로는 6%), 펀드는 6.20%(수수료가 1.5%면 12.74%)로 연금저축펀드의 수수료가 조금 더 높다. 즉, 연금저축보험은 장기간 가입하면 수수료는 연금저축펀드보다 낮아진다.

하지만, 연금저축보험과 연금저축펀드의 가장 중요한 차이는 수익률이다. 20년 후 평가금액을 비교해 보면, 보험은 2억9,535만 원, 펀드는 5억4,246만 원으로 현격한 차이가 발생한다. 펀드 평가금액은 확정된 것은 아니지만 달성할 가능성이 높다.

연금보험 상품의 그림자를 살펴보자

변액연금으로 20세 기준, 매월 50만 원, 20년 납입, 총 납입액 1억2천만 원, 확정이율 7%, 65세 연금 기준금액 4억1,435만 원, 매년 4.60% 지급률로 1,906만 원의 연금을 종신토록 지급하는 연금보험 예시상품의 그림자를 살펴보자.

확정이율 7.0%는 매우 높은 금리로 보이지만 이는 단리다. 투자수익률에서 사용되는 연 환산 복리로 계산해 보면 납입보험료 기준으로 연 3.6%에 불과하다. 65세 이후 실제 매년 받는 연금액은 연금지급 기준액의 4.6%다.

45년이라는 엄청나게 장기간에 걸쳐 적립하여 투자하면서 연 환산 3.6% 이율로 산정한 금액을 그것도 기준금액으로 하여 연금을 지급한다는 것은 자본시장의 장기 수익률 약 8~10%와 비교하면 매우 낮은 수준이다.

20년간 납입하고 또 25년 후에 연금을 받을 정도의 '투자 인내성'이 엄청난 금융소비자라면 자본시장 연 환산 수익률 약 8~10%를 달성할 가능성이 매우 크다. 45년 후 연금지급 기준액이 아니라 고객 계좌에 불려 있을 금액은 약 20억 원에 이를 것으로 예상된다.[7]

이 변액연금 상품의 연금기준액 4억1,435만 원은 단순히 45년 후 매년 연금으로 지급하는 기준이 되는 금액에 불과하다. 고객의 주머니에 있는 돈도 아니고 고객의 연금자산도 아니다. 45년 후 받게 되는 연간 연금액 1,906만 원이 상당하게 보일 수 있다. 하지만 머나먼 미래의 돈으로 할인율 3%로 현재가치를 계산하면 504만 원에 불과하다. 매달 42만 원을 받는 셈이어서 매달 낸 원금 50만 원에도 미치지 못한다,

사망하면 공시이율이 적용된 적립금 또는 납입액 중 큰 금액을 기준으로 그간 받은 연금액을 차감하여 지급된다. 높은 사업비를 고려하면 고객이 낸 돈을 그냥 돌려받는 거나 다름없다.[8]

달러보험 가입도 신중해야 한다

보험회사가 달러보험을 공격적으로 마케팅하는 경우를 종종 보게 된다. 하지만 고객이 환율변동 리스크를 떠안아야 하므로 가입할 때 신중하여야 한다.

달러보험은 달러로 보험료를 납입하고 나중에 달러로 보험금을 받는 상품이다. 보험회사야 전문적인 운용 능력이 있으므로 달러를 받고 지급하는 환율변동 리스크를 적절히 관리할 수 있다.

하지만 고객은 환율변동 리스크를 전적으로 부담해야 한다. 보험료를 내는 과정에서 환율이 오를 수도 내릴 수도 있고, 나중에 보험금을 탈 때 환율이 오를 수도 내릴 수도 있다. 전체적으로 환율이 낮은 수준에서 내고, 나중에 환율이 높은 수준에서 받으면 덤으로 이득을 보겠지만, 반대의 경우는 많이 내고 적게 받게 되어 손해를 볼 수도 있다.

환율변동 리스크를 고객이 떠안게 되므로 보험의 취지에 맞지 않다. 달러 연금보험 상품은 더더욱 적절하지 않다. 달러로 보험료를 납입하여 투자하고, 달러로 연금을 받는 상품이다. 고객은 납입할 때나 받을 때 환율변동 리스크에 노출된다. 노후 대비 상품으로 적절하지 않다.

결국 보험회사에 비용과 수수료를 주면서 안전자산 위주로 운용하여 정기예금 금리와 비슷한 공시이율로 불려주는 연금보험에 가입할 필요가 있는지 냉정하게 따져봐야 한다. 보험은 연금이 아니다. 연금도 보험이 아니다. 연금은 바구니에 불과할 뿐이다. 그 안에 어떤 자산으로 운용할 것인가, 수수료와 비용은 얼마인가, 어떻게 꺼내 쓸 것인가가 핵심이다. 연금은 투자라는 슬로건이 설득력이 있다.

재테크, 왕도는 없는가

종신보험도 결국 선택의 문제다

베이비붐 세대는 자녀를 위해 많은 경제적 노력을 기울였다. 더구나 세상을 떠난 후에도 자녀들에게 부담을 주지 않기 위해 보험금으로 장례비용을 충당하도록 종신보험에 가입한 사람이 많다. 보험설계사의 마케팅 영향이 크다는 점도 부인할 수 없다. 부모가 사망할 때 자녀들에게 부담을 주지 않겠다는 것은 부모세대의 가치판단의 문제로 왈가왈부할 사안은 아니다. 하지만 적립금이 장기간 운용되는데도 낮은 공시이율로 불려 나가는 종신보험에 가입할 필요가 있는지 따져볼 문제다.

경제활동 기간에 발생하는 사고에 대비하여 일정 나이(예를 들어 65~70세)까지만 보장해주는 정기보험에 가입하는 것이 훨씬 가성비가 높고 합리적인 대안이 될 수 있다.

예를 들어 만 40세 기준, 보험금액 1억 원, 보장기간 30년, 보험료 납입기간 20년의 보험에 가입한다고 생각해보자. 보장기간에 관계없이 사망하면 보험금이 지급되는 종신보험(평생)은 매월 193,500원, 보장기간 내에 사망하면 보험금이 지급되는 정기보험(70세 만기)은 49,400원으로 종신보험이 정기보험보다 보험료가 무려 4배나 많다.[9]

차라리 정기보험을 들고 나머지 금액으로 미국 인덱스펀드나 글로벌 인덱스펀드에 가입하여 장기간 투자하는 것이 더 효율적인 재무설계가 될 수 있다. 종신보험과 정기보험의 납입보험료 차이인 월 144,100원을 자본시장의 장기 수익률인 연 8%로 운용한다면 보장기간이 끝나는 30년 후인 70세에는 약 1억4,041만 원이 된다.

이는 고객의 수중에 있는 돈이다. 80세에는 약 3억1,167만 원으로 불어난다. 물론 확정된 금액은 아니지만 달성할 가능성이 매우 크다. 종신보험은 보험가입자인 고객이 사망해야 보험금을 지급한다. 80세에 사망하더라도 1억 원을 지급한다. 이 또한 보장성보험이기 때문에 해약하면 훨씬 적은 금액을 받게 된다.

결국 종신보험보다는 정기보험으로 납입보험료를 낮추고, 나머지는 일반적인 자산관리 원칙에 따라 자금을 운용하는 것이 훨씬 가성비가 높고 효율적인 대안이 될 수 있다. 이 또한 보험회사에 사업비를 지급하고, 낮은 공시이율로 자금을 운용할 것인가의 문제로 귀결된다.

필자도 종신보험에 오래 가입하였으나 몇 해 전 보험연수를 받으면서 이 같은 문제점을 인식했다. 전문가 상담을 받은 후 보험보장금액을 감액하는 '감액완납'으로 바꿔 납입을 종료하였다.

보험은 보험일 뿐이다

보험상품 중 저축보험, 변액보험, 연금저축보험, 연금보험, 종신보험 등 여러 보험상품의 구체적인 사례를 통해 빛과 그림자를 살펴봤다. 보험은 순수 보장성보험 이외에는 다분히 그림자가 크다. 전문가들은 보험에 걸맞은 정기보험, 암보험, 실손보험은 가입하도록 권고한다.

"재해나 각종 사고 따위가 일어날 경우의 경제적 손해에 대비하여, 공통된 사고의 위험을 피하고자 하는 사람들이 미리 일정한 돈을 함께 적립하여 두었다가 사고를 당한 사람에게 일정 금액을 주어 손해를 보상하는 제도"라고 국어사전은 보험을 정의하고 있다. 쉽게 말해 보험은 사고(위험)에 대비하는 상품이다. 보험료를 내고 만일에 발생할지도 모를 사고위험을 보험회사에 전가하는 것이다. 보험가입자는 위험을 파는 사람이고, 보험회사는 위험을 사는 사람이다.

보험은 저축도 투자도 연금도 아니다. 보험으로 재무설계를 하는 것도 당연히 아니다. 더욱이 보험설계사가 재무설계를 하는 전문가도 아니다. 보험은 보험일 뿐이다.

6
은행은 금융상품을 파는
대형마트다

우리에게 은행은 무엇인가?

목돈을 마련하기 위해 코 묻은 돈을 저축하고 필요할 때 대출을 받을 수 있는 사실상 금융의 전부였다. 세월이 흐르면서 금융 세상도 변하고, 은행도 변하고 있다. 이제는 더는 우리가 알던 은행이 아니다. 여러 가지 물건을 파는 대형마트나 다름없다.

2019년 은행이 팔았던 파생결합펀드(Derivative-linked fund)에 투자한 안정적인 성향의 수많은 고객이 엄청난 손실을 보았다. 독일국채를 기초로 한 파생결합증권에 투자하는 펀드로, 국채금리가 일정 수준 아래로 하락하면 원금 100%까지도 손해를 볼 수 있는 투자상품이다. 실제로 원금 전부를 날려버린 고객도 많았다.

한 은행 고객은 청와대 국민청원 게시판에 "개미처럼 일해서 소

선진국금리 DLF 시리즈 3탄
독일금리 DLF
행내한
Coming soon
3월 13일[水]~
행내한 자료로 대고객 교부 불가

행내한

상품 포인트

- 선취 **1.00%** ㅣ 고객 수익률 연 **4.2%** ㅣ 만기 6개월 (1회 평가)
- 기초자산 : 독일국채 10년물 (ISIN : DE0001102465, 독일연방정부 발행)
- 만기평가일에 **−0.2%** 이상이면 연 **4.2%** 지급

독일국채금리10Y

✓ 현재 부진한 성장세는 올 4분기에 반등할 것으로 예상 → 실질금리 상승
→ 2019년도 하반기 0.3% 내외로 상승 전망 (2019년 3월 7일 약 0.07%수준)

[JP모건 리서치자료 中]

✓ 2000.1.1이후 독일국채 10년물의 최저 금리는 −0.186% (2016.7.8)
→ 이 펀드의 행사가(−0.20%)보다 높음
→ 이 펀드의 행사가보다 낮은적이 없었음

백테스트

【 분석기간 : 2000.1.3~2018.9.7 / 동 펀드와 동일한 구조로 매일 투자했다고 가정하고 시뮬레이션 】

구분	빈도수	확률
만기상환	6,823회	100%
원금손실	0회	0%

※ 자세한 내용은 제안서를 참고해주세요

(출처 : 금융감독원 보도자료, 『주요국 해외금리 연계 DLF 관련 중간 검사결과』
2019.10.2)

중한 돈이라 다른 곳에 투자하면 한 푼이라도 손해를 볼까 봐 정기예금처럼 안전하다고 하여 대한민국에서 제일 튼튼하다는 은행에 저축하는 개념으로 믿고 맡겼습니다"라며 은행을 성토하였다.

은행은 금융시스템의 가장 중추적인 기관이다

고객으로부터 예·적금을 받아 대출하거나 알아서 관리한다. 고객이 맡긴 돈은 은행의 부채가 됨과 동시에 자산이 된다. 예금과 대출 기능을 수행하는 금융시스템의 핵심이다. 더욱이 고객이 돈을 주고받는 통로로서 지급결제 기능을 수행한다.

자본주의 시장경제가 작동하도록 예금을 받고 대출을 함으로써 신용창조(credit creation)가 이루어진다. 쉽게 말해, 빚을 통해 돈이 돌고 돌아 돈이 불어나고 경제가 돌아가는 것이다. 빚을 통한 신용창조 과정을 비판하는 전문가도 있지만, 자본주의는 빚을 통해 작동한다. 그야말로 마법이다. 모든 경제주체가 자기 돈만 가지고 예금만 하면 이는 '죽은 금융'이고 '죽은 경제'나 다름없다. 금융기관이 아니라 그냥 '금고'에 불과하다.

참고로 한국은행에서 발행한 돈, 본원통화는 2023.7월 말 현재 254.2조 원이다. 예금과 대출을 통해 늘어난 통화는 광의통화(M2) 기준으로 3,821.9조 원이다. 돈이 불어나는 배수를 통화승수(money

재테크, 왕도는 없는가

multiplier)라고 하는데, 계산하면 약 15.0배다.

은행에서 파는 금융상품이 다 안전하지 않다

고객의 예금을 맡아 관리하는 은행이 안전하지 않다는 사실을 1997년 외환위기 때 경험했다. 물론 예금은 예금자보호제도를 통해 원리금 5,000만 원까지는 국가에서 보장한다. 외환위기 이후 경제가 회복하면서 은행의 자본이 확충되고 수익성이 호전되어 우리나라 은행의 건전성 지표는 매우 양호하다. 현실적으로 은행은 안전하고 은행예금도 안전하다고 할 수 있다.

그렇다고 은행에서 파는 금융상품이 안전하다는 의미는 아니다. 예·적금만 안전하다. 법적으로 원리금이 보장되는지가 중요하다. 은행에서 파는 펀드나 다른 금융투자상품은 그 속성상 안전하지 않다. 이익을 볼 수도 있고 손실을 볼 수도 있다.

은행에서 팔기 때문에 안전하다는 인식이나 주장은 우리 사회에서 더는 통하지 않는다. 은행이 잘못 설명하거나 미흡하게 설명하고 팔았다손 치더라도 금융투자상품은 기본적으로 고객의 책임이다. 상품 자체가 사기 상품이 아닌 이상 고객이 책임을 100% 면하기는 어렵다.

사모펀드 사태는 미국에선 상상할 수 없는 일이다

2015년 전문가나 고액자산가들만이 애용하던 사모펀드의 규제가 완화되자 은행은 마트에서 물건 팔듯이 많은 고객에게 사모펀드를 팔았다. 자본주의 시장경제 선도국인 미국에서는 상상할 수 없는 일이다.

미국의 은행(상업은행)은 펀드 등 투자상품을 판매하지 못한다. 대공황 때 은행의 과도한 증권투자로 파산이 급증한 사례를 교훈 삼아 1933년 은행법이 개정되어 은행의 증권업무 영위가 금지되었다. 1999년 금융서비스현대화법 제정으로 마침내 은행이 증권업무를 수행할 수 있도록 규제가 완화되었으나 자본시장 규제감독기관인 SEC(Securities and Exchange Commission)에 브로커·딜러로 등록해야 한다. 쉽게 말해 증권회사가 된다는 의미로 SEC의 규제감독과 검사를 받아야 한다. 은행의 건전성 감독과는 차원이 다른 투자자 보호 관점에서 증권회사로서 규제감독을 받는다. 은행이 증권회사로서 고객에게 증권을 팔고 사거나 중개하는 영업행위에 대해 감독을 받는다는 의미다. 이를 전문적으로 '기능별 규제(functional regulation)'라고 한다.

현실적으로 은행은 SEC에 브로커·딜러로 등록하지 않고, 증권

재테크, 왕도는 없는가

업무도 하지 않는다. 규제가 완화되어 법적으로 은행이 SEC에 브로커·딜러로 등록하고 직접 증권업무를 할 수 있게 되었음에도 관행상 나아가 법적규제 부담 때문에 그렇게 하지 않는다. 증권업무는 예전처럼 금융지주회사 산하 증권회사에서 수행한다.

그런데 우리나라는 은행이 직접 한다. 지주회사 산하에 증권회사가 있음에도 은행도 투자상품을 판매하는 증권업무를 수행한다. 이를 규제 완화로 이해하고, 금융이 발전한다고 생각한다. 그러다 고객에게 엄청난 피해를 초래한 사고가 터졌다. 2015년 상품 속성상 리스크가 큰 사모펀드를 최소 투자금액 1억 원이면 누구나 가입할 수 있도록 규제가 완화되었다. 일반투자자에 대한 엄격한 투자자 보호장치가 마련되지 않은 채 사모펀드 시장이 활짝 열린 것이다.

은행은 규제완화를 틈타 전국적인 마케팅을 펼쳐 불법을 저지르면서까지 적극적으로 사모펀드를 판매하여 고객에게 큰 피해를 초래하였다. 우리사회에서 가장 신뢰하고 안정적이라고 인식된 은행이 저지른 불법적인 영업행태에서 비롯된 참사다.

물론 유사한 불법행위로 고객에게 손실을 초래한 증권회사도 비판을 피해갈 수 없다. 사기적 상품을 납품한 사모펀드 운용회사도 주범의 하나다. 나아가 2015년 규제 완화로 사모펀드 시장의 장벽을 낮춘 정부당국의 갑작스러운 정책 변경, 감독당국의 선제적 감독 미흡도 냉정한 비판이 요구된다.

우리나라 사모펀드 사태는 일반고객을 대상으로 한 바람몰이식 영업행태의 끝판왕이나 다름없다. 미국에서는 상상할 수 없는 일이다. 미국은 기관투자가, 투자 전문가, 고액자산가, 업계 관계자 등을 대상으로 증권회사가 알음알음으로 사모펀드를 판매한다.

은행은 사모펀드 판매수익의 열 배 정도를 손해배상금으로 토해냈다. 은행을 포함한 금융산업에 대한 신뢰는 무너졌다. 규제와 감독은 다시 강화되고 복잡해졌다. 엄청난 수업료를 치렀다. 고객과 시장의 신뢰를 회복하는 데는 시간이 걸릴 것이다.

재테크, 왕도는 없는가

7

리스크는 금융의
알파요 오메가다

"고객님, 이 상품은 안전하고 수익성도 좋습니다." 금융상품을
상담하는 과정에서 금융기관 직원한테서 종종 듣는 말이다. 하지
만 수익성과 안전성 두 마리 토끼를 모두 잡는다는 것은 이론상으
로나 현실적으로 가능하지 않다.

"고객님, 이 상품은 원금 손해 볼 가능성이 거의 없습니다." 이
또한 현실적으로 타당하지 않다. 예금과 적금 말고는 모두 원금
손실 가능성이 있다. 다만 그 확률이 높고 낮음의 문제일 뿐이다.

수익성과 안전성 두 마리 토끼를 잡을 순 없다

금융상품의 수익성(return)과 안전성(risk)은 대체로 반비례 관계
(trade-off)다. 수익성(안전성)이 높으면 안전성(수익성)이 떨어지고, 수익

성(안전성)이 낮으면 안전성(수익성)이 높다. 하나가 좋으면 다른 하나는 안 좋고, 하나가 안 좋으면 다른 하나는 좋은 그런 관계다.

수익성과 안전성의 관계는 사전적인(ex-ante) 개념이다. 리스크가 크면 높은 수익률을 기대한다(기대수익률, expected rate of return)는 의미다. 높은 수익률이 보장된다거나 실제 수익률(실현수익률)이 높다는 의미는 아니다. 또 리스크가 크면 높은 수익률을 요구한다(요구수익률, required rate of return)는 의미다. 신용등급이 낮아 리스크가 큰 회사의 회사채에 대하여 높은 금리를 요구한다는 그런 의미다. 이 관계는 사후적(ex-post)으로도 검증된 결과이기도 하다. 하지만 개별적인 상황에서 들어맞지 않는 경우도 물론 있다.

예금과 적금은 수익성은 낮지만, 안전성은 높은 대표적인 안전상품이다. 정해진 금리를 주므로 손실 볼 가능성이 없어 비금융투

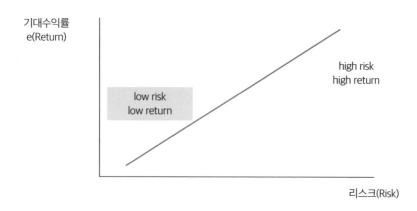

재테크, 왕도는 없는가

자상품으로 분류된다. '투자'라는 말에는 손실 가능성이 포함되어 있다. 1997년 외환위기를 겪으면서 부실한 은행에 저축한 예금과 적금은 안전하지 않다는 아픈 경험도 있다. 하지만 예금자보호제도가 잘 정착되고 은행의 건전성이 양호한 상황에서 예금과 적금은 안전하다고 얘기해도 괜찮다. 그래서 수익에 해당하는 이자가 대체로 낮다.

예금으로 얻은 금리가 리스크자산인 주식투자로 얻은 수익률보다 높을 때도 있다. 2022년에는 금리가 올라 연 3%를 넘어섰는데, 인플레이션·금리상승·경기둔화 등으로 코스피 지수 수익률은 마이너스 (-)25%를 기록했다. 사후적으로 특정한 시기에는 그럴 수 있다. 하지만 장기적으로는 안전자산인 예금보다 리스크자산인 주식의 수익률이 높다. 예를 들어 우리나라는 과거 35년간(1986~2020) 안전자산인 정기예금은 연평균 6.1%, 리스크자산인 코스피 지수는 연평균 9.9%의 수익률을 거두었다. 미국은 지난 45년간(1976~2020) 비교적 안전자산에 속하는 장기국채는 연평균 6.8%, 리스크자산인 S&P500 지수는 연평균 8.6%의 수익률을 기록했다.

이는 사후적으로도 안전자산인 정기예금은 수익성이 낮고, 리스크자산인 주식은 수익성이 높음을 보여준다. 또 장기간 리스크자산에 투자하면 그만큼 보상해준다는 의미이기도 하다.

참고로 교과서나 도서, 언론에서는 '리스크'를 우리말로 '위험'
이라고 하는데, 이 둘은 엄밀히 말해 다르다. 투자의 세계에서 리
스크는 이익을 볼 수도 있고(긍정적) 손실을 볼 수도 있는(부정적) 불
확실성(uncertainty)을 말한다. 리스크는 또 다른 말로 '변동성'이라고
도 한다. 반면, 위험(danger)은 질병, 사망, 재해, 사고 등과 같은 부
정적 결과를 의미하며, 이러한 위험에 대비하기 위하여 보험에 가
입한다. 그래서 투자의 세계에서는 '리스크'가, 보험의 세계에서는
'위험'이 적합한 용어이다.

체계적 리스크와 비체계적 리스크로 구분된다

리스크는 체계적 리스크(systematic risk)와 비체계적 리스크(non-
systematic risk)로 구분된다. 체계적 리스크는 시장 리스크(market risk)라
고도 하는데, 시장 전체에 영향을 미치는 요인을 의미한다. 최근
핫 이슈가 되고 있는 금리, 환율, 인플레이션, 경기침체, 우크라이
나 전쟁사태, 중동사태 등 시장 전체에 영향을 미치는 요인을 체
계적 리스크라고 한다. 체계적 리스크는 예측하기 어렵고 투자를
하는 한 피할 수 없다. 물론 완전한 헤지 포지션(hedge position)이면
체계적 리스크에 영향을 받지 않겠지만 리스크를 완전히 피한다

는 것은 수익을 올릴 가능성도 없다는 의미다. 리스크를 감당하지 않고는 확정금리보다 높은 수익률을 얻을 수 없다.

비체계적 리스크는 개별회사에 영향을 미치는 요인을 의미한다. 예를 들어 개별회사의 매출과 이익의 급격한 변동, 임상실험 실패, 오너의 불법행위 등이다.

분산투자를 통해 리스크를 줄일 수 있다

한 종목에만 투자하면 시장 전체에 대한 체계적 리스크뿐만 아니라 개별회사에 대한 비체계적 리스크에 노출되어 여러 종목에 분산 투자하는 것보다 리스크가 훨씬 크다. 크게 벌수도 있지만 크게 잃을 수도 있다. 통계적으로 30개 종목 이상 분산하여 투자하면 비체계적 리스크는 상당 부분 줄일 수 있다. 이처럼 개별종목 투자는 리스크가 크기 때문에 많은 전문가는 펀드를 통한 투자를 권고한다. '화끈한' 종목으로 '더블'을 먹겠다는 투자자는 그만큼 손실을 각오해야 한다는 게 상식이다. 더블을 먹고 해피엔딩으로 끝나는 경우도 물론 있겠지만, 큰 손실로 쓴맛을 볼 가능성이 큰 게 현실이다. 또 돈을 벌든 잃든 그 과정에서 어지러운 롤러코스터를 탈 수밖에 없다. 그만큼 리스크가 크다는 얘기다.

최근에는 상장지수펀드(ETF : Exchange-Traded Fund)가 다양하게 출시되어 거래소에서 일반 상장회사 주식처럼 거래되고 있다. 2010년 이후 전 세계적으로도 액티브펀드(유망한 종목을 선정하여 시장 수익률보다 높은 수익을 추구하는 펀드) 시대를 지나 패시브펀드(지수 구성종목에 투자하여 지수를 추종하는 펀드)와 ETF가 주류를 형성하고 있다. 코스피200, 코스닥150, S&P500, 나스닥100 등 지수 관련 ETF는 인덱스펀드와 비슷하여 분산투자 효과를 충분히 누릴 수 있다.

하지만 특정산업 ETF(예 : 반도체ETF, 바이오ETF. 2차전지ETF 등)는 그 산업에 집중 투자하거나 그 산업지수를 추종하기 때문에 인덱스펀드나 인덱스ETF보다 리스크가 크다. 몇몇 대형주에만 투자하는 ETF(예 : TOP10ETF)도 소수 종목에 집중 투자하기 때문에 리스크가 훨씬 크다. 이는 분산투자 효과를 충분히 누리지 않고 선택과 집중을 통해 더 높은 수익률을 추구하는 전략이다. 수익을 크게 볼 수 있지만 그만큼 리스크도 크다는 얘기다.

채권투자도 때론 리스크가 클 수 있다

한편 채권은 주식보다 리스크가 작은 투자상품이다. 채권도 시장금리가 변동하면서 가격이 시시각각 오르고 내린다(시장금리와 채권가격은 逆의 관계다). 만기가 길고 신용등급이 낮으면 채권가격의 변동성은 더 크다. 그래도 주식의 투자수익률이 들쭉날쭉(리스크)한

재테크, 왕도는 없는가

것보다 채권의 투자수익률이 들쭉날쭉한 것이 작다.

채권은 채무불이행(부도) 가능성, 즉 정해진 기간에 원금과 이자를 받지 못할 가능성도 있다. 신용등급에 따라 다른데, 국채는 매우 낮고 투기등급 회사채는 상대적으로 높다. 2020년 이후 코로나 위기 상황에서도 회사채 부도율(좁은 의미)은 2020년 0.27%, 2021년 0.24%로 현저히 낮은 수준이다. 투자등급은 2년 동안 0%, 투기등급은 2020년 2.52% 2021년 1.54%를 기록하였다. 하지만 1997년 외환위기 때에는 11.13%(투자등급은 10.29%, 투기등급은 30.0%), 글로벌 금융위기 이후 2010년에는 2.16%(투자등급 0%, 투기등급 12.96%)로 위기 상황에서 투기등급 회사채는 매우 높은 부도율을 보였다.

가끔 브라질 국채가 많이 팔린다는 보도가 있다. 브라질 국채는 표면이자가 10% 수준으로 높은 이자를 지급한다. 실제로 높은 수익을 올리기도 하고, 때로는 연간 마이너스 (-)20% 이상 손실을 보기도 한다. 높은 이자를 준다는 것은 그만큼 리스크가 크다는 의미이기도 하다. 브라질 경제와 재정상황, 국제금융시장 상황 등에 따라 채권의 가격이 변동할 뿐 아니라 브라질 통화인 헤알화 가치(환율)가 변동한다. 헤알화로 투자되기 때문에 채권의 가격변동 리스크와 환율변동 리스크를 동시에 부담하게 된다. 따라서 우리나라 국채에 투자하는 것보다 리스크가 훨씬 크다. 그만큼 높은 수익을 볼 수도 있고 때로는 큰 손실을 볼 수도 있다는 의미다.

꼬리 리스크가 있는 상품은 신중해야 한다

2019년 국내은행은 독일국채와 연계된 파생결합펀드(DLF)를 집중적으로 마케팅 하였다. 사전적으로는 리스크가 그렇게 크지도 않고 수익도 그리 높지 않은, 기대수익률이 예금금리(당시 연 1.5% 수준)보다 조금 높은 수준으로 설계된 상품이다. 하지만 은행을 비롯한 금융기관의 탐욕과 불완전판매 등으로 사회적으로 큰 물의를 일으켰다. 주로 정기예금이 만기가 되어 여유자금이 생긴, 본디 리스크가 낮은 상품을 선호한 고객층이 공략 대상이었다. 결과적으로 정기예금보다 조금 높은 수익을 원하던 고객이 큰 손실을 보게 되었다.

금융기관 내부에서는 독일국채 금리가 떨어지고 있는 상황에서 손실이 발생할 가능성이 있다는 우려가 제기되기도 하였다. 또 과거 금리 데이터만을 토대로 손실발생 확률이 제로라는 마케팅 자료를 만들어 고객에게 가입을 권유하였다. 일부 직원들은 독일이 망하지 않는 한 독일국채는 안전하다며 상품의 리스크와는 동떨어진 설명으로 고객을 오도(誤導)하였다. 결국 인재(人災)다.

재테크, 왕도는 없는가

파생상품의 설계와 운용은 어렵고 이해하기 힘든 전문가의 영역이다. 하지만 고객은 상품을 설계하거나 운용하는 사람이 아니다. 고객은 어떤 상황에서 얼마나 이익을 보는지 손해를 보는지 상품의 손익구조와 리스크를 이해하면 된다.

손실 구간에 들어가면 천 길 낭떠러지다

이 상품은 독일국채 금리가 만기에 마이너스 (-)0.20%(손익분기점) 이상이면 약정된 연 4.2%의 수익률을 지급하고, 만약 마이너스 (-)0.20% 밑으로 떨어지면 차이 나는 금리의 200배의 손실을 보도록 설계되어 있다. 만약 만기에 마이너스 (-)0.5%가 되면 그 차이인 0.3%의 200배인 60% 손실을 보게 된다. 만약 마이너스 (-)0.7%가 되면 전액 손실을 본다. 마이너스 (-)0.20% 밑으로 떨어질 가능성이 사전적으로는 매우 낮다고 하지만, 실제 그런 상황이 발생하면 큰 손실을 본다는 얘기다. 급전직하 천 길 낭떠러지나 다름없다. 이를 '꼬리 리스크'(tail risk)라고 한다.

이해하는 데 별로 어렵지는 않다. 다만 가장 중요한 것은 독일국채 금리가 앞으로 어떻게 될 것인가 하는 것이다. 거시경제 지표인 금리를 예측하기는 매우 어렵다. 시중은행과 증권회사의 전문가도 틀리기 쉽다. 기준금리를 결정하는 중앙은행조차도 금리

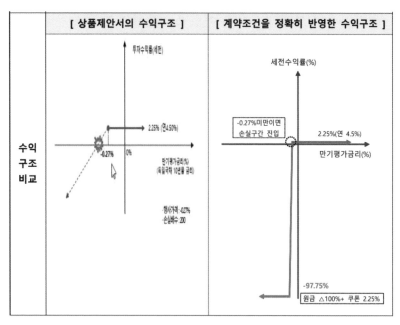

[상품제안서의 수익구조]	[계약조건을 정확히 반영한 수익구조]

(출처 : 금융감독원 보도자료『금융분쟁조정위원회, DLF 투자손실 40%~80% 배상 결정』2019.12.5.)

예측은 어려운 일이다. 시장에는 물론 맞추는 전문가도 당연히 있다.

외견상 200배의 손실을 보도록 설계되어 투자자에게 엄청나게 불리한 상품처럼 보일 수 있다. 하지만 독일국채 금리가 2000년 이후 마이너스 (-)0.20% 밑으로 떨어진 적이 없고 과거 금리분포를 고려하여 설계된 상품이다. 손해를 본 고객이나 정치권에서 사기 상품이라고 비판하지만, 금융의 세계에서는 사기 상품이 아닌 정상적인 상품이라고 할 수 있다.

2019년 8월~9월 이 상품의 손실 폭이 눈덩이처럼 커지면서 중도 환매하거나 만기도래한 투자자들은 평균 50%의 손실을 보았다. 그 당시 미중 무역협상이 교착상태에 빠지면서 경기침체 우려로 선진국 국채금리가 일제히 하락하여 손실구간에 들어간 것이다. 최악의 경우 전액 손실을 보기도 하였다. 하지만 11월 중순에는 미중 협상이 진전되면서 독일국채 금리가 상승하여 투자자들은 원금을 회복하고 약정수익률을 받고 상환되었다. 지옥(전액 평가 손실)에 갔다가 다시 살아 돌아온(약정수익률로 상환) 경우다.

이처럼 사전적으로는 '중(中)리스크 중(中)수익'으로 설계되었다 하더라고 사후적으로는 천당과 지옥을 왔다 갔다 할 수 있다는 얘기다.

물론 일차적으로 금융회사 직원이 고객에게 리스크를 제대로 충분하게 설명하지 않고 오도한 책임이 크다. 그래서 금융회사 임직원은 금융감독당국으로부터 엄중한 제재를 받았고, 투자자들은 분쟁조정 과정을 거쳐 40~80%의 손실을 배상받았다. 그래도 고객의 책임이 최소한 20% 된다는 점이다. 고객도 상품에 가입할 때 리스크를 따져보고 금융회사 직원에게 물어봐야 한다. 그리고 투자할지 안 할지 최종 결정은 고객이 하는 것이다.

금융의 핵심은 리스크다

결론적으로 개별상품에 투자할 때 리스크를 충분히 이해해야 한다. 특히 꼬리 리스크가 있는 상품은 사전적으로 리스크가 낮더라도 사후적으로 예상과 달리 큰 손실을 볼 수 있다는 점에 유의하여야 한다. 그래서 리스크에 적절하게 대응하고 관리하기 위하여 개별 금융상품에 집중 투자하기보다는 주식, 채권, 원자재, 리츠 등 다양한 자산에 글로벌하게 분산하여 투자하는 '글로벌 자산 배분 전략'이 매우 중요하다.

결국 수익과 리스크의 관계는 사전적인 의미이다. 물론 사후적으로도 장기적으로 상품별로 분석하면 타당성도 검증된다. 다만 사후적으로, 단기적으로, 개별적으로는 다를 수 있다는 것이다. 그래서 더더욱 리스크를 잘 따져보고 투자해야 한다.

금융에서 가장 중요한 단어 하나만 꼽으라면 '리스크'라고 할 수 있다. 알파요 오메가다. 그만큼 리스크를 잘 이해하고 관리하는 것이 중요하다.

재테크, 왕도는 없는가

금융시장,
어떻게
작동할까

8
금융을 혈액순환으로 이해하면 쉽다

돈이 중요한 세상이다.

돈 벌기 위해 주식, 코인, 가상자산 투자가 뜨겁다. 스마트폰 하나면 몇 초 만에 전 세계로 돈이 오고 간다. 코로나 사태로 각국 중앙은행은 금리를 인하하고 엄청난 돈을 풀었다. 이제는 인플레이션으로 금리를 인상하고 풀린 돈을 회수하고 있다. 투자자들은 돈의 흐름에 촉각을 곤두세운다. 이처럼 현대 경제는 실물경제를 넘어 금융이 지배하는 '금융자본주의'다. 금융이 지배하는 세상, 도대체 금융을 어떻게 이해하면 좋을까?

금융을 글자 그대로 쇠 金, 유통할 融 글자 그대로 돈이 도는 것 즉, '돈의 순환'이다. 돈은 중앙은행이 발행해(본원통화) 금융기관을 거쳐 개인이나 기업이 대출을 받아 소비하거나 투자를 하고, 다시

금융시장, 어떻게 작동할까

금융기관에 예치되는 과정을 반복하면서 돈이 돌게 된다. 이러한 과정을 통하여 돈의 양이 증가하는데 이를 '신용창조'라고 한다. 즉, 빚을 통하여 금융, 나아가 자본주의가 작동하는 것이다.

금융은 혈액순환과 비슷하다

금융을 우리 몸에서 피가 도는 '혈액순환'으로 이해하면 좋을 듯하다. 심장에서 피가 나와 산소와 영양분을 싣고 동맥을 거쳐 모세혈관까지 돌고 돌아 우리 몸이 움직인다. 마찬가지로 돈이 돌아야 경제도 작동한다. 혈액순환이 원활하지 않으면 건강에 이상이 생기듯이, 돈의 흐름이 원활하지 않으면 경제도 문제가 발생한다.

고혈압은 인플레이션으로, 저혈압은 디플레이션으로 이해하면 좋겠다. 혈액순환이 원활하지 않고 때론 혈전이 생기는 것은 돈이 잘 안 돌아 경기가 둔화하고 나아가 금융이 경색되는 소위 '돈맥경화'로 이해하면 무방하다. 혈액순환이 원활하지 않아 손발이 저리다고 하는데 이는 돈이 잘 안 돌아 경제 밑단에 있는 자영업자, 소상공인 등 서민경제가 어렵다는 정도로 이해하면 어떨까. 이렇게 우리 몸을 경제에 비유하고 혈액의 순환을 금융에 비유하면 이해하기 쉽다. 그래서 금융은 '경제의 혈맥'이라고 부르기도 한다.

다르게는 수동 자동차 운행을 생각해보면 어떨까. 힘든 고갯길을 만나면 엔진 회전(RPM)이 떨어지고(돈이 안 돌고, 디플레) 속도를 유지하려고 변속기를 저단으로 바꾸고(금리 인하) 가속페달을 힘껏 밟는다(양적 완화). 그러다가 평탄한 길에 접어들어(경기 회복) RPM이 올라가면(돈이 돌고, 인플레) 변속기를 고단으로 바꾸고(금리 인상) 힘껏 밟았던 가속페달도 서서히 떼어(양적 긴축) 엔진 과열(경기 과열)을 막고 정상적으로 운행하게 된다.

금융은 '돈의 순환'이다

2020년 코로나 팬데믹으로 일상이 거의 멈췄다. 소비도 줄고, 기업 투자도 줄고, 해외여행도 가지 못하고 즉, 돈이 잘 돌지 않아 경제가 어려워졌다. 돈이 잘 돌게 해 경제에 활력을 불어넣기 위하여 중앙은행은 금리를 내리고 돈을 풀었다(양적 완화). 팬데믹으로 최근 2년간(2020~2021년) 한국은행은 약 60조 원의 돈을 풀었다(본원통화 기준 2019년 말 179조 원→2021년 말 239조 원). 금융기관과 경제주체를 돌고 돌아 광의의 통화량은 700조 원이 증가하였다(M2 기준 2019년 말 2,914조 원→2021년 말 3,614조 원). 미국 중앙은행은 약 5조 달러를 풀었다. 2008년 글로벌 금융위기를 극복하는 과정에서 엄청난 돈을 풀어 '헬리콥터 살포'라 불렀는데 이번에도 재연된 것이다.

그래도 미래가 불안하면 금융기관은 대출을 조이고 개인과 기업은 소비와 투자를 줄인다. 돈을 아무리 많이 풀어도 돌지 않으면 돈이 많은 것이 아니다. 풀린 돈이 빨리 돌기 시작하면, 즉 소비와 투자가 증가하여 과도해지면 인플레이션이 일어난다. 물론 최근의 인플레이션은 소비와 투자 측면보다는 팬데믹 이후 임금 상승, 원자재와 물류 가격 상승, 공급체인 애로 등 공급 측면의 영향이 크다. 이렇게 인플레이션이 발생하면 중앙은행은 금리를 올리고 풀린 돈을 회수해야 한다.

소비와 투자를 해야 진짜 돈이 도는 것이다

코로나 이후 붕괴한 우리나라 증시는 급반전하여 2021년 초 코스피 지수는 사상 최초로 3,000포인트를 넘었고 삼성전자 주가도 10만 원에 육박했다. 주식투자 인구도 급증하고 그야말로 증시는 뜨거웠다. 하지만 증권시장에서 투자자 간에 주식을 사고파는 것은 돈이 도는 것은 아니다. 그냥 왼쪽 호주머니에서 오른쪽 호주머니로 위치만 바꾼 정도로 이해하면 좋다. 주가가 올라 투자자들이 회식도 하고 쇼핑도 하며 소비를 하고, 기업들도 증권시장에서 자금을 조달하여 투자를 해야 돈이 도는 것이다. 즉, 소비와 투자로 연결되어야 진짜 돈이 도는 것이다. 금융시장에서만 돈이 왔다 갔다 하는 것은 금융의 현상일 뿐이다. 오히려 실물과 괴리되어 금융시장에 버블이 생기고 실물과 관련 없는 파생상품 시장이 비대해지고 투기장이 되면 경제에 큰 부담을 주고 때로는 금융위기를 초래하기도 한다.

돈이 도는 곳이 바로 금융시장이다

금융시장은 바로 돈이 도는 곳이다. 돈이 남는 사람과 돈이 필요한 사람이 만나는 곳이다. 금융시장의 가격인 금리, 환율, 주가는 시장에서 사는 세력과 파는 세력 간의 줄다리기로 결정된다. 즉, 수요와 공급에 의해 가격이 결정된다.

쉽게 말해, 청팀과 백팀의 줄다리기 싸움이다. 덩치가 작은 사람과 큰 사람, 평범한 사람과 실력 있는 사람, 다양한 그룹이 치고받는다. 더 많은 이득을 얻으려고 용병(예를 들어 신용거래, 공매도)을 데려오기도 한다. 이쪽저쪽으로 시시각각 움직이기도 하고, 팔짱을 끼고 관망하기도 한다. 여러 변수가 영향을 미친다. 어느 팀이 이길지 알기 어렵다. 전문가들은 많은 예측과 전망을 한다. 하지만 맞는 때도 있고 틀린 때도 있다.

금융은 돈이 도는 현상과 과정을 잘 이해할 필요가 있다. 열린 사고로 시장을 바라봐야 한다. 돈은 원활하게 잘 돌아야 한다.

금융시장, 어떻게 작동할까

9
기준금리는
금융의 조타수다

2022년부터 미국이 공격적으로 금리를 인상하면서 국내 금리도 치솟고 있다.

일부 저축은행의 예·적금 금리가 6%를 넘어서기도 했다. 가장 낮은 투자적격 신용등급(BBB-)으로 신용등급이 그리 나쁘지 않은 기업의 회사채 금리는 10%를 넘었다. 대표적인 실세금리인 10년 만기 국고채 금리도 2022.10월 중순에는 12년 만에 최고 수준인 4.65%를 돌파하기도 했다. 그간 10여 년 이상 저금리 시대에 익숙한 기업이나 금융소비자는 최근의 고금리가 당혹스럽다. 하지만 경기는 둔화하고 있고 인플레이션도 진정될 것이다. 고금리 추세가 상당기간 지속될 것으로 예측되고 있지만 언젠가는 꺾일 것이다.

금리는 쉽게 말해 '돈의 값'이다

금리는 기본적으로 돈을 빌릴 때 내는 '돈의 값'이다. 경제학에서 금리는 현재의 소비(유동성)를 희생한(포기한) 대가로, 저축과 투자에 의해 또는 화폐의 수요와 공급에 의해 결정된다고 본다.

저축을 많이 하면, 즉 자금공급이 증가하면 금리는 하락한다. 경기가 좋아져 기업이 투자를 많이 하면, 즉 자금수요가 증가하면 금리가 상승한다.

코로나 사태에 따른 경기침체를 극복하기 위하여 중앙은행이 대대적으로 돈을 풀면서, 즉 통화공급이 증가하면서 금리는 사상 최저 수준으로 떨어졌다. 최근에는 높은 인플레이션을 잡기 위해 과도하게 풀린 유동성을 회수하면서, 즉 통화공급이 감소하면서 금리는 오르고 있다.

원론적으로 금리(명목금리)는 경제성장률과 물가상승률을 반영한다. 2022년 국내 소비자 물가지수는 5.1%, 생산자 물가지수는 8.4% 상승하였다. 최근의 고금리는 높은 물가상승률을 반영하고 있다. 물가상승을 고려한 실질금리(명목금리-물가상승률)는 사실상 마이너스(-) 수준이다. 5% 금리로 예금을 해도 인플레이션을 고려하면 돈의 실질적인 가치는 오히려 감소한다는 의미다.

경제성장률과 궤를 같이하는 실질금리는 추세적으로 떨어질 수밖에 없다. 우리 경제는 1980년~2009년까지 약 30년간 연평균 7.0% 성장하였다. 같은 기간 세계 경제는 평균 3.4% 성장하였는데, 우리는 그 보다 두 배나 높은 성장률을 기록했다. 하지만 2010년~2021년까지 10여 년간 우리나라의 평균 경제성장률은 3.0%로 세계 평균 성장률(3.3%)을 밑돌았다.

서울대 김세직 교수는 저서 『모방과 창조』(2021)에서 1990년대 중반 이후 장기성장률(연간 성장률을 10년 이동평균으로 계산)이 5년마다 1% 포인트(p) 하락하고 있다고 분석하고 조만간 0%대로 떨어질 것으로 예상했다. 그간 경제성장률은 하락하고 물가도 비교적 낮은 수준에서 안정되어 금리는 하향 추세를 보였다. 하지만 최근의 갑작스러운 고금리는 코로나 사태 이후 과잉 유동성, 고유가, 공급 애로, 우크라이나 전쟁 등으로 초래된 높은 인플레이션을 반영하고 있다.

중앙은행 총재 혼자 결정하지 않는다

역시 제일 중요한 금리는 중앙은행이 결정하는 기준금리다. 이는 통화정책의 핵심으로 예대금리를 포함한 모든 금리 수준에 영향을 미치는 조타수 역할을 한다. 게다가 경제와 금융시장 전반에 광범위하게 영향을 미치므로 고도의 전문성이 요구된다. 따라서 대부분 국가에서는 중앙은행 총재가 독자적으로 결정하지 않고 별도의 통화정책위원회에서 전문적이고 심도 있는 논의를 통해 정책금리를 결정한다. 위원회의 법적 지위, 위원의 구성과 임기보장 등은 독립적인 통화정책 수행의 중요한 척도다.

우리나라는 한국은행에 설치되어 있는 금융통화위원회에서 기준금리(base rate)를 결정한다. 한국은행 총재가 금융통화위원회 의장으로 회의를 주관한다. 금융통화위원회는 한국은행 측 3인 (총재, 부총재, 한국은행 추천 1인), 정부 측 2인(기재부, 금융위 각 추천 1인), 업계 측 2인(대한상공회의소, 전국은행연합회 각 추천 1인) 총 7인으로 구성된다. 업계 측 추천 단체가 정부 지도·감독을 받는 단체인 점을 고려하면 현실적으로 정부의 영향력이 강한 느낌이다. 하지만 기준금리 결정은 대체로 정부로부터 독립적으로 운영되고 있다는 평가를 받고 있다. 예전에는 재무부(기재부 전신)가 사실상 금리 결정에 영향을 미쳤지만 1997년 외환위기를 계기로 한국은행의 독립성을 보장하는 방향으로 법이 개정되었다. 정부는 금융통화위원회에 참석하여 발언할 수 있고, 의결이 정부정책과 상충한다고 판단되는 경우 재의(再議)를 요구할 수 있는 등 최소한의 견제 장치만 두고 있다.

미국은 중앙은행 Fed의 FOMC(Federal Open Market Committee)에서 정책금리를 결정한다. FOMC는 법적으로는 독립적인 회의체이지만 중앙은행 Fed의 본체에 해당하는 연방준비위원회(Board of Governors of the Federal Reserve System)가 사실상 운영한다. 현재 제롬 파월 연방준비위원회 위원장이 FOMC 위원장이 되고, 연방준비위원회 위원 7명 전원이 FOMC 위원이 되며, 나머지 5명은 연방준비은행 대표로 구성된다. 나아가 연방준비위원회가 FOMC 회의를 실질적으로 주관하고 있다(자세한 내용은 10장에서 설명함).

기준금리는 중앙은행이 전문적인 분석과 논의를 토대로 독립적으로 결정한다. 물론 경제 상황과 금융시장 여건에 대해 관계기관, 전문가, 업계와 의견을 나누고 소통한다. 독립성이 잘 보장된 미국도 연방준비위원회와 재무부 간에 여러 채널을 통하여 경제 상황에 대하여 의견을 교환한다.[1] 하지만 정책금리 결정은 Fed의 고유영역이다. 대통령이나 재무부 장관도 금리에 대한 언급을 삼가는 것이 전통이다. 몇 해 전 트럼프 대통령의 금리개입 발언은 전문가, 시장, 언론으로부터 많은 비판을 받았다.

우리나라는 예전에는 기준금리를 익일물(하루짜리) 콜금리를 목표로 하였으나 2008.3월부터 한국은행과 금융기관 간 환매조건부증권(RP) 매매와 대기성 여·수신 자금거래를 할 때 적용하는 금리

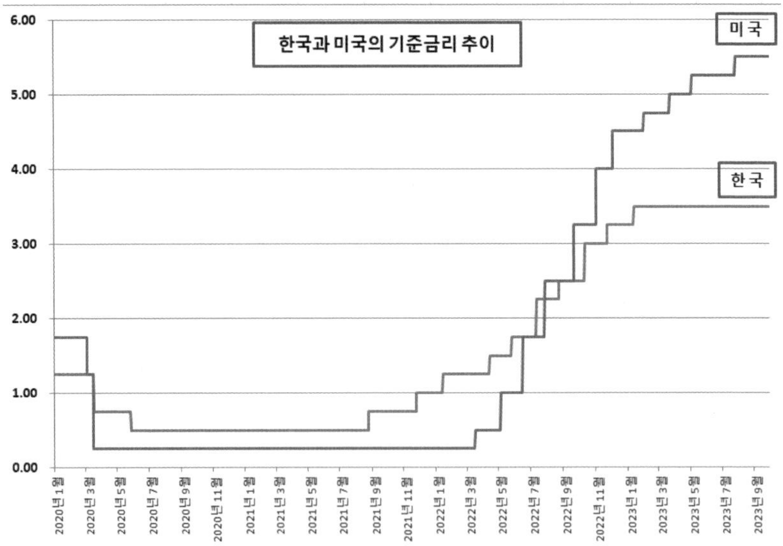

(출처 : 한국과 미국 중앙은행 자료를 토대로 작성)

로 변경하였다. 금융통화위원회는 물가 동향, 국내외 경제 상황, 금융시장 여건 등을 종합적으로 고려하여 연 8회 기준금리를 결정하고 있다. 기준금리는 초단기 금리인 콜금리에 즉시 영향을 미치고 장단기 시장금리, 예금과 대출금리 변동으로 이어져 궁극적으로는 실물경제에 영향을 미친다.

미국 FOMC에서 결정하는 정책금리는 '연방기금금리(federal fund rate)'로 각 연방준비은행에 예치된 예금수취기관의 예치금을 다른 예금수취기관에 빌려줄 때 적용하는 초단기 목표금리(target rate)를 의미하며 모든 금리에 영향을 미친다.

사후적으로 대응(reactive)한다는 비판이 많다

미국 중앙은행 Fed가 정책금리를 결정하는 과정에서 미래 전망을 바탕으로 선제적으로 대응(preactive)하지 못하고 현재 데이터를 토대로 사후적으로 대응(reactive)한다는 비판이 많다. 소위 '뒷북치기'로 정책효과가 떨어진다는 지적이다.

2021년 중반 미국 주가가 최고치를 경신하고 경제지표도 호전된 상황에서 전문가나 시장에서는 곧 닥쳐올 인플레이션을 우려하여 Fed가 선제적으로 금리를 인상해야 한다는 의견이 제기되었다. 하지만 제롬 파월 위원장을 비롯한 Fed는 인플레이션이 '일시적(transitory)'이라고 잘못 판단하고 선제적으로 금리를 인상하는 데 실패했다는 지적이 많다. 2021년 중반부터 선제적으로 금리를 인상했다면 2022년과 같은 급격한 인상 행보를 하지 않아도 될 것이다. 미리 예방주사를 맞았다면 2022년과 같은 큰 홍역을 치르지 않았을 것이라는 얘기다.

노련한 운전사는 방어운전을 한다

노련한 운전사는 전방의 상황을 예측하고 방어운전을 한다. 내리막길에서 엔진 과열과 과속에 대비하여 미리미리 브레이크를 밟아야 한다. 그래야 승객들이 쏠리지 않고 손잡이도 꼭 잡고 내리막길을 큰 탈이 없이 내려갈 수 있다. 나중에 허겁지겁 급브레이크를 연달아 밟으면 승객이 요동치고 다치는 경우도 발생한다.

중앙은행은 경제를 운영하는 운전사다. 인플레이션이나 경기 과열을 예측하고 선제적으로 금리를 인상하여 경제를 안정적으로 운영해야 한다. 미국 중앙은행 Fed는 여러 전문가나 시장의 지적에도 불구하고 인플레이션이 일시적이라고 판단하고 선제적으로 대응하지 못하다가 예상과 달리 8%대의 높은 인플레이션이 지속되자 사후적으로 네 차례나 연달아 0.75%포인트(p)씩 공격적으로 금리를 인상하여 경제와 금융시장에 충격을 줬다.

경제를 정확히 예측하는 것은 어려운 일이다. 미국 중앙은행 Fed 전체로 볼 때 경제를 분석하는 이코노미스트가 수백 명은 족히 넘을 것이다. 그들이 경제 상황을 분석하고 모니터링하고 있음에도 최근의 인플레이션 상황을 예측하지 못한 것이다. 그만큼 미래를 예측하는 일은 어렵다.

시장에는 시장금리가 있다

중앙은행이 결정하는 것은 기준금리다. 시장에는 시장금리(실세금리)가 있다. 기준금리야 어쩌다가 인상되거나 인하되지만, 시장금리는 경제와 금융시장 상황을 반영하여 시시각각 오르내린다. 우리나라는 1980년대 이후 오랫동안 증권업협회(금융투자협회 전신)에서 발표한 3년 만기 회사채 금리(AA- 무보증사채 기준)를 대표적인 시장 실세금리로 사용하였다. 하지만 선진국에서 주로 국채금리를 사용하고 있고 우리나라도 국채시장이 활성화되면서 국고채금리를 대표적인 시장 실세금리로 사용하고 있다. 참고로 국고채는 국채를 대표하는 채권으로 2022년 말 현재 전체 국채 상장잔액의 92.0%, 전체 채권 상장잔액의 39.9%를 차지하여 국고채와 국채를 혼용해서 쓰는 경우도 있다.

3년 만기 국고채금리를 많이 사용하나 최근에는 미국 등 선진국과 비교할 수 있도록 10년 만기 국고채금리를 쓰기도 한다. 대표적인 시장 실세금리로 어떤 것을 사용하느냐는 법에서 규정하는 것은 아니며 시장의 관행이 중요하다.

그렇다면 국고채금리는 어디에서 어떻게 결정될까? 국고채금리는 채권시장에서 시장 참여자의 거래를 통해 결정된다. (자세한 내용은 11장에서 설명함)

⑩
미국 중앙은행에 대한 오해와 왜곡을 깨다

'인플레이션 파이터' 폴 볼커, '경제의 마에스트로' 앨런 그린스펀, '헬리콥터 벤' 벤 버냉키, 제롬 파월, 이들은 '미국의 경제 대통령' 나아가 '세계의 경제 대통령'으로까지 불린 미국 중앙은행 총재들이다.

1980년대 강력한 인플레이션 억제, 2000년대 초 신경제 구현, 2008년 글로벌 금융위기 해결, 2020년 코로나 경제위기 극복 과정에서 미국 경제와 세계 경제에 막강한 영향을 미쳤다. 최근에도 전 세계 금융시장은 미국 중앙은행 행보에 촉각을 곤두세우고 경제뉴스도 관심 대상 1번지다.

그런데 미국 중앙은행에 대하여 언론, 책자, 보고서, 인터넷, 유튜브 등에는 잘못된 명칭, 오해, 왜곡, 사실이 아닌 내용, 음모론까지 난무한다. 미국의 중앙은행 '연방준비제도'는 이상하게 왜 '제도'라고 부를까, '연방준비제도이사회'는 왜 '이사회'라는 이름이 붙었을까, 왜 '의장'이라고 부를까, 웬 총재들이 그렇게 많을까, 중앙은행이 자그마치 12개나 될까, 중앙은행은 민간기관일까, 도대체 민간기관이 달러를 발행하는가, 월가 금융기관이 좌지우지하는가 등 논란이 많다.

필자는 1990년대 말 미국에서 MBA 과정을 수학하면서 워싱턴 DC에서 한 달 동안 미국 정부 시스템에 대한 특별 프로그램을 수강하였다. 재무부와 중앙은행 본부도 방문하고 통화정책의 심장부인 FOMC 회의실을 둘러보고 위원장 의자에도 앉아 보았다. 또 2000년대 초반 워싱턴 주재원으로 3년간 근무하면서 중앙은행, 금융감독기관, IMF, 세계은행 등과 두루 교류했다. 그간의 경험, 중앙은행 자료, 관련법 등을 토대로 미국 중앙은행에 대하여 팩트 체크(fact check)를 해보고자 한다.[1]

미국 중앙은행은 단일기관이 아니라 연합체다

미국의 중앙은행은 18세기 말 여러 논란 끝에 The Bank of the United States라는 이름으로 설립되어 두 차례 총 45년간(1791~1811, 1816~1841) 한시적으로 인가되어 운영된 후 폐업되었다. 20세기 초

금융위기가 재발하자 월가 은행을 중심으로 중앙은행 설립에 대해 논의가 다시 이루어지고 정치권과 타협하면서 1913년 Federal Reserve Act(쉽게 말해 '중앙은행법')가 제정되어 중앙은행 체계가 마련되었다.

미국의 중앙은행은 Federal Reserve System이라고 하는데, 다른 나라와 달리 하나의 기관이 아닌 여러 개 기관으로 이루어진 연합체다. 주요국의 중앙은행으로 우리나라는 '한국은행', 일본은 '일본은행', 중국은 '중국인민은행'('중국은행'은 민간은행임), 영국은 'Bank of England', EU는 '유럽중앙은행(European Central Bank)' 등 이들은 모두 단일 기관이다. 중국인민은행은 정부기관이고, 한국은행은 정부기관이 아니고 무자본 특수법인으로 사실상 공공기관이다. 일본은행은 주식회사로 상장회사이기도 하며, Bank of England는 주식회사이지만 국유화되었다. ECB는 회원국 중앙은행이 출자한 사실상 공공기관이다. 국가별 법적 체계와 상황에 따라 중앙은행의 법적 형태도 다양하다. 중요한 것은 중앙은행으로서의 중립성과 전문성이 법적으로 잘 보장되고 운영되느냐이다.

Federal Reserve System은 기관 명칭이 아니다

첫째, Federal Reserve System을 기관으로 오해하는 사람들이 많다. 이는 기관의 명칭이 아니라 여러 기관이 유기적으로 운영하는 '중앙은행 시스템'을 일컫는 말이다. 공식적으로 줄여서 'Fed' 또는 'Federal Reserve'라고 부르고 있다. 국내 언론이나 관계기관에서 '연방준비제도'라고 쓰고 있는데, 과거 일본은행이 번역해 쓰던 것을 우리가 그대로 쓰고 있다. 하지만 영어 본래의 의미를 곰곰이 생각해보면 '준비'와 '제도'라는 용어는 뉘앙스가 사뭇 달라 정확한 번역으로 보기 어렵다. 'reserve'는 예금 인출에 대비해 쌓아놓은 '준비금'을 의미하며, 'system'은 '제도'와는 차원이 다른 말로 그냥 '시스템'이라고 하는 편이 낫다. '입체적인 운영 시스템'을 의미하는 명칭이 그냥 '법률로 규정된 제도' 정도로 변질된 느낌이다.

어색하고 부적합한 용어를 쓰기보다는 그냥 '미국 중앙은행 Fed'라고 하면 가장 적절하고 알아먹기 쉽다. 언론이나 관계기관에서 '연준'으로 줄여 쓰고 있는데 일반 대중에게는 의미전달이 잘 안 된다. 차라리 '미국 중앙은행'이라고 부르는 게 훨씬 이해하기 쉽다.

예를 들어, 미국의 IRS(Internal Revenue Service)를 적절한 말로 번역하기 어렵고 번역해도 도무지 무슨 기관인지 알 수 없다. 그냥 '미국 국세청 IRS'라고 하면 우리말로 옮길 필요도 없고 이해하기도 쉽다.

Federal Reserve System을 운영하는 실제 기관은 상부기관이

(출처 : Board of Governors of the Federal Reserve System, photo gallery)
국내언론에서 '연방준비제도'라고 보여주는 청사 건물의 기관 공식 명칭은 Jerome
Powell이 위원장으로 있는 Board of Governors of the Federal Reserve System(연방준비
위원회)이다. 미국의 중앙은행 Fed를 대표하는 기관으로 중앙은행의 본체에 해당한다.

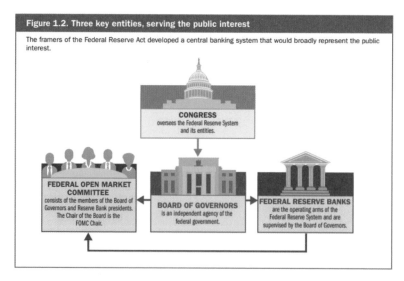

(출처 : Board of Governor of the Federal Reserve System, The Fed Explained : What
the Central Bank Does 내용 캡처)

금융시장, 어떻게 작동할까

며 독립행정기관인 Board of Governors of the Federal Reserve System(이하 줄여서 'Federal Reserve Board'라고 함), 집행기관으로 주식회사이나 사실상 공공기관인 12개의 Federal Reserve Banks, 그리고 기준금리와 공개시장정책을 결정하는 회의체인 FOMC(Federal Open Market Committee)로 구성된다. 더 간략히 얘기하면 상부기관인 Federal Reserve Board와 산하기관인 Federal Reserve Banks로 이루어진 유기적 연합체다. 이들의 관계는 '본청과 지청' 또는 '본사와 지사' 정도로 이해해도 괜찮다.

'연방준비제도이사회'는 일제잔재로 잘못된 명칭이다

Fed의 대표기관인 Federal Reserve Board를 한국은행을 비롯한 관계기관, 언론, 나아가 국립국어원도 '연방준비제도이사회'라고 부르고 있는데, 이는 잘못된 명칭이고 일제 잔재다.[2]

미국의 행정부는 크게 백악관, 각 부처, 부처 내 소속기관, 부처에 소속되지 않은 독립기관(independent agency)으로 구성된다. 백악관 서쪽, 국무부 옆에 있는 Federal Reserve Board는 독립기관에 해당하는 정부기관이다. Federal Reserve Board는 7명의 위원과 이들을 보조하는 약 3천 명의 직원이 있는 합의제 행정기관이다. 재무부와는 유기적으로 소통하고 협조하지만 상호 존중하는 독립된 지위이다.

뉴스에 미국 중앙은행 Fed(언론은 '연방준비제도'라고 함)라고 보여주는 건물이 바로 이 기관의 청사 건물이며, Jerome Powell이 바로 이 기관의 長이다. 2008년 글로벌 금융위기와 2020년 코로나 사태 때 한국은행이 통화 스와프를 체결한 기관이 사실상 이 기관이다. 즉, 미국 중앙은행 시스템을 대표하는 기관이고 본체라고 봐도 과언이 아니다. 그래서 제롬 파월이 Fed 위원장이고 미국 중앙은행 총재인 것이다.

이사회(board of directors)는 법적으로 재단법인이나 사단법인의 내부기관에 불과하다. '삼성전자 이사회'를 생각해보면 된다. 우리나라 정부기관 어디도 그런 명칭을 쓰지 않는다. 그런데 어떻게 연방 정부기관에 '이사회'라는 명칭이 붙었을까. 더군다나 기관 공식 명칭(Board of Governors of the Federal Reserve System)에 그러한 단어가 없는데도 말이다. 일본 중앙은행인 일본은행의 보도자료 등에서 아직도 이러한 명칭을 사용하고 있다. 일본은 아마도 처음 번역했을 당시 Federal Reserve System을 기관으로, Federal Reserve Board를 그 이사회쯤으로 오해했을 것이다. 그래서 '이사회' '이사' '의장' 이란 용어를 썼을 것이다.

우리는 이것을 그대로 사용했을 것이고 아직도 쓰고 있다. 잘못된 명칭이 관행으로 굳어진 것인데, 일제 잔재라고 볼 수밖에 없다. 어색하고 부정확한 명칭인 '준비'와 '제도'도 그렇게 생겨난 것이다.

미국 행정체계와 기관의 법적 성격을 고려하면 아쉽지만 줄여서 '연방준비위원회'가 그나마 적절하다. 이사회가 아니므로 '이사'나 '의장'의 직함도 맞지 않는다. '의장'이란 직책은 우리나라에서는 국회의장의 경우에나 있을 뿐이다. Federal Reserve Board라는 위원회 형태의 행정기관의 長이므로 '의장'이 아니라 '위원장'(chairman)으로, '이사'가 아니라 '위원'(공식 직함은 governor이며 board member 라고도 함)이 적합하다. 기관의 법적 성격이 비슷한 우리나라 정부기관인 금융위원회의 조직과 직함을 비교해 보면 이해가 될 것이다.

외국기관의 성격이나 명칭, 기능, 직함 등을 정확하게 이해하지 못하면 외교상 실례를 범할 수 있고 왜곡을 불러일으킬 수도 있다. 오죽했으면 10여 년 전 모 경제부총리가 Federal Reserve Board(이하 '연방준비위원회'라고 함)의 명칭과 직함이 잘못됐다는 내용의 칼럼을 기고했을까.

일제 잔재에서 비롯된 부적합하고 잘못된 명칭들이 관행으로 굳어지고 아직도 사용되고 있어 씁쓸하고 안타깝다. 잘못된 것은 고쳐야 하고, 더욱이 잘못된 일제 잔재라면 일소해야 한다.

연방준비은행에 대한 오해도 차고 넘친다

90년대 중반 뉴욕 연방준비은행 지하 금고에 있는 엄청난 금괴를 털어 도주한 사건을 그린 영화가 크게 히트한 적이 있다. 여러 책자나 언론, 인터넷에서는 연방준비은행이 탄생하게 된 비화를 소개하며 흥미를 자극하고 음모론을 부추기기도 한다.

주주인 월가 은행들이 좌지우지한다거나, 연방준비은행이 곧 중앙은행인 것처럼 그래서 '미국 중앙은행은 민간기관'이라거나, 이들이 달러를 발행한다고 얘기하기도 한다. 또 웬 총재들이 그리도 많은가, 누가 더 높은 사람인가 헷갈리고도 한다.

1913년 Fed 출범 이후 뉴욕 연방준비은행 총재가 사실상 실권자로서 금리 결정을 포함한 통화정책을 주도하였다. 현재 상부기관인 연방준비위원회는 그 당시에는 자체 건물도 없고 직원도 몇 명 안 되고 대표는 명의상 총재라는 직함으로 관계기관 회의에서 말석에 앉을 정도로 형식적인 기관에 불과했다. 또 재무부장관과 통화감독청장이 연방준비위원회의 당연직 위원장과 위원으로 참여하여 중립성과 전문성이 현저히 낮은 수준이었다.

대공황 시기 뉴욕 연방준비은행을 비롯한 Fed는 금리 인상과 통화긴축으로 은행을 파산으로 내몰고 대공황을 초래하였다는 비판에 직면하였다. 이러한 정책실패를 계기로 1933년, 1935년 법이 개정되어 중앙은행 체계에 커다란 변혁을 가져왔다.

대공황 이후 중앙은행 축이 뉴욕에서 워싱턴으로 이동하다

그간 형식적인 기능을 수행하던 연방준비위원회의 권한이 대폭 확대되고 재무부장관과 통화감독청장이 연방준비위원회에서 제외되어 독립성도 강화되었다. 기관의 공식 명칭도 Federal Reserve Board에서 Board of Governors of the Federal Reserve System(간략히 쓰기 위해서 예전 명칭을 아직도 사용하기도 함)으로 격상되었다.

반면, 금리 결정 등 통화정책을 주도한 연방준비은행의 권한과 영향력은 대폭 축소되었다. 기준금리는 그간 뉴욕 연방준비은행을 중심으로 자율적인 협의체에서 논의하여 자체적으로 결정하던 방식에서 법상 기구로 신설된 FOMC에서 결정하는 구조로 바뀌었다. 게다가 정부기관인 연방준비위원회가 FOMC의 다수를 차지하도록 하여 통화정책에 대한 연방준비위원회의 영향력을 강화하였다.

이로써 연방준비위원회가 명실상부한 상부기관으로 자리매김하고 컨트롤타워로서 역할이 정립되었다. 또 직함도 기관의 長을 governor에서 chairman으로, 위원들은 그냥 board member에서 governor로 격상되었다.

반대로 연방준비은행은 권한이 축소되고 상부기관인 연방준비위원회에 의해 실질적으로 감독을 받도록 하여 집행기관으로 자리매김하였다. 12개 연방준비은행 중 5명의 대표만이 신설된 FOMC 위원이 되어 통화정책 결정에 참여하도록 하였다. 연방준비은행 대표의 직함도 governor에서 president로 바뀌어 사실상 격하되었다. 즉, 중앙은행의 중심축이 뉴욕에서 워싱턴으로 이동하게 된 것이다. 이러한 역학관계와 기능변화를 고려할 때 연방준비은행의 대표를 '총재'라고 하기에는 적합하지 않고 그냥 '행장'이라고 부르는 것이 더 적절하다.

하지만 국내언론이나 관계기관에서 '총재'라고 계속 쓰고 있어 중앙은행 총재로 오해하기 쉽고 또 총재가 12명이나 되는 우스꽝스러운 상황이 되기도 한다. 나아가 어감상 '총재'가 '의장'(언론이나 관계기관에서 '연준 의장'이라고 부름)보다 지위가 높게 보여 혼란스럽기까지 하다.

미국 중앙은행은 민간기관이다?

한편 연방준비은행이 미국의 중앙은행이고 이들은 월가 은행들이 주식을 소유하고 있는 주식회사이므로, 미국의 중앙은행은 민간기관이고 월가 은행들이 좌지우지하고 있다는 오해와 왜곡이 널리 퍼져있다. 아마도 베스트셀러였던 쑹훙빙의 『화폐전쟁』(2008)에 기술된 미국 중앙은행에 대한 왜곡된 주장이 영향을 미친 것으로 생각된다. 10여 년 전 한국방송대상까지 받았던 국내 공영방송 다큐멘터리에서까지 그렇게 설명하고 있어 안타깝기 그지없다.

앞에서 설명한 대로 미국의 중앙은행은 쉽게 말해 민관 연합체다. 상부기관이며 정부기관인 정책결정기관 Federal Reserve Board, 산하기관이며 민간기관인 집행기관 Federal Reserve Banks, 연방금리 결정기구로 회의체인 FOMC의 연합체로 이루어진 시스템이다. 이 가운데 핵심기관은 컨트롤타워 역할을 하고 있는 정부기관인 연방준비위원회다. 연방준비은행은 민간기관이지만 사실상 공공기관으로 집행기관에 불과하다. 물론 연방준비은행 행장이 FOMC 정책 결정에 참여하지만 그들은 소수다. 시스템의 일원으로 집행기관에 해당하는 연방준비은행을 중앙은행 그 자체라고 설명하는 것은 팔다리를 본체라고 부르는 격이고, 산하기관을 전체 시스템의 대표기관으로 설명하는 셈이다. 더욱이 주식회사 형태인 연방준비은행을 미국 중앙은행으로 간주하여 '미국 중앙은행은 민간기관이다'라는 주장은 왜곡을 넘어 사실이 아니다.

미국 중앙은행이 어디냐고 굳이 물어보면 정부기관이며 상부기관인 연방준비위원회(Federal Reserve Board)라고 얘기하는 편이 낫다. 그래서 미국 정부 공보 홈페이지에 가면 독립행정기관의 Federal Reserve System을 클릭하면 연방준비위원회 홈페이지로 연결된다. 또 주요국 중앙은행 총재 회의에 연방준비위원회 위원장이 Fed 위원장으로, 쉽게 얘기하면 미국 중앙은행 총재 자격으로 참석하는 것이다.

연방준비은행은 월가가 좌지우지한다?

다른 한편으로는 연방준비은행의 법적 형태가 주식회사라는 사실만을 부각하여 왜곡을 넘어 음모론을 퍼뜨리기도 한다. 1913년 중앙은행 시스템 설립 당시 월가와 정치권이 타협하면서 연방준비은행은 법적으로 주식회사 형태로 출범하였다. 뉴욕 연방준비은행은 2018년 말 기준으로 Citibank가 42.8%, JP Morgan Chase Bank가 29.5%(이들 상위 두 곳이 거의 3/4을 소유), Goldman Sachs Bank가 4%, Bank of New York Mellon이 3.5%, 외국계인 HSBC Bank

금융시장, 어떻게 작동할까

USA도 6.1%의 지분을 소유하고 있다.[3]

하지만 중앙은행 Fed의 집행기관으로 중요한 임무를 수행하기 때문에 주주들 마음대로 연방준비은행의 이사, 이사회 의장, 행장을 선임할 수 없도록 법에서 규정하고 있다. 이사 9명 중 3명은 주주가 직접 선임하고(A클래스), 3명은 산업이나 노동계 대표로 주주가 선임하며(B클래스), 나머지 3명은 상부기관 Federal Reserve Board가 직접 선임한다(C클래스). 연방준비은행 이사회 의장과 부의장은 C클래스 이사 중에서 상부기관인 연방준비위원회(Board)가

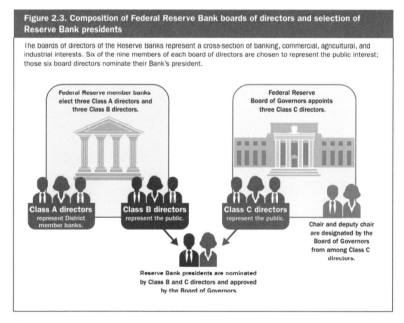

Figure 2.3. Composition of Federal Reserve Bank boards of directors and selection of Reserve Bank presidents

The boards of directors of the Reserve Banks represent a cross-section of banking, commercial, agricultural, and industrial interests. Six of the nine members of each board of directors are chosen to represent the public interest; those six board directors nominate their Bank's president.

Federal Reserve member banks elect three Class A directors and three Class B directors.

Federal Reserve Board of Governors appoints three Class C directors.

Class A directors represent District member banks.

Class B directors represent the public.

Class C directors represent the public.

Chair and deputy chair are designated by the Board of Governors from among Class C directors.

Reserve Bank presidents are nominated by Class B and C directors and approved by the Board of Governors.

(출처 : Board of Governor of the Federal Reserve System, The Fed Explained : What the Central Bank Does 내용 캡처)

직접 선임한다. 연방준비은행 행장(president이며 CEO)은 주주인 은행의 영향력을 차단하기 위해 A클래스 이사를 제외한 B와 C클래스 이사들에 의해서 선임되고 상부기관인 연방준비위원회의 승인을 받아야 한다. 게다가 주요 주주의 영향력을 축소하고 주주 간 형평성을 제고하기 위해 주주를 순자산 기준으로 세 그룹으로 나누고 주주 당 1표씩만 행사하도록 하여 그룹별로 이사를 각각 선임하도록 규정하고 있다.[4]

주식도 양도나 담보 제공이 금지되고, 배당도 6%로 제한된다. 총자산이 100억 달러 이상인 은행은 10년 만기 국채 수익률 정도만 받는다. 나머지 이익은 국고로 귀속된다.[5]

상부기관으로서 연방준비위원회는 연방준비은행의 제반 업무와 예산에 대하여 광범위한 검사·감독권과 제재 권한을 갖고 있다. 이사나 임원에 대한 직무정지나 해임 조치는 물론이고 연방준비은행 자체에 대한 업무정지나 청산 조치까지도 할 수 있다.[6] 이러한 여러 가지 법적 장치를 통해 주식회사인 연방준비은행의 지배구조와 업무 전반에 대하여 공공성을 강화하고 있다. 연방준비위원회의 중앙은행 설명 책자에서 연방준비은행은 '민간과 정부의 특성이 혼합되어 있다'라고 설명하고 있다.[7] 사법 판결에서도 연방준비은행은 '민간회사도 아니고 정부기관도 아닌(nether private

　　　　　　　　　金融市場, 어떻게 작동할까

nor governmental)' 사실상 공공기관으로 간주하고 있다.

주주인 월가 은행들은 Fed 설립 초기에는 상당한 영향력을 행사했을 수 있지만, Fed 체계가 개편되고 연방정부가 막강한 권능을 발휘하는 현대시대에는 주주들의 권한과 역할은 제한적이라고밖에 할 수 없다.

연방준비은행이 달러를 발행한다?

미국 달러에 대한 오해와 왜곡 또한 대중들에게 널리 퍼져있다. 많은 사람이 달러는 민간기관인 연방준비은행이 발행한다고 알고 있다. 공영방송 다큐멘터리에서까지 그렇게 설명하고 있다. 이 또한 사실이 아니다. Federal Reserve Act는 상부기관이며 정부기관인 연방준비위원회에 달러를 발행(issue)하는 권한을 부여하고 있다.[8] 화폐가 발행된다는 것은 돈이 중앙은행 금고에서 밖으로 나오는 것이다. 즉, 중앙은행 문턱을 넘어 민간으로 나와야 진짜 돈이 된다. 중앙은행 지하 금고에 쌓여 있는 돈은 엄격히 말해 돈이 아니다.

연방준비위원회가 달러를 얼마나 발행할 것인지 결정하는 권한을 가지고 있으며, 연방준비은행은 단지 발행된 달러를 공급하는 채널(distribute through, issue through)에 불과하다. 비유하자면, 본사가 물품을 구매하여 지사를 통해 소비자들에게 공급하는 것을 생각해보면 이해하기 쉽다. 국채를 사고팔면서 돈을 풀고 회수하는 공개시장조작 규모는 FOMC에서 결정하지만, 화폐 발행 권한은 법상 연방준비위원회의 권한이다.

연방준비은행 명의가 찍힌 1달러짜리 지폐를 보여주면서 연방준비은행이 달러를 발행한다고 보도하거나 설명하기도 한다. 법률과 실상을 체크하지 않고 음모론에 경도된 것으로 보여 안타깝다. 현재 1달러와 2달러를 제외한 모든 지폐는 왼쪽에 Federal Reserve System, 오른쪽에 Department of Treasury(재무부) 명의로 발행된다. 1달러와 2달러짜리는 Federal Reserve System 대신 관할 연방준비은행 명칭이 찍혀 있는데 이는 역사적 전통이 아직 남아있는 것으로 보인다.

달러의 발행은 법상으로나 관리상으로나 연방준비위원회의 권한이며 연방준비은행을 통해서 공급될 뿐이다. 달러 인쇄는 우리나라 조폐공사와 같은 재무부 소속기관(Bureau of the Engraving and Printing)에서 담당한다. 달러 인쇄 및 발행 비용은 매년 연방준비위원회가 연방준비은행으로부터 징수하여 재무부 소속기관에 납부한다.

법과 실상을 체크하지 않고 일부 사실을 침소봉대하여 미국 중

금융시장, 어떻게 작동할까

앙은행이 민간기관이고 월가 은행들이 좌지우지하고 있다는 오해
와 왜곡이 널리 퍼져있는 것이 현실이다. 연방준비은행의 비밀주
의 때문이기도 하지만 미국에서도 음모론이 있다.

연방준비위원회(Federal Reserve Board)가 FOMC를 주관한다

최근 국내외 금융시장에서는 미국 연방공개시장위원회(FOMC)의
금리 인상 행보가 핫뉴스이다. 지역 연방준비은행 행장을 비롯한
Fed 인사들이 통화정책에 대해 코멘트하면 국내 언론은 이를 보
도하기에 바쁘다.

FOMC는 중앙은행 시스템 Fed를 구성하는 기구로 상부기관 연
방준비위원회의 위원 7인, 집행기관 연방준비은행의 행장 5인 총
12명으로 구성된 회의체다. FOMC는 법에서 상부기관인 연방준
비위원회가 운영하고 관리하도록 하고 있다.[9] 연방준비위원회 위
원장(기관의 대표)이 FOMC 위원장(회의체의 대표)이 되어 회의를 소집한
다. 연방준비위원회는 위원장을 포함하여 위원 7명 전원이 FOMC
위원이 된다. 12개 연방준비은행 중 5명의 행장이 위원이 되는데
뉴욕 연방준비은행 행장만 당연직으로 부위원장이 되며 나머지는
교차적으로 위원이 되도록 규정하고 있다.

물론 법에 따라 12개 연방준비은행 행장들이 모두 FOMC 회의
에 참석하여 자유롭게 의견을 개진하고 논의할 수 있지만, 이 중

(출처 : Board of Governor of the Federal Reserve System, The Fed Explained : What
the Central Bank Does 내용 캡처)

(출처 : Board of Governors of the Federal Reserve System, photo gallery, 2022.9.21
일자 FOMC 회의)

금융시장, 어떻게 작동할까

공식적인 위원은 5명뿐이며 이들만이 정책결정 안건에 대한 투표권을 갖는다. FOMC 회의는 워싱턴DC에 있는 연방준비위원회 건물 내 FOMC 회의실에서 열린다. 물론 코로나가 한창일 때는 온라인으로 열리기도 했다.

연방준비위원회가 회의자료, 보도자료, 회의록 등을 포함하여 모든 문서를 작성하고 유지하도록 하고 있다. 또 많은 연방준비위원회 간부들이 회의에 직접 배석하여 보좌하고 있다. 참고로 2023.9.19~20 열린 FOMC회의에는 위원 12명, 여타 연방준비은행 행장 7명 총 FOMC 참석인사 19명 외에 연방준비위원회에서 통화정책국, 리서치통계국 등에서 56명의 간부가, 연방준비은행에서 뉴욕 연방준비은행 공개시장조작 담당 임원, 여타 연방준비은행 부행장 등 13명이 배석하였다.[10] 이처럼 연방준비위원회 직원들이 FOMC 사무국 역할을 하고 있다고 보면 된다. 연방준비위원회 위원장이며 FOMC 위원장이 Fed 위원장(Fed 총괄 대표)으로서 연방준비위원회 기자실에서 FOMC 회의 결과를 브리핑한다. 회의결과 보도자료, 회의록 등 여러 보고서와 자료들은 연방준비위원회 홈페이지에 게시된다.

한국은행법은 '한국은행에 정책 결정기구로서 금융통화위원회를 둔다.'라고 명시하고 있다. 반면, Federal Reserve Act는 'FOMC

회의는 워싱턴DC에서 개최한다.'라고만 규정하고 있어 별개의 독립적 기구로 간주한다. 하지만 FOMC 운영체계를 고려해 보면 우리나라처럼 연방준비위원회에 FOMC를 두고 있다고 봐도 크게 무리는 아니다.

미국 언론은 FOMC 회의에서 연방준비위원회 위원들이 만장일치로 투표하는 점을 비판하기도 한다. 또한, 연방준비은행 5명의 행장만이 투표권이 있지만 12명의 행장이 자유롭게 의견을 개진하고 있어 투표권이 있고 없음이 크게 중요하지 않다는 주장도 있다.

어쨌든 연방준비위원회 위원장이 회의를 주재하고, 연방준비위원회 위원이 다수를 차지하고, 연방준비위원회 직원들이 실질적으로 보좌하고 있어 연방준비위원회의 의견이 반영되는 것이 현실이다. 이러한 FOMC 위원 분포와 업무 체계를 고려할 때 연방준비위원회가 금리 결정 등 통화정책 결정에 실질적으로 영향력을 행사하고 있다고 해도 과언이 아니다.

국내 언론이 미국의 금리나 통화정책 향방에 대해 보도하면서 연방준비은행 행장(언론이나 관계기관은 '총재'라고 부른다)들의 발언을 비중 있게 다루는 것은 그들의 영향력을 고려할 때 자칫 오해를 불러일으킬 수 있다. 더욱이 FOMC 위원도 아니고 투표권도 없는 연방준비은행 행장을 '총재'라는 직함으로 보도하고, 상부기관이며 정부기관인 연방준비위원회의 위원은 공식 직함이 governor(위원)임에도 일반 회사에서나 부르는 '이사'라는 잘못된 직함으로 보도하여 그 지위가 주는 무게감이나 영향력이 왜곡되기도 한다.

한편 FOMC 위원이 17명이라고 보도하는 경우도 있는데, 이는 정확하지 않다. 아마 당시 회의에 연방준비위원회가 5명(원래는 7명이나 당시 2명은 공석), 연방준비은행 대표 12명 총 17명이 참석한 것인데 이들을 모두 FOMC 위원으로 본 것이다. Fed가 이들 모두를 지칭할 때, 예를 들어 FOMC 회의 후 경제 및 금리전망 점도표를 발표할 때는 FOMC 위원이라고 하지 않고 FOMC 참석인사라는 표현을 쓴다. 당연히 공식문서인 FOMC 회의록에도 경제 및 금리전망과 관련한 내용은 'FOMC 참석인사(participants)'로, 통화정책 결정 사항과 관련한 내용은 'FOMC 위원(members)'이라고 구분하여 기술하고 있다.

참고로 미국언론 등에서 관행적으로 연방준비위원회를 Fed라고 부르기도 하며, 뉴욕 연방준비은행은 지역명을 앞에 붙여 New York Fed라고 부르고 있다.

연방준비위원회(Federal Reserve Board)가 다른 통화정책도 관장한다

참고로, FOMC에서 결정하는 금리는 '연방기금금리(federal fund rate)'로 이는 각 연방준비은행에 예치된 예금수취기관의 예치금을 다른 예금수취기관에 빌려줄 때 적용되는 초단기 목표금리(target rate)를 의미하며 이는 모든 금리의 기준이 되는 중요한 통화정책 수단이다.

다른 통화정책 수단으로 예금수취기관에 대한 연방준비은행 대출금리(discount rate)는 연방준비은행이 연방준비위원회의 승인을 받아 정하며, 지급준비율(reserve requirement ratio)과 지준예치금 금리 (interest rate on reserve balances)는 연방준비위원회가 직접 결정한다.[11] 이 렇듯 연방준비위원회가 두 가지 통화정책 수단은 직접 관장하고 FOMC 또한 실질적으로 주관하고 있어, 연방준비위원회가 통화 정책의 컨트롤타워이며 중앙은행 본체라고 이해해도 괜찮다.

뇌과학자로 유명한 김대식 교수는 최근 발간된 『김대식의 키워 드』(2021)라는 책자에서 인간의 뇌는 음모론에 빠지기 쉽다고 분석 하고 있다. 2008년 미국 금융기관이 부실이 생겨 글로벌 금융위기 가 발생했는데 중앙은행 Fed는 헬리콥터로 달러를 살포하고 그들은 살아나서 승승장구한다. 때마침 중국인 쑹훙빙은 베스트셀러 『화폐전쟁』에서 미국 중앙은행이 민간기관이며 월가 금융기관이 좌지우지하고 있다고 주장하여 많은 오해와 왜곡을 낳고 음모론이 전파되었다. 더 나아가 몇몇 유명한 Fed 위원장이 유태인 출신이라면서 유태인이 미국 중앙은행을 장악하고 있다는 음모론까지 퍼뜨리는 사람도 있다.

국내 관계기관이나 언론은 아직도 일제 잔재인 부적합한 명칭이나 용어를 사용하고 있다. 일부 언론은 사실과 다른 내용을 보도하고 여러 책자나 자료, 인터넷에서 확대 재생산되면서 많은 오

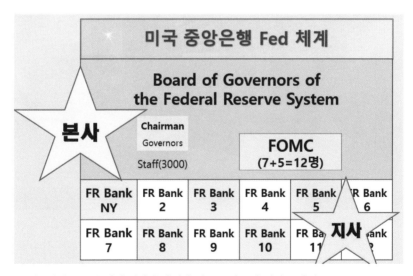

(출처 : 이해를 돕기 위해 필자가 작성한 미국 중앙은행 체계 슬라이드)

해와 왜곡이 널리 퍼져있는 것이 현실이다. 최근 미국 중앙은행 발 뉴스가 그 어느 때보다도 중요하게 다뤄지고 있고 금융시장에 큰 영향을 미치고 있다. 차제에 미국 중앙은행 시스템에 대해 일제 잔재인 부적합한 용어를 일소하고 정확하게 이해하는 계기가 되었으면 하는 바람이다.

(참고) 윤증현 금융감독위원회 위원장 겸 금융감독원 원장, 앨런 그린스펀 미국 중앙은행 Fed 위원장 면담

* 2004.10.26 오후(현지시간) 윤증현 금융감독위원회 위원장 겸 금융감독원 원장은 앨런 그린스펀 미국 중앙은행 Fed 위원장을 면담하였다. 장관급으로서 그린스펀 위원장을 면담한 인사는 아마도 윤증현 위원장 겸 원장이 최초였을 것이다. 금감원 워싱턴사무소 이석근 소장이 면담을 주선했는데, 당시 필자는 주재원으로 근무했다.

11

시장금리는
채권시장에서 결정된다

연 3% 금리로 반기마다 이자를 지급하고 만기가 10년인 국채의 가격은 얼마일까? 이 국채는 만기까지 정기적으로 연 3% 금리를 주지만 이는 표면금리고 진짜 금리는 따로 있다.

금리, 이자율, 수익률, 할인율 등 비슷한 용어들이 많다. 금리와 이자율은 같은 말이다. 예·적금 상품에 대해서는 금리 또는 이자율이라고 하며 수익률이라고 하지 않는다. 수익률은 원금 손실 가능성이 있는 금융투자상품에 쓰는 말이다. 보험에서는 공시이율이라는 용어를 사용하고 있다. 수익률은 단순 평균 수익률보다는 연 환산 수익률을 사용한다.

예를 들어 A주식에 1억 원을 투자했는데 4년 후 2억 원에 매도하여 1억 원의 이익을 보았다. 4년 투자하여 100%의 수익률을 거두었는데, 연 수익률은 얼마일까? 투자의 세계에서는 단순 평균 수익률(100% ÷ 4년 = 25%)을 쓰지 않고 복리로 투자된다고 가정한 연 환산 수익률을 사용한다. 이 경우 연 환산 수익률은 18.92%가 된다[(1+수익률)^(1/연수)-1로 계산함]. 만약 3개월 투자하여 10%의 수익률을 얻었다면 연 환산 수익률은 46.41%가 된다.

현재의 1억 원(현재가치)과 1년 후의 1억 원(미래가치)은 그 가치가 다르다. 1년 후 1억 원의 현재가치를 계산할 때 적용하는 것이 할인율(discount rate)이다. 할인율이 10%면 현재가치는 약 9,091만 원이며, 할인율이 5%면 약 9,524만 원이다[1억 원/(1+할인율)]. 할인율에 따라 현재가치가 달라지는데, 할인율이 높으면 현재가치는 작아지고 할인율이 낮으면 현재가치는 커지는 역(役)의 관계다. 9,091만 원을 투자하여 1년 후에 1억 원이 되면 수익률은 연 10%가 된다. 9,524만 원을 연 5% 금리로 예금을 하면 1년 후에 1억 원이 된다. 금리(이자율), 수익률, 할인율은 관점이 다를 뿐 모두 비슷한 개념이다.

할인율이 채권의 진짜 금리다

채권은 일정 기간마다 지급하는 금리(표면금리)와 만기에 액면금액을 상환하는 금융투자상품이다. 그래서 채권을 고정수익증권

(fixed-income securities)라고도 한다. 보통 3개월 또는 6개월마다 이자를 주는 채권(이표채)이 있는가 하면, 할인 발행으로 만기에 한꺼번에 이자를 받게 되는 채권(할인채)도 있다. 거래가 활발한 국고채 3년물(만기가 3년)은 3개월마다, 국고채 10년물(만기가 10년)은 6개월마다 이자를 준다. 표면금리가 2%면 3년물은 3개월마다 0.5%씩, 10년물은 6개월마다 1.0%씩 이자를 받고 만기에 액면금액을 상환 받는다.

채권도 주식처럼 가격이 시시각각 오르내린다. 쉽게 말해 주가는 과거에 벌어놓은 확정된 이익과 미래에 벌 것으로 예상되는 불확실한 이익의 현재가치를 반영한다. 애널리스트에 따라 예상하는 미래이익이 다르고 미래이익의 현재가치가 달라 주식의 가치(value)도 다르다. 물론 주가(price)는 주식의 가치를 참고하여 증권시장에서 사는 사람과 파는 사람의 줄다리기로 결정된다.

주식과 달리 채권은 미래에 받기로 한 현금흐름(이자+액면금액)이 정해져 있다. 채권의 가격은 정해진 미래 현금흐름을 현재가치로 계산한 것인데, 할인율에 따라 가격이 달라진다. 이 할인율은 시장에서 결정되며 이게 채권의 진짜 금리다. 채권은 가격으로 거래되지만 실제로는 금리로 거래된다. 당연히 주문을 낼 때도 가격과 금리가 한 세트(set)가 된다. 거래소시장은 금리를 괄호로 해서 가격과 함께 나란히 쓰고, 장외시장은 보통 가격을 괄호로 쓰고 있다. 증권거래소나 증권회사 채권종목 시세판을 보면 가격과 금리가 같이 표시되어 있다. 금리 표시가 없는 가격은 '앙꼬 없는 찐빵'이나 마찬가지다.

예를 들어 2023.6.10. 발행된 국고채 10년물(23-5)은 연 3.25%의 금리(표면금리)로 6개월마다 이자를 지급하고 10년 후에 액면금액을 지급하는 채권으로 발행잔액은 14조 6,790억 원이다. 이 국고채는 2023.10.31. 금리로는 전일 대비 0.007%포인트(p) 상승한 4.325%로 거래가 마감됐다. 가격으로는 4원이 하락하여 9,289.0원으로 종료됐다. 이 채권의 미래 현금흐름(이자+액면금액)을 4.325% 할인율로 계산한 현재가치가 9,289.0원이라는 의미다. 한편으로는 이 채권을 9,289원에 사서 만기까지 보유하면 연 환산 수익률 4.325%를 얻는다는 의미다. 나중에 받는 이자가 이 수익률로 재투자된다고 가정한다.

이렇듯 채권이 거래되면서 진짜 금리가 결정되며, 진짜 금리는 고정된 것이 아니라 시시각각 변동한다. 투자자는 진짜 금리를 보고 살 것인지 팔 것인지를 결정한다.

이러한 금리를 시장금리, 실세금리, 유통(매매)금리, 유통(매매)수

(출처 : 한국거래소)

익률 또는 만기수익률 등 다양하게 부른다. 반면 표면금리는 채권이 발행될 때 증권에 표시된 금리로 정기적으로 받게 되는 이자율이다. 결국 채권은 금리로 거래되며 거래가격은 매매대금 결제를 위한 수치에 불과하다. 가격만 봐서는 얼마의 금리(수익률)로 거래하는지 알 수 없다. 투자자는 '금리'라는 '돈 가격'을 보고 채권이라는 상품을 사고판다. 언론이나 시장도 당연히 국고채 10년물(또는 3년물) 금리를 토대로 금융시장 동향을 보도하고 분석한다.

국채 발행금리는 국고채전문딜러가 결정한다

2022년 말 현재 국채 상장잔액은 1,019.2조 원으로 전체 채권 상장잔액(2,349.2조 원)의 43.4%를 차지하고 있다. 이 중 정부 재정자금 조달을 위해 발행되는 국고채는 937.5조 원으로 국채 상장잔액의 92.0%에 달한다. 모든 채권 중에 국고채가 발행규모가 가장 많고 거래도 가장 활발하여 국고채 3년물(또는 10년물) 금리가 대표적인 시장 실세금리로 자리 잡고 있다. 국고채는 한 달에도 여러 차례 한국은행 BOK-Wire를 통하여 국고채전문딜러를 대상으로 경쟁입찰방식으로 발행되며, 이때 발행금리(발행수익률)가 결정된다. 2023.6월말 국채전문딜러는 증권사 11개 사, 은행 7개 사 총 18개 사다.

예를 들어 2023.9.11. 국고채 10년물 1조 9,000억 원(2023.6.10.일자 통합발행, 표면금리 3.25%) 경쟁입찰에 응찰금리 3.920~3.995%로 5조 2,800억 원이 응찰(응찰율 278%)하여 낙찰금리는 3.955%로 결정되었다. 낙찰금리는 발행금리로 당일 국고채 10년물 유통금리 시초가인 3.952%와 비슷한 수준에서 결정되었다. 입찰할 때 채권가격을 써내는 것이 아니라 응찰금리를 써내며, 낙찰되면 낙찰금리로 계산된 가격으로 낙찰대금을 낸다.

이처럼 국고채 발행금리는 국고채 입찰 과정에서 국고채전문딜러에 의해 결정된다. 국고채가 발행된 후 시시각각 변동하는 국고채 유통금리는 누가 어떻게 결정할까? 채권시장에서 금리가 결정된다고 하는데 채권시장은 어디에 있을까?

채권시장은 도대체 어디에 있을까

채권은 속성상 발행기관, 회차, 규모, 조건, 종류가 다양하고 거래단위도 커서 주식처럼 거래소에서 경쟁매매 방식으로 거래하기가 쉽지 않다. 채권거래는 장내는 10억 원(국채), 장외는 주로 100억원 단위로 이루어진다. 그래서 브로커와 딜러 기능을 수행하는 증권회사를 중심으로 주로 장외시장에서 거래 상대방과 협의를 통해 거래가 이루어진다.

2009년까지는 증권회사와 기관투자가는 주로 사설 메신저인 야후(yahoo) 메신저를 통해 금리(수익률)를 협의하고 거래하였다. 거래가 성사되면 팩스로 매매체결을 공식적으로 확인하고 결제를 하였다. 사설 메신저를 통한 거래 관행이 채권거래의 안전성, 투명성, 효율성 측면에서 문제가 있다는 지적이 지속해서 제기되었다.

이에 따라 2009년 금융위원회, 금융감독원, 관계기관, 증권회사 간 협의를 통해 금융투자협회가 2010년 채권 장외거래 전용시스템인 FreeBond 시스템(주로 메신저 기능)을 오픈하여 협의거래 관행을 존중하면서 증권회사와 기관투자가의 참여를 유도하였다. 2017년 K-BOND시스템으로 업그레이드되어 오늘날 대표적인 장외시장으로 자리 잡았다.

K-BOND시스템은 매매체결시스템은 아니며 거래가 원활하게 이루어지도록 지원하는 매매지원시스템이다. 거래 협의가 완료되면 최종적인 매매체결 확인과 결제는 별도로 이루어진다. 현재 준비 중인 대체거래시스템(ATS : Alternative Trading System)이 인가받아 출범하면 공식적으로 매매체결이 이루어지는 거래소 역할을 하는 시스템이 될 수 있다. 미국이나 유럽은 1990년대 후반부터 ATS를 도입하여 채권시장이 획기적으로 발전하였다.

거래소시장이 국채시장의 양대 축으로 발전하다

거래소시장은 장외시장과 달리 경쟁매매 방식으로 거래가 이루어진다. 예전에는 증권회사가 국고채전문딜러로서 거래실적을 쌓기 위해 형식적으로 거래소시장을 이용하였다. 기재부와 거래소는 1999년 국채전문 유통시장을 개설하고 지속해서 시스템과 제도 개선을 통해 시장을 활성화하였다. 국채 발행 시 입찰 자격이 주어지는 국고채전문딜러가 매수·매도 양방향 호가를 내며, 기관투자가의 주문을 받은 증권회사(브로커)가 주로 참여하여 거래한다. 국고채전문딜러의 활발한 시장참여로 매수·매도 호가 스프레드(spread)가 줄어들고 거래도 활성화되고 있다.

지난 5년간(2017~2021) 전체 채권거래 중 K-BOND시스템을 통한 장외거래 비중은 약 70%, 장내 거래소시장을 통한 거래 비중은 약 30%다. 하지만 발행규모가 크고 표준화된 국채거래 비중은 장외거래가 약 53%, 장내거래가 약 47%로 거래소의 국채전문 유통시장이 상당히 활성화되어 국채 유통시장의 양대 축으로 발전하였다.

특히 최근에 발행되고 거래가 활발하여 금리지표 대상이 되는 지표물 기준(2017~2019, 3년간 기준)으로 볼 때 장내거래가 80%, 장외거래가 20%를 차지하여 지표물은 주로 거래소시장을 통하여 거래되고 있다. 반면 지표물 이외의 경과물은 주로 장외에서 많이 거래되고 있다. 최근 5년간(2018~2022) 기준으로 전체 채권거래 중 국채가 61.7%, 통화안정증권이 13.1%, 은행채가 10.4%, 기타 금융채가 6.0%, 특수채가 3.8%, 회사채가 2.6%를 차지했다.

증권회사가 시장금리 결정에 큰 영향을 미친다

국채 이외의 채권은 주로 증권회사를 중심으로 장외시장에서 거래되고 있다. 물론 누구나 거래소 일반 채권시장에서 주식처럼 증권회사 계좌를 통하여 매매할 수 있으나 거래가 활발한 종목은 일부에 불과하다. 증권회사는 딜러기능과 브로커 기능을 동시에 수행하고 있어(물론 업무를 수행하는 부서가 다르다) 가장 활발한 시장 참여자다. 채권거래는 증권회사 간에 이루어지는 딜러 거래가 절반을 차지하고, 기관투자가의 주문을 받은 증권회사 브로커 거래가 나머지 절반을 차지하고 있다. 증권회사 딜러는 회사자금으로 활발한 채권매매를 통해 수익을 추구하는 적극적인 시장 참여자지만, 증권회사 브로커는 고객주문을 받아 집행하는 수동적인 시장 참여자다. 사실상 증권회사가 시장금리 결정에 큰 영향을 미친다.

보험사, 자산운용사, 연기금 등 주요 기관투자가는 국고채 입찰에 직접 참여할 수 없고 국고채전문딜러를 통하여 간접적으로 참여하여 배정받을 수 있다. 이들은 응찰금리를 써낼 수 없으며 최종 낙찰금리로 배정받게 된다. 유통시장에서는 보통 증권회사(브로커)를 통하여 시장상황을 탐색하고 협의하여 주문을 내는 방식으로 거래한다. 장외시장에서도 다른 기관투자가와 직접거래 하기보다는 증권회사를 통하여 거래하는 것이 일반적이다. 증권회사는 위탁받은 주문은 장내든 장외든 좋은 금리를 탐색하여 거래를 성사시킨다.

개인투자자는 증권회사를 통하여 거래소 일반 채권시장에 직접 주문을 내 거래를 할 수도 있고, 증권회사를 상대방으로 거래할 수도 있다. 증권회사는 보유채권에 대해 호가(금리, 가격)를 제시하고 고객인 투자자가 이를 매수하거나 투자자가 보유한 채권을

금융시장, 어떻게 작동할까

증권회사에 매도하는 방식으로 거래가 이루어지기도 한다.

국채금리는 거래소와 금융투자협회 두 군데서 공표하고 있다. 거래소 국채시장에서 시시각각 변동되는 지표금리는 실시간으로 호가와 체결가(시장금리)가 공시되고 있다. 장외시장인 K-BOND시스템을 운영하는 금융투자협회는 국채를 포함한 주요 채권(16개 종류) 수익률을 하루에 두 번 공표하고 있다.

도대체 마이너스 금리가 어떻게 가능할까

지금은 전 세계가 고금리로 몸살을 앓고 있지만 몇 년 전만 하더라도 유럽 주요국은 마이너스 금리가 일상이었다.

우리나라 투자자들은 마이너스 금리만 생각하면 독일국채 악몽이 떠오른다. 2019년 '독일이 망하지 않는 한 독일국채는 안전하다'라는 엉뚱한 설명으로 고객에게 원금 대부분을 까먹을 정도로 대규모 손실을 초래한 은행의 파생결합펀드(DLF) 사태는 충격 그 자체였다. 한편으론 현실에서 마이너스 금리가 가능하다는 사실을 일깨워준 사건이기도 하다.

2019년 일본은 물론이고 독일, 프랑스, 스위스의 국채금리가 마이너스로 빠져들었다. 2019.8.15 독일국채 10년물은 마이너스 (-)0.711%까지 내려갔고, 코로나 사태 초기인 2020.3.9 마이너스 (-)0.854%로 10년래 최저치를 기록했다. 하지만 최근에는 전 세계적인 금리인상 도미노로 10년래 최고치인 3% 수준까지 상승하여 정반대의 모습을 보이고 있다.

2019~2021년 3년 내내 독일국채는 마이너스 금리로 거래됐다. 이 기간에 독일정부는 만기까지 이자를 한 푼도 지급하지 않는 표면금리 0%(zero coupon)의 국채를 발행하기도 했다. 예를 들어 독일국채 10년물을 마이너스 (-)0.7%에 매수했다고 치자. 이는 쉽게 말해 국채 1개를 107유로에 매수하고 만기가 되는 10년 후에 100유로를 상환 받는다는 의미다[107*(1+(-0.7%))^10≈100]. 국채를 보유하는 동안 이자는 한 푼도 없고 만기에 투자원금 107유로보다 작은 100유로를 받는 손해나는 거래다. 물론 만기까지 보유하여 손해 보는 거래를 할 투자자는 거의 없다. 그런데도 당시 이런 독일국채를 매수하는 투자자가 많았다. 상식적으로 이해가 가지 않지만 시장에서는 현실이었다.

은행의 예금금리가 마이너스라면 누가 예금을 하겠는가? 고객은 마이너스 금리를 주는 은행에서 돈을 찾아 조금이라도 플러스 금리를 주는 은행에 돈을 넣을 것이다. 따라서 중앙은행이 아무리 마이너스 정책금리 정책을 쓸지라도 은행이 고객에게 마이너스 예금금리를 적용하는 경우는 현실에서 거의 찾아볼 수 없다.

2019년 당시 개인 고액예금에 대하여 스위스 UBS 은행은 200만 스위스프랑(약 26.7억 원) 이상은 0.75%, 크레디스위스 은행은 100만 유로(약 13.4억 원) 이상은 0.40%의 수수료를 부과하여 사실상 마이너스 금리를 적용한 사례가 있기는 하다. 2021년 코로나 사태로 예금이 급증하면서 독일의 최대 은행인 도이치은행과 코메르츠은행은 고육지책으로 예금보호 한도인 10만 유로(약 1.3억 원) 이상 예금하는 신규 고객에 대하여 마이너스 (-)0.5% 금리를 적용하기도 했다. 일본은 2016년 이후 평균 예금금리가 0.001%로 사실상 제로금리다. 마이너스 금리 시대가 오래되었다고 하지만 일본의 은행이 실제로 마이너스 예금금리를 적용한 사례는 찾기 어렵다.

마이너스 금리는 채권시장에서 일어나는 일시적 현상이다

이처럼 마이너스 금리는 현실적으로 은행에서 존재하기 어렵다. 이는 채권시장에서 기관투자가들끼리 국채를 사고파는 과정에서 일어나는 현상이다. 채권시장은 증권회사, 자산운용사, 연기금, 보험, 은행, 중앙은행, 국부펀드 등 자본시장의 프로 중의 프로들이 대량으로 거래하는 기관투자가 시장이다. 정기적으로 지급되는 이자뿐만 아니라 매매차익 나아가 환차익까지 겨냥한다. 거시경제, 금리, 환율, 주가 등을 분석하고 예측하는 고도의 전문가 그룹인 이코노미스트와 애널리스트의 조언을 받아 여러 가지 매매전략을 구사하는 진짜 프로들의 세계다.

예를 들어 마이너스 (-)0.7%에 독일국채를 산 기관투자가는 앞으로 금리가 더 떨어질(국채가격 상승) 것으로 예상하고 매매차익을 얻으려고 한다. 2019년 당시 미중 무역분쟁, 중국의 경기둔화 등 경기침체 요인이 많아 유럽중앙은행이 통화완화정책을 더 강력히 추진하여 독일 국채금리가 더 내려갈 것으로 예상하는 투자 세력이다. 다른 한편에서 독일국채를 매도한 기관투자가는 경기둔화와 통화완화정책이 예상될지라도 국채금리가 더 내려가기는 어려울 것으로 예상하는 투자세력이다.

아무리 전문가라 할지라도 금리 향방에 대한 예측은 엇갈리기 마련이고 각자 투자전략에 따라 시장에서 국채를 사고팔고 치고받는 것이다. 연기금이나 보험사 등 세계 유수의 기관투자가들은 포트폴리오(portfolio)의 상당 부분을 안전자산에 투자한다. 경기둔화, 글로벌 금융위기, 지정학적 위기 등을 견뎌낼 수 있는 안전자산으로 독일국채에 투자하려는 수요는 항상 존재한다. 더욱이 금리 메리트보다는 독일을 비롯한 유럽지역 경기가 호전되어 유로화가 강세를 보일 것으로 예상하고 환차익을 겨냥한 채권투자 세력도 있다.

어쨌든 시장은 항상 다양한 예측과 전략을 가지고 사고파는 양쪽 세력이 부딪히며 거래가 일어난다. 예측은 맞을 수도 있고 틀릴 수도 있다. 투자의 세계에서는 돈을 벌기도 하고 잃기도 한다. 돈을 버는 세력이 계속해서 돈을 버는 것도 아니고, 잃는 세력이 계속해서 잃는 것도 아니다.

보통 금리가 오르면 채권가격은 떨어지고 내리면 오른다고 설명한다. 쉽게 설명하기 위한 것이지만 정확한 설명은 아니다. 금리가 오르는 것은 채권가격이 떨어지는 것이고, 금리가 내리는 것은 채권가격이 오르는 것이다. 금리와 채권가격은 일심동체(一心同體)로 동전의 앞뒷면과 같다.

회사채 발행금리는 눈치싸움과
줄다리기로 결정된다

2022.11월 대중에게 잘 알려진 기업의 3년 만기 회사채 금리가 10%를 넘어섰다.

당시 국고채 3년물 금리보다 세 배나 높고, 2년 전보다 3%포인트(p) 상승한 수준이다. 3개월마다 정해진 이자를 받고 만기에 액면금액을 차질 없이 상환 받아 해피엔딩으로 끝나면 연 10% 수익률을 얻는다. 회사채 투자로서는 그야말로 성공적이다. 하지만 세상에 공짜 점심은 없다(There ain't no such thing as a free lunch).

부도위험은 금융의 신뢰를 깨는 엄청난 리스크다

채권투자는 채권가격(금리)이 오르내리는 가격변동(금리 변동) 리스크가 수반된다. 하지만 가장 중요한 리스크는 만기에 액면금액

금융시장, 어떻게 작동할까

을 돌려받지 못할 채무불이행위험(default risk), 소위 부도위험이다. 만기에 원금을 상환 받지 못한다는 것은 엄청난 리스크다. 금융의 핵심인 신뢰가 깨지는 것이나 다름없다.

2022.9.28. 채권 만기일에 원금을 상환하지 못한 강원도 레고랜드 사태는 금리인상 여파로 가뜩이나 어려움을 겪고 있는 채권시장을 얼어붙게 했다. 신용등급이 우량한 기업까지 회사채 발행을 통한 자금 조달이 어려워지고 금리도 급등하는 사태를 초래하였다. 2022.10월에는 공기업을 대표하는 한국전력도 회사채를 발행하는 데 애를 먹었다. 정부가 원리금을 지급보증하는 AAA 최고 등급 회사채임에도, 연 5% 이상의 고금리를 제시해도 발행물량을 다 채우지 못한 사례가 발생했다.

레고랜드 사태로 채권시장이 경색되면서 회사채 대표 금리인 AA-등급과 국고채 3년물 금리의 차이인 신용 스프레드(spread)가 확대되어 2008년 글로벌 금융위기 이후 최고 수준을 보였다. 자금시장 악화로 채무불이행위험이 커져 높은 리스크 프리미엄(risk premium)을 요구한 것이다.

금리는 채무 불이행에 대한 리스크 프리미엄을 반영한다

회사채 금리가 국고채 금리보다 높은 것은 채무 불이행에 대한 리스크 프리미엄을 반영하고 있기 때문이다. 채무불이행위험이 클수록 리스크에 대한 보상으로 금리가 높다. 신용등급이 낮은(안 좋은) 회사는 채무불이행위험이 크므로 그만큼 리스크 프리미엄도 높아 채권금리가 높다. 신용등급이 높은(좋은) 회사는 채무불이행위험이 낮으므로 그만큼 리스크 프리미엄도 낮아 채권금리가 낮다.

1998~2021년 기간 동안 무보증 회사채에 대해 신용등급이 부여된 이후 3년 이내에 부도가 발생한 비율은 투자적격등급인 투자등급(AAA~BBB)은 1.71%, 투자부적격등급인 투기등급(BB~C)은 14.16%로 나타났다.[1] 구체적으로 AA 등급 이상은 0.0%, A등급은 1.39%, BBB 등급은 5.50%, 투기등급은 14.16%를 기록했다. 우량기업인 투자등급과 비우량기업인 투기등급 간에 부도율 차이가 뚜렷하다.

쉽게 얘기하면, 신용등급을 받은 후 3년 이내에 부도가 발생한 사례가 초우량기업인 AA 등급 이상은 하나도 없고, 우량기업인 A 등급은 100개 사 가운데 1개 사 정도다. 투자적격으로 최하위 등

금융시장, 어떻게 작동할까

급인 BBB 등급은 100개 사 가운데 5~6개 사 정도, 투기등급은 100개 사 가운데 14개 사가 부도가 발생했다.

2020~2021년 코로나 상황에서도 부도율은 아주 낮은 수준을 보였다. 한국은행이 금리를 인하하고 유동성을 풀어서 금융시장이 양호한 저금리 환경이 유지된 덕분이다. 하지만 2021년 하반기를 기점으로 미국 중앙은행을 비롯하여 한국은행도 금리를 인상하고 통화 긴축정책을 펴면서 경기가 둔화하고 자금시장도 위축되어 국채를 비롯한 회사채 금리가 치솟았다. 이는 그만큼 회사가 채무를 갚지 못할 채무불이행위험이 커지고 있는 점을 반영하고 있다.

상장회사 중 3년 연속 이자보상배율이 1을 밑돈, 즉 영업이익으로 차입금 이자를 갚지 못하는 한계기업 비중이 2020년 15.2%, 2021년 16.5%, 2022년 17.5%로 계속 증가하였다.[2] 2022년 들어 매출 둔화와 차입금 증가, 금리 상승, 환율 상승 등에 따른 비용 증가 등으로 한계기업 비중이 증가하고, 그만큼 채무불이행위험도 커지고 있다고 볼 수 있다.

이처럼 채무불이행위험이 증가하면서 투자적격등급이라 할지라도 회사채 금리가 10% 이상의 높은 수준을 보인다. 투기등급 회사는 높은 금리를 준다 해도 회사채 발행 자체가 어려운 것이 현실이다.

프로들의 치열한 눈치싸움과 줄다리기로 결정된다

그러면 회사채 발행금리(발행수익률)는 누가 어떻게 결정할까? 가격은 시장에서 수요와 공급에 의해 결정되듯이, 회사채 발행가격(금리) 또한 채권시장에서 수요와 공급에 의해 결정된다. 다시 말해 채권의 매도자인 발행회사(채권 공급)와 채권의 매수자인 기관투자가(채권 수요)에 의해 발행금리가 결정된다. 채권이라는 상품을 매개로 기업은 자금을 조달하고(자금 수요), 기관투자자는 돈을 투자한다(자금 공급). 채권의 공급과 수요에 의해, 즉 자금의 수요와 공급에 의해 회사채 발행금리가 결정된다.

채권 매도자는 상품(채권)을 더 비싸게(낮은 금리로) 팔려고 하고, 매수자는 더 싸게(높은 금리로) 사려고 한다. 너무 낮은 금리는 발행회사로서는 금리부담이 작아 유리하지만, 투자자는 금리 매력이 작아 외면하게 된다. 그렇다고 너무 높은 금리는 투자자로서는 금리 매력이 커서 좋지만, 발행회사는 금리부담이 커 발행을 포기할 수 있다.

채권 발행 이벤트를 책임지고 진행하는 금융기관이 바로 대표 주관사(book runner)인 증권회사다. 시장 상황을 파악하여 발행회사와 투자자에게 만족스러운 금리로 채권발행이 원활하게 이루어지도록 전문적인 역할을 수행한다. 이를 인수업무라고 하는데, 미국식 용어인 투자은행 업무(investment banking)의 핵심 중의 하나다. 금리 매력도가 낮으면 기관투자가 수요가 저조하여 대표 주관사를 포함한 인수단이 미매각 물량을 떠안아야 한다. 희망금리 수준이 너무 낮으면(채권가격이 너무 비싸면) 기관투자가가 외면하여 발행 자체가 무산되는 경우도 발생한다. 이처럼 발행회사, 대표주관사, 기관투자가 등 시장에서 프로들의 치열한 눈치싸움과 줄다리기를 통해 발행금리가 결정된다.

구체적으로 수요예측 과정을 통하여 금리수준이 결정된다

보통 물건을 팔 때는 판매하는 사람이 먼저 가격을 정하여 물건을 판다. 하지만 채권이라는 물건을 팔 때는 그렇지 않다. 먼저 가격을 정하고 판매하는 것이 아니라 사전에 희망 판매 가격대를 정하고 사려는 사람의 수요를 파악하여 최종적으로 가격을 확정하는 방식이다. 예를 들어, 물건 가격을 일정 구간으로 정해서(예 : 9,700~10,200원) 고객의 예비주문을 받아서 물건가격을 확정하고(예 :

9,900원) 살 사람도 정하는 방식이다.

전문적으로 얘기하면 대표주관사가 발행회사와 협의하여 희망 금리 밴드(band)를 정하여 수요예측(book building)을 통하여 발행금리를 결정한다. 희망 발행금리 밴드를 정하는 방식으로는 상·하단을 직접 제시하는 '절대금리방식'(예컨대 4.6%~5.4%)과 민간 채권평가회사가 제시하는 민평금리를 기준으로 가산금리 상·하단을 제시하는 '민평금리방식'이 있다. 예를 들어 시장상황을 고려하여 가산금리로 (-)0.6% ~ (+)0.4%를 제시할 수 있다.

금융투자협회는 금융위원회에 등록된 민간 채권평가회사로부터 시가평가 기준 수익률(채권, CP, CD)을 보고받아 단순평균 수익률을 고시하고 있다. 이를 시장에서는 간단하게 줄여서 '민평금리'라 부른다. 민평금리는 주로 채권형 펀드 자산을 시가로 평가하거나 회사채의 발행금리를 결정하는 데 활용된다.

회사채는 주식이나 국채와 달리 거래 자체가 드물어 가격(금리)이 형성되지 않은 경우가 많다. 민간 채권평가회사는 거래가 이루어진 동일한 신용등급 회사채 금리나 스프레드(신용등급 간 금리 차이) 상황 등을 고려하여 매일 종류별·기간별 채권금리와 개별 채권금리를 제시한다. 현재 민간 채권평가회사는 5개 사로 KIS자산평가,

한국자산평가, 나이스피앤아이, 에프앤자산평가, 이지자산평가가 있다.

절대금리방식은 수요예측을 실시한 후에 발행금리가 바로 확정된다(예를 들어 5.1%). 반면 민평금리방식은 수요예측을 통해 가산금리가 먼저 결정되고(예를 들어 +0.3%), 보통 약 1주일 후 청약일 전날의 민평금리(예를 들어 5.2%)에 가산금리(+0.3%)를 더하여 발행금리가 나중에 확정된다(5.5%).

대표주관사는 발행회사와 협의하여 희망금리 밴드를 제시하고 증권회사, 자산운용사, 연기금, 보험회사 등 주요 기관투자가를 대상으로 수요예측을 실시한다. 채권을 매입하고자 하는 기관투자가는 금리(또는 가산금리)와 물량을 신청하고, 대표주관사는 이를 토대로 발행금리(또는 가산금리)를 결정하고 물량을 배정한다. 물량은 당연히 높은 가격(낮은 금리)으로 사려는 사람으로부터 순차적으로 배정된다. 수요예측은 금융투자협회의 K-BOND시스템을 통하여 이루어진다.

회사채 발행금리도 결국 시장에서 결정된다

국고채 경쟁입찰은 입찰과 낙찰을 통해 낙찰가와 낙찰자가 정해지고 납부 의무가 생기는 법적 절차다. 하지만 수요예측은 대표 주관사가 공모 희망금리를 제시하고 기관투자가의 매입희망 금리와 물량 등의 수요상황을 파악하는 시장의 자율적인 과정이다. 법적 절차는 나중에 진짜 청약과 납입을 통하여 이루어진다. 수요예측 과정에서 물량이 배정된다고 해서 반드시 청약하여 매입해야 하는 법적 의무는 없다. 다만, 건전한 시장 질서를 위해 배정된 후 청약하지 않은 불성실한 기관투자가에 대해서는 일정 기간 수요예측 참여를 제한하는 자율규제 조치가 취해진다.

[회차: 제84-2회]

수요예측 참여자	-61	-60	-56	-53	-52	-46	-45	-40	-37	-36	-35	-34	-33
기관투자자 1	100	-	-	-	-	-	-	-	-	-	-	-	-
기관투자자 2	-	400	-	-	-	-	-	-	-	-	-	-	-
기관투자자 3	-	-	100	-	-	-	-	-	-	-	-	-	-
기관투자자 4	-	-	-	100	-	-	-	-	-	-	-	-	-
기관투자자 5	-	-	-	-	200	-	-	-	-	-	-	-	-
기관투자자 6	-	-	-	-	-	200	-	-	-	-	-	-	-
기관투자자 7	-	-	-	-	-	-	100	-	-	-	-	-	-
기관투자자 8	-	-	-	-	-	-	-	500	-	-	-	-	-
기관투자자 9	-	-	-	-	-	-	-	400	-	-	-	-	-
기관투자자 10	-	-	-	-	-	-	-	70	-	-	-	-	-
기관투자자 11	-	-	-	-	-	-	-	30	-	-	-	-	-
기관투자자 12	-	-	-	-	-	-	-	-	100	-	-	-	-

(출처 : 금융감독원 DART, 2022.12.8. SK텔레콤 정정 증권신고서) 1,100억 원 모집에 대해 6개 기관투자자에게 가산금리 마이너스 (-)0.46%로 물량이 배정됨

주식시장이 호황일 때 공모주를 많이 배정받으려고 기관투자가가 희망공모가 최상단 또는 그보다 높은 가격과 과도한 물량으로 수요예측에 참여하여 많은 비판을 받기도 했다. 하지만 회사채는 발행된 후 바로 채권가격 상승(금리 하락)을 기대할 수 있는 것도 아니고 거래 자체가 원활하지 않아 매도하는 것도 여의치 않다.

금리라는 게 국내외 경제 상황을 반영하여 시장에서 결정되며 개별 회사채 금리 또한 시장 상황에 따라 영향을 받는다. 2020~2021년 주식시장이 호황일 때 '따상'이란 말이 횡횡한 공모주처럼 상장 후 즉시 매도하여 엄청난 차익을 얻기도 하는 그런 투자상품이 아니다. 회사채는 비교적 만기 보유하는 투자상품으로 무리하게 베팅할 필요도 없고 채권시장 상황, 금리 동향, 개별 회사 리스크를 잘 분석하여 수요예측에 참여한다. 물론 과도하게 벗어난 금리나 물량으로 수요예측에 참여한 건은 유효수요에서 배제될 수 있다.

이렇듯 회사채 발행금리는 특정 금융기관이 독자적으로 결정하지 않고 시장에서 프로들의 치열한 눈치싸움과 줄다리기에 의해 결정된다. 은행에서 개별회사에 신용 대출할 때 자체적으로 신용도를 평가하여 대출금리를 결정하는 단선적 구조와는 완전히 차원이 다른 자본시장의 세계다.

13
대출금리는
기준금리가 따로 있다

한국은행 기준금리는 어쩌다가 변경되지만 은행의 대출금리 기준금리는 매달 변동된다. 자본시장에서 채권발행(자금조달) 금리는 채권(자금)의 수요와 공급에 의해 시장에서 결정된다. 하지만 은행의 대출금리는 개별 은행이 자율적으로 정한다.

은행은 '대출 기준금리'에 각종 원가요소와 마진(margin) 등을 반영하여 자율적으로 대출금리를 결정한다. 기본적으로 자금 조달금리에 해당하는 대출 기준금리에 가산금리를 더하고 우대금리를 빼 대출금리를 산정한다. 변동금리 대출은 주로 단기 지표금리인 코픽스(COFIX, Cost of Funds Index, 자금조달비용지수)와 시장금리인 은행채 금리를 대출 기준금리로 사용한다.

코픽스는 은행연합회가 국내 주요 8개 은행의 자금 조달금리를

금융시장, 어떻게 작동할까

가중 평균하여 산출하는데, 신규취급액 기준 코픽스, 잔액 기준 코픽스, 신(新)잔액 기준 코픽스, 단기 코픽스로 구분하여 공시한다. 이 중 신규취급액 기준과 신잔액 기준을 주로 사용한다. 신규취급액 기준 코픽스는 한 달 동안 신규로 취급한 예·적금 등 8개 항목의 수신상품액을 기준으로 산출한다. 신잔액 기준 코픽스는 신규취급액 기준 수신상품액에 후순위채나 한국은행 차입금 등을 포함하여 더 넓은 대출재원을 대상으로 산출한다.

코픽스와 은행채 금리가 대출 기준금리가 된다

고객이 서명하는 대출약정서에 변동금리 기준이 명확하게 기재된다. 예를 들어 '신규취급액 기준 코픽스 + 2.3%'와 같이 대출금리를 대출 기준금리와 가산금리로 표시하고, 보통 3개월마다 대출금리가 변동된다. 반면 고정금리 대출은 장기 시장금리인 5년 만기 은행채나 국고채금리를 대출 기준금리로 사용한다. 고정금리 대출상품으로는 은행 대출상품과 주택금융공사 정책모기지론이 있다.

2022.8월 말 대출잔액 기준으로 볼 때, 대출 기준금리로 코픽스가 54.5%, 은행채 금리가 36.4%로 대부분 코픽스나 은행채 금리를 사용하고 있다. CD(Certificate of Deposit, 양도성예금증서)금리 연동

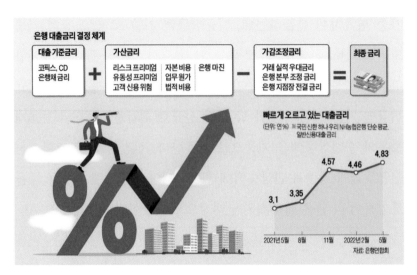

(출처 : 전국은행연합회)

대출은 신규 취급이 미미하고 기존대출이 상환되면서 2013년 말 24.8%에서 2022.8월 말 2.4%로 급감하였다. 은행의 CD 발행액 축소로 CD금리가 대출 기준금리로서 대표성이 떨어진다는 비판이 많아 2010년 코픽스가 도입되면서 CD금리 연동대출이 대폭 축소되었다.

신용 프리미엄과 우대금리는 고객의 몫이다

가산금리는 은행의 업무원가에다 리스크·유동성·신용 프리미엄, 법적비용, 목표이익률(마진) 등이 포함된다. 리스크 프리미엄은 자금 조달금리와 대출 기준금리와의 차이를, 유동성 프리미엄은

　　　　　　　　　금융시장, 어떻게 작동할까

자금조달의 불확실성에 따른 유동성 리스크 관리비용을 반영한다. 고객과 관련된 신용 프리미엄은 고객의 신용등급, 담보 종류 등에 따라 대출금이 회수되지 않아 발생할 예상 손실비용을 반영한다. 연체 금액, 빈도, 기간에 따라 신용점수에 영향을 미치는데, 고객의 노력으로 가산금리를 낮출 수 있다.

우대금리는 해당 금융기관과의 거래실적 등을 고려하여 결정된다. 주로 주거래은행을 정하여 지속해서 급여이체, 신용카드 대금 결제, 예·적금이나 펀드 등 금융상품 거래실적이 좋으면 우대금리를 높게 적용받아 대출금리를 낮출 수 있다.

은행의 대출금리는 금융시장에서 수요와 공급에 의해 결정되는 것이 아니다. 은행은 '은행연합회 모범규준'에서 정한 가산금리 항목 범위 내에서 가산금리를 산출하고 우대금리를 적용하여 대출금리를 자율적으로 결정한다. 고객으로서는 신용도를 높여 가산금리를 낮추고, 은행과의 거래실적을 쌓아 우대금리를 높게 적용받는 것이 대출금리를 낮추는 방법이다.

은행에서 대출받을 때 고객은 '을'의 입장이다. 대출금리가 어떻게 결정됐는지 자세히 따져 묻기가 어려운 게 현실이다. 최근 신용정보법 등 관련법이 개정되어 금융소비자인 고객의 권리가 한층 강화되었다. 고객은 대출금리의 중요한 요소인 개인 신용평가에 관해 설명을 요구할 수 있고 이의를 제기할 수도 있다.

고정금리와 변동금리 선택은 쉽지 않다

대출받을 때 가장 중요한 것은 고정금리로 할 것인지 변동금리로 할 것인지를 선택하는 것이다.

우리나라는 주요 선진국보다 변동금리 대출비중이 매우 높아 금리가 상승하는 시기에는 금융소비자의 금리부담이 가중되고 금융시스템이나 경제 전반에 부정적인 영향을 초래한다. 가계대출 전체로 보면 우리나라는 2023.8월 말 기준으로 고정금리 비중이 29.2%로 매우 낮다. 2021년 말 기준으로 일본도 우리나라와 비슷한 30.0%를 보인 반면 미국 98.9%(주택담보대출 기준), 영국 93.6%, 독일 90.3%, 프랑스 97.4%로 미국과 유럽 주요국은 90% 이상이다.

우리나라는 가계대출의 절반 이상을 차지하고 있는 주택담보대출에서 고정금리가 차지하는 비중은 2023.8월 말 잔액기준으로 59.1%로 나타났다. 2022년 금리가 상승하면서 고정금리를 선택하는 비중이 증가하고 있다. 2023년에는 신규로 주택담보대출을 받은 고객 중 70~80%가 고정금리를 선택하고 있다.

2010년대 중반 이후 금융당국은 가계부채 급증에 따른 부작용을 최소화하기 위하여 고정금리 비중을 높이는 방향으로 정책을 추진하였다. 정부는 주택금융공사의 정책 모기지론을 통하여 고정금리 대출상품 공급을 확대했다.

금융기관은 장기간 고정금리로 대출하게 되면 대출기간 동안 자금조달 금리가 변동하는 리스크를 부담하게 되므로 변동금리보다 조금 높은 고정금리를 제시한다. 금융소비자로서는 고정금리가 변동금리보다 높아 고정금리 선택을 주저하게 되고 변동금리를 선택하는 경향이 높다. 최근에는 변동금리가 치솟아 고정금리가 변동금리보다 낮은 수준을 보이고 있다.

고정금리 대출 여건 개선이 필요하다

미국을 비롯한 주요 선진국은 은행의 주택담보 대출채권(貸出債權)을 유동화한 주택저당증권(MBS : Mortgage-Backed Securities) 시장이 발달하여 고정금리 대출 여건이 양호하다. 우리나라보다 합리적인 금리로 장기 고정금리 대출이 가능하여 고객은 대부분 고정금리를 선택한다.

대출이 이루어진 후 은행은 대출채권을 장기간 보유하면 대출 여력이 축소되고 금리변동 리스크도 상당 부분 떠안게 된다. 대출

채권을 증권의 형태로 전환하여 자본시장에서 매각하는 유동화 과정을 거치면 대출 여력도 확보하고 금리변동 리스크도 해소하게 되므로 양호한 고정금리 대출 여건을 마련할 수 있다. 우리나라도 주요 선진국처럼 적정수준의 금리로 장기 고정금리 대출이 가능하도록 MBS 시장을 획기적으로 육성할 필요가 있다.

전문가들은 금리 상승기에는 고정금리가 유리하고 금리 하락기에는 변동금리가 유리하다고 조언한다. 하지만 금리라는 게 대내외 경제요소가 복합적으로 영향을 미치므로 언제 오르고 내릴지 그 향방을 예측하는 것은 어려운 일이다.

고정금리로 대출을 받은 금융소비자는 코로나 팬데믹 이후 저금리가 지속되면서 잘못된 선택을 했다고 후회했을지 모른다. 반대로 최근 금리가 치솟으면서 오히려 현명한 선택을 했다고 만족해할지도 모른다. 코로나 팬데믹이 이렇게 오래 지속될 줄, 인플레이션이 이렇게 심각할 줄, 금리가 이렇게 치솟을 줄 누가 정확히 예측할 수 있을까?

결론적으로 전문가의 조언을 들어 금융소비자가 선택해야 할 문제다. 선택은 온전히 각자의 몫이다.

금융시장, 어떻게 작동할까

14

환율은 누가
어떻게 결정할까

2022.9월 원/달러 환율이 1,400원을 돌파했다. 아무도 예상하지 못한 일이다. 1997년 외환위기, 2008년 글로벌 금융위기 두 차례 말고는 경험하지 못한 수준이다.

지난 20년간(2002~2021) 평균 환율은 1,120원이다. 우리 경제가 양호한 시기에는 1,080원~1,140원 수준을 보였는데, 거래일 수 기준으로 전체의 약 29%를 차지했다. 높은 환율대로 인식되는 1,200원 이상은 14%, 1,400원 이상은 0.9%에 불과하다.

그만큼 당시 환율은 높은 수준이며, 그야말로 또 다른 경제위기가 오는 것 아닌가 하는 불안감이 높아졌다. 코로나 위기를 극복하기 위해 미국을 비롯한 주요국의 중앙은행은 금리를 최저 수준으로 인하하고 돈을 엄청나게 풀었다. 돈이 돌기 시작하고 경제가 정상화되면 인플레이션이 나타날 것이고, 그러면 각국 중앙은행은 다시 금리를 인상하고 풀었던 돈을 회수하는 통화긴축 정책을 펼 것이다. 이는 전문가뿐만 아니라 일반인도 예상하는 수순이다.

하지만 2022년 우크라이나 전쟁 사태가 겹치면서 미국은 8%가 넘는 예상치 못한 인플레이션에 직면했다. 이에 미국 중앙은행 Fed는 2022년 정책금리를 네 번이나 연달아 0.75%포인트(p)씩 올리는 등 총 4.50%포인트(p)(상단 기준으로 2021년 말 1.00% → 2023.9월 말 5.50%) 인상했다. 전문가 대부분이 예상하지 못한 경로다. 인플레이션이 일시적이라고 판단했던 미국 중앙은행도 물가 상승세가 이렇게 심각할 줄, 이렇게 오래 지속될 줄 예상하지 못한 것이다. 이러한 급격한 금리 인상은 1979~1980년 말고는 경험하지 못한 상황이다.

그 결과 달러화는 주요국 통화에 대해 지속해서 강세를 보이면서 2022년 약 17% 급등했다(달러인덱스 기준 2021년 말 95.97→2022.9월 말 112.12). 다시 말해 주요국 통화는 그만큼 약세를 면치 못했다. 이러한 달러 강세 현상은 원/달러 환율을 지속해서 상승하게 하는 요인으로 작용했다. 환율은 2021년 말 1,190원에서 2022.9월 들어 1,400원을 뚫고 올라가 원화 가치도 달러화에 대하여 약 17% 떨어졌다(2022.9월 말 1,439원). 이 또한 아무도 예상하지 못한 흐름이다. 더욱이 그간 지속되었던 무역흑자도 사상 최대 적자(2022.1~9월 누계 289억 달러 적자)로 반전되어 환율 상승세를 가속하는 요인으로 지목되었다.

금융시장, 어떻게 작동할까

원/달러 환율은 '원화값'이 아니라 '달러값'이다

환율은 각 통화의 교환 비율이다. 원/달러 환율은 원화와 달러의 교환 비율로 '1달러당 1,300원' 이런 방식으로 표시한다. '1원당 1,300분의 1달러'로 표시하지 않는다. 국제금융시장에서는 'USD/KRW'로 표시한다. USD는 기준통화고 KRW는 표시통화다. '/'는 'per'의 의미가 아니고 그냥 구분 기호에 불과하다. 우리말로는 원/달러, 원·달러, 원-달러 등 다양하게 쓰고 있다. 원/달러의 '/' 기호는 'per'(달러 '당')의 의미로 이를 생략하여 그냥 '원달러'라고도 쓴다. 영어식으로 달러-원 또는 달러/원으로 쓰는 경우가 있으나 어색하고 관행에 맞지 않는다.

대부분 국가는 자국통화 표시 방식(직접 표시법)을 사용한다. 예를 들어 1달러당 1,300원, 1달러당 140엔, 1달러당 7위안 등으로 표시한다. 하지만 영국 파운드, 유로, 호주달러 등은 외국통화 표시 방식(간접 표시법)을 사용한다. 예를 들어, 1파운드당 1.2달러, 1유로당 1.1달러, 1호주달러당 0.65달러로 표시한다. 파운드화가 기축통화였던 대영제국(Pax Britannica)의 관행이 국제금융시장에서 계속 통용되고 있는 것으로 보인다.

원/달러 환율은 쉽게 말해 '달러값'이다. 달러를 물건으로 생각하고 '달러 1개에 얼마?' 이렇게 이해하면 가장 쉽다. 사과 1개에 1,500원, 배 1개에 2,500원 이렇게 말하듯이, 달러 1개에 1,300원 이렇게 이해하면 쉽다. 다시 말해 원/달러 환율은 1달러를 사기 위해 지불해야 하는 값이다. 우리나라에서 달러를 사고파는 시장이 바로 서울 외환시장이다. 원화는 국제통화가 아니어서 사고파는 대상이 아니다. 쉽게 말해 원화는 달러를 사고팔 때 달러라는 물건값을 지불하기 위한 결제통화에 불과하다.

어떤 언론은 '달러당 원화값'이라는 외환시장에서 사용하지 않은 용어로 원/달러 환율 동향을 보도한다. 이는 인위적으로 만들어진 용어로 외환당국, 외환시장, 관련 업계, 전문가, 학계 아무도 그런 용어를 사용하지 않는다. 다시 말해 맞지 않는 용어다.

예를 들어 2022.9월 원/달러 환율이 급등하여 1,400원을 돌파할 때 대부분 언론이나 관계 당국이나 시장에서는 당연히 "원·달러 환율이 급등하여 1,400원을 돌파하였다" 이렇게 말한다. 하지만 그들은 "달러당 원화값이 1,400원이 붕괴되었다"라고 보도한다. 이런 보도는 독자들을 혼란스럽게 한다.

또 관계당국이나 시장 전문가의 코멘트를 보도하면서 '달러당 원화값'이라는 용어를 사용하지 않았음에도 그들 방식으로 바꾸어서 인용 기사를 작성하기도 한다. 그들은 우리나라 원화를 중심에 두고 환율을 보도하고자 하는 의도라고 설명한다.

어쨌든 원/달러 환율은 원화값이 아니라 달러값이다. 그래서 원/달러 환율이 오른다는 것은 달러값(달러가치)이 오르는 것이고, 반대로 원화가치는 떨어지는 것이다.

환율도 수요와 공급에 의해 결정된다

그러면 환율은 어떻게 결정될까? (앞으로 환율은 원/달러 환율을 의미한다) 모든 물건이 기본적으로 수요와 공급에 의해 가격이 결정되듯이, 환율도 달러에 대한 수요와 공급에 의해 결정된다. 금리, 환율, 주가 등 금융지표는 모두 수요와 공급, 즉 수요(매수)세력과 공급(매도)세력 간의 줄다리기에 의해 가격이 결정된다.

달러에 대한 수요 세력과 공급 세력은 누구일까? 수입하는 기업은 달러가 필요하다. 서학개미도 미국주식을 사기 위해서는 달러가 필요하다. 기업이 해외에 투자할 때, 사람들이 해외여행 갈 때, 외국인이 국내주식을 처분하여 해외로 달러를 보낼 때 모두 달러가 필요하다. 종종 강남의 부유층들이 달러를 사고 있다는 보도가 나오곤 한다. 환율이 오를 것으로 예상하는 사람들은 은행을 통하여 달러를 살 수 있다. 달러를 사서 달러예금을 든다. 이들 모두가 수요세력이다.

반대로 수출이나 외국인의 국내 직접투자와 증권투자, 외국인의 국내 여행 등으로 달러가 공급된다. 환율이 너무 올라 앞으로 떨어질 것으로 예상하는 사람은 보유하고 있는 달러를 내다 판다. 이들 모두가 공급세력이다. 2008년 글로벌 금융위기 때 한국은행과 미국 중앙은행(연방준비위원회) 간에 통화스와프 협정이 체결되어 달러가 국내에 유입되어 시장에 풀렸다. 이는 또 다른 공급세력이다. 달러 공급이 많아지면 당연히 달러값 즉 환율이 떨어진다.

2022년 하반기 환율 상승 과정에서 환율이 더 오를 것으로 기대하여 수요세력은 달러를 일찍 사고, 공급세력은 늦게 팔면서 쏠림현상이 나타났다. 한국은행은 시장의 쏠림 현상을 완화하기 위해 외환보유고 달러를 풀어 시장에 개입한다. 이렇듯 중앙은행은 중요한 순간 강력한 공급 세력이 된다. 물론 환율이 너무 낮은 수준으로 급락할 때는 수요 세력이 되기도 한다.

달러를 사고파는 외환시장은 어디에 있을까

달러를 거래하는 외환시장은 어디에 있을까? 주식은 투자자들이 주문을 내면 거래하는 증권회사를 통하여 여의도에 있는 한국거래소(증권거래소) 매매거래시스템에 전달되어 거래가 이루어지고 주가가 결정된다. 외환시장은 은행(공식적으로는 외국환은행)이 고객과

거래하는 '대고객 시장'과 은행과 한국은행만 참여하는 '은행 간 시장'으로 구분된다. 우리가 언론이나 인터넷을 통하여 접하는 환율은 은행 간 시장에서 결정되는 환율이다. 주식시장처럼 개인, 기업, 기관투자가, 외국인 모두가 참여하여 주가가 결정되는 그런 시장이 아니다.

먼저, 은행 간 시장은 은행이 외환 중개회사 시스템을 통하여 달러를 직접 거래하는 시장이다. 주식시장처럼 거래소가 있는 것이 아니라 거래소 역할을 하는 외환 중개회사가 있다. 일반 대중에게 잘 알려져 있지는 않지만, 서울외국환중개㈜와 한국자금중개㈜ 2개 회사가 외국환 중개업무를 담당하고 있다.

2021년 서울외국환중개㈜를 통하여 달러 현물거래의 약 90%가 거래되었다. 따라서 서울 외환시장이라고 하면 서울외국환중개㈜ 시스템을 통하여 달러를 거래하는 시장이라고 해도 과언이 아니다. 종가환율과 가중평균환율도 서울외국환중개㈜가 발표하고 있다. 구체적으로는 17개 국내은행과 12개 외국계 은행의 외환 딜러들(약 100명)이 서울외국환중개㈜의 전자중개시스템 전용 단말기를 통하여 달러 사자(bid) 주문과 팔자(offer) 주문을 내서 체결되는 가격이 바로 환율이다. 오전 9시부터 오후 3시 반까지 거래되며 환율은 시시각각 변동한다.

외환딜러들은 국제금융시장, 국내외 경제, 금리, 증권시장, 외국인 증권투자, 대고객 시장 등 여러 상황을 분석하여 달러를 사고판다. 먼저 팔고 나중에 사기도 한다. 증권회사, 여타 기관투자가, 대기업 등은 직접 은행 간 시장에 참가할 수 없다. 이들은 은행의 외환부서에 달러 매매주문을 전달하고 이는 다시 최전선에 있는 외환딜러들에게 전달되어 거래된다.

외환딜러들은 투기적 목적으로도 달러를 사고(팔고), 팔고(사고)하여 크게 이익을 보기도 하고 손해를 보기도 한다. 스트레스가 엄청나고 나이가 들면서 능력도 둔화하여 직업 수명이 40대 초중반 정도라고 한다. 환율이 급변동할 때 가장 강력한 시장 참여자는 한국은행이다. 2022.10월 환율 상승 기대감이 높아지면서 시장 쏠림 현상이 심화하자 한국은행은 달러를 매도하여 환율 급등을 진정시켰다.

환율 동향은 외환시장에 참여하는 은행을 통하여, 또 KOSCOM의 증권정보전달 매체, 블룸버그, 언론, 업계, 포털 등을 통하여 일반에게 전달된다. 은행은 외환시장에서 결정된 환율을 토대로 각자 차등(스프레드)을 두어 대고객 전신환율과 현찰환율을 고시한다. 고객은 은행이 고시하는 환율로 달러를 거래한다.

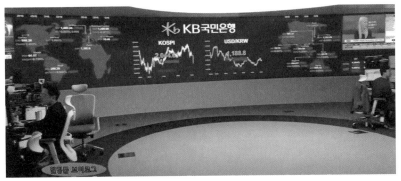

(출처: KB국민은행 홈페이지) 외환 딜링룸에서는 국내 금융시장 동향뿐만 아니라 전 세계 금융시장 동향과 뉴스를 실시간으로 파악하며 거래한다. 대규모 사자 또는 팔자 주문이 접수되면 큰 소리로 외환딜러에게 전달하여 신속히 거래가 이루어지도록 한다.

　　은행마다 고시환율이 조금씩 다를 수 있다. 스프레드가 차이가 날 수도 있고 환율 고시 시점이 다를 수 있다. 환율이 급변하는 경우 은행은 하루에도 수백 번씩 대고객 환율을 변경하여 고시한다. 환율이 급변할 때는 은행에서 달러를 바꾸려고 번호표를 뽑고 기다리는 사이 고시환율이 바뀌어 고객으로서는 이익보기도 하고 손해 보기도 한다. 거래실적이 좋은 고객은 은행으로부터 우대환율을 적용받기도 한다.

참고로 엔화나 유로화는 우리 외환시장에서 거래되지 않는다. 따라서 원/엔 환율, 원/유로 환율 등 대부분 환율은 서울 외환시장에서 거래를 통해 환율이 결정되는 것이 아니다. 은행은 달러 거래를 통해 결정되는 원/달러 환율과 국제외환시장에서의 환율 시세(USD/JPY, EUR/USD 등)를 토대로 환율을 산출하여 고객에게 고시한다. 이를 '재정환율'이라고 한다.

지난 2년간(2020~2021) 서울 외환시장에서는 현물환 거래 기준으로 일 평균 약 100억 달러 정도가 거래되는데, 달러는 약 80억 달러, 위안화는 약 20억 달러(달러 환산) 규모다. 2014년부터 위안화 직거래 시장이 개설되어 달러처럼 우리 외환시장에서 거래되는데 전체 외환 거래량의 약 20%를 차지하고 있다. 위안화 직거래 시장은 거래 활성화를 위해 시장조성자(market maker)를 두고 있다.

위안화 거래가 달러만큼 활발하지 않고 사자 팔자 호가(bid/offer) 차이가 있어 위안화 거래가격으로 원/위안 환율을 고시하지 않는다. 은행은 각자 위안화 호가 상황과 국제외환시장에서의 위안화 환율을 참고하여 원/위안 환율을 고시한다.

금융시장, 어떻게 작동할까

원/달러 환율은 해외에서 계속 변동한다

국내 외환시장이 종료되면 은행들은 역외 차액결제 선물환 시장인 싱가포르 원/달러 역외 차액결제시장(NDF : Non-Deliverable Forward) 시장에 참가하여 달러를 거래한다. 1개월 만기 NDF가 주로 거래되는데, 만기에 거래대금 전체를 주고받는 것이 아니라 거래환율과 지정환율(만기일 전일 가중평균환율)의 차이만을 결제한다. NDF 시장은 특성상 투기적 거래가 상당 부분 차지한다. 국내은행들은 달러 포지션을 줄이기 위해 헤지(hedge) 목적으로 참여하기도 한다. 또 일정 기간 후 달러를 받기로 되어 있는 투자자가 대금을 확정하기 위해 거래하는 헤지거래도 있다.

2010.11.11. 도이치은행은 우리나라 증권시장에서 장 종료 동시호가 시간에 2조 4천억 원 규모의 주식을 프로그램 매도(반대거래인 옵션은 만기 정산)한 사건이 발생하였다. 이는 현물(주식)과 선물옵션 간 가격 차이를 이용한 지수차익거래(index arbitrage)로 파악되었다. 도이치은행은 포지션을 청산할 때 발생하는 차익을 미리 확정하기 위해 싱가포르 NDF 시장에서 원/달러 NDF를 미리 매수한 것으로 알려졌다.

싱가포르 다음으로 런던, 뉴욕 원/달러 NDF 시장이 차례로 열리면서 우리 외환시장이 종료된 후에도 환율은 해외에서 계속해서 변동한다. 아침에 뉴욕시장에서 마감된 원/달러 NDF 환율이 서울 외환시장의 시초가 환율 결정에 큰 영향을 미친다. 싱가포르, 런던, 뉴욕 등 전 세계 원/달러 NDF 외환거래자들의 투심(投心)이 반영된 결과이니 우리나라 외환시장에 영향을 미치는 것은 당연하다. 2019년 기준 역외 원/달러 NDF 거래량은 국내 외환시장 현물 거래량의 약 6배로 해외시장의 영향력이 커지고 국내시장의 역할이 위축되고 있다.[1]

이렇듯 환율은 한국은행이 결정하는 것도, 기획재정부가 결정하는 것도 아니다. 은행 등 우리나라 시장 참여자들만이 결정하는 것도 아니다. 환율은 대내외 경제적 요인뿐만 아니라 국제정세 등이 복합적으로 영향을 미치며, 전 세계 외환시장 참여자들의 거래에 의해 결정된다고 봐도 무리가 아니다.

이렇게 복합적으로 영향을 받고, 변동되고, 결정되는 환율을 예측하는 것은 당연히 어려운 일이다.

금융시장, 어떻게 작동할까

15

외환위기 진짜 방아쇠는 은행의 단기외채다

2022.10월 원/달러환율이 1,400원대로 급등하면서 외환위기 상혼이 되살아났다.

언론이나 전문가들은 위기의 징후를 찾느라 촉각을 곤두세웠다. 1997년 외환위기를 사전에 경고하지 못한 언론은 너도나도 위기 가능성을 거론하였다. 외국인이 국내주식을 대거 처분하여 위기를 초래한다는 시각이 널리 퍼져있다. 언론은 호들갑을 떨면서 외국인의 주식 순매도 동향을 보도하기에 바빴다.

정부는 외환보유고가 충분하다(2022.9월 말 현재 4,168억 달러), 국가신용등급이 양호하여 대외신인도에 문제가 없다(S&P 기준, AA 안정적), 무역적자가 지속되고 있지만 경상수지는 흑자를 기록하고 있어 (2022.1~8월 누계기준 225억 달러) 경제위기 가능성이 작다라며 불안감 확산을 경계했다. 다만, 외환시장과 금융시장의 리스크 요인을 선제적으로 대응하기 위하여 관계기관 협의회 등을 통해 정보를 공유하고 대응 방안을 마련하였다.

외화는 실물부문과 금융부문에서 들어오고 나간다

두 부문은 서로 연결되어 움직이기도 하고, 별개로 들어오고 나가기도 한다. 금융시장이 완전히 개방되어 유출입 규모가 크고 빈번하지만 그래도 관건은 경상수지다. 수입보다는 수출을 많이 해야 달러가 쌓인다. 여행, 운송, 건설, 지식재산권 등 서비스 부문에서도 돈이 들어오고 나간다. 배당이나 이자소득도 오고 간다. 실물경제가 잘 돌아 경상수지(상품+서비스+본원소득+이전소득)가 흑자를 기록하느냐가 매우 중요하다.

또 다른 축인 금융부문(금융계정)도 대체로 경제의 본질인 실물경제와 궤를 같이한다고 보면 된다. 국내경제가 잘 돌아가면, 외국인이 국내에 공장을 짓는 등 직접투자(FDI)가 늘고, 국내 주식투자도 증가한다. 재정 건전성이 좋아지고 원화 가치도 올라갈 것으로 (환율하락) 기대하여 국내 채권투자도 증가한다. 경제가 발전할수록 국내기업의 해외 진출이 확대되고, 서학 개미를 포함한 국내 투자자의 해외 주식이나 채권투자도 증가한다.

금융시장, 어떻게 작동할까

우리 기업이나 가계가 해외로 쓰는 돈보다 해외로부터 더 많이 벌어 와야 외화 수급이 흑자다. 대체로 국내경제가 좋으면 달러의 해외 유출보다는 해외 유입이 많아 외화 수급이 양호하다. 수출보다 수입이 많고 자본유입보다는 자본유출이 많으면 은행은 외화가 부족하여 해외에서 달러를 빌려와야 한다. 은행은 개인, 기업, 기관투자자와 거래하면서 외화 부족을 해소하거나 포지션을 헤지(hedge)하기 위해 해외은행으로부터 달러를 차입한다. 국내기업이나 기관투자자들도 해외에서 직접 자금을 조달하기도 한다.

외환위기 진짜 방아쇠는 은행의 단기차입이다

이러한 외화 유출입 가운데 언론이나 투자자들이 가장 관심을 두고 민감하게 생각하는 부분이 외국인이 얼마나 국내주식을 처분하여 달러를 회수하였느냐다. 마치 외환위기가 외국인의 주식처분에 의한 외화 유출 때문에 발생하는 것으로 생각하기 쉽다. 하지만 외환위기를 촉발하는 진짜 방아쇠는 은행의 단기차입(단기외채)이다.

언론에서 외국인이 주식을 대거 처분했다는 보도가 자주 나오면서 마치 외국인의 주식처분이 위기의 주범인 양 인식하는 경향이 있다. 우리 경제가 안 좋고 세계 경제도 안 좋아 외국인이 국내

주식을 처분하는 것은 어쩔 수 없는 일이다. 그들은 국내에 자선하러 투자하는 것도 아니며 다들 돈 벌려고 투자한다. 전망이 좋으면 사고, 전망이 안 좋으면 파는 것이다. 하지만 모두가 파는 것은 아니고 사고파는 세력 간에 치고받는다.

1997년 외환위기 직전까지는 오히려 외국인의 자금 유입이 활발했다. 1995.1~1997.11월 약 3년 동안 외국인 자금은 주식에서 134억 달러 순유입, 채권에서 386억 달러 순유입, 은행의 단기차입에서 261억 달러 순유입, 총 781억 달러가 순유입 되었다. 이중 국내 소재 외은지점의 단기차입은 111억 달러가 순유입 되었다. 외환위기 발생 이후 1997.11~1998.3월 약 5개월간 외국인 자금은 주식에서 오히려 21억 달러가 순유입 되었고 채권에서 16억 달러 순유출에 그쳤다.

하지만 단기차입에서 220억 달러가 순유출 되는 등 은행의 단기차입 부문에서 대규모 순유출이 발생하였다. 외은지점의 단기차입 순유출은 31억 달러에 불과했다. 즉, 국내은행의 단기차입이 만기연장(롤오버, rollover)되지 못하고 유출(상환)되어 외환위기를 촉발하고 심화한 주범이다. 국내경제가 악화하여 대외신인도가 추락하고 은행이 부실해지는 상황에서 국내은행의 단기차입처인 해외은행들(주로 일본계 은행으로 알려짐)이 롤오버를 해주지 않은 것이다. 이러한 단기차입은 위기가 발생하면 유출되기 쉬운 요주의 대상이다.

주식이야 주가가 너무 내려가 싸다고 매수하는 세력도 있고, 아직도 비싸다고 매도하는 세력도 있다. 1997.1~10월까지 국내 주식시장에서 외국인 투자자는 32억 달러 순유입(채권은 126억 달러 순유입)을 기록했다. 위기가 심화하고 주가가 폭락한 후에도 저가 매수세가 유입되어 '97.11~'98.3월까지 21억 달러가 순유입 되었다.

2008년 리먼브러더스 파산을 계기로 미국발 글로벌 금융위기가 발생한 2008.9~2008.12월 약 4개월간 외국인 자금은 주식에서 74억 달러 순유출, 채권에서 134억 달러 순유출, 은행의 단기차입에서 487억 달러가 순유출, 총 695억 달러가 순유출 되었다.

단기차입분 순유출이 전체 순유출의 70%를 차지하여 2008년 위기 조장의 범인이다. 외국인의 증권투자(주식+채권) 순유출은 전체의 30% 수준으로 위기 조장의 주요 원인으로 보는 것은 적절하지 않다. 단기차입 순유출 중 국내은행은 230억 달러, 외은지점은 257억 달러로 외은지점이 단기차입 순유출의 53%, 전체 순유출의 37%를 차지하여 위기 촉발의 주요 원인으로 지목된다. 2008년 글로벌 금융위기도 위기 촉발의 주범은 역시 은행의 단기차입 순유출이다. 특히 외은지점의 단기차입 순유출이 요주의 대상으로 떠

올랐다.

단기외채가 위기를 촉발하고 심화시킨다

외국인 투자자는 경제가 둔화할 것으로 전망하고 2007.1~2008.8
월 동안 국내주식을 지속해서 처분하여 51.5조 원을 순매도했다.
또 같은 기간 동안 국내 증시가 고평가되었다고 판단한 공매도 물
량도 해외증권사(IB)를 통하여 48.5조 원이 쏟아졌다. 이처럼 위기
가 현실화하기 전에 외국인 투자자는 주식을 지속해서 처분했다.
글로벌 금융위기가 발생하기 전에 주식에서 이미 544억 달러가
순유출 되었다. 반면 외국인의 채권투자는 787억 달러 순유입, 은
행의 단기차입은 573억 달러가 순유입 되었다.

당시 외국인 주식투자 순유출이 주가 하락을 초래했다고 볼 수
있지만 그렇다고 금융위기나 외환위기를 촉발하는 것은 아니었
다. 일부 발 빠른 외국인 투자자들은 위기가 촉발되고 주가가 폭
락하자 오히려 주식을 다시 사들이기도 하였다.

2008년 글로벌 금융위기 이전 조선사, 자산운용사 등은 환율하
락 위험을 회피하기 위해 미래의 수출대금이나 투자대금을 은행
에 선물환계약을 통해 미리 달러를 매도하였다. 은행은 리스크 헤

금융시장, 어떻게 작동할까

지를 위해 선물환을 매입함과 동시에 실제 달러를 차입하여 이를 매도하고 나중에 달러를 받아 차입금을 상환한다. 이러한 경로를 통해 은행의 단기차입이 증가하는 요인으로 작용하였다.

외은지점도 국내 조선사와 자산운용사 등으로부터 선물환을 매입하면 해외 본점으로부터 차입이 일어나 단기차입이 증가한다. 달러를 차입하여 매도한 원화대금은 국내채권에 투자한다. 글로벌 금융위기가 발생하여 외은지점은 보유채권을 팔아 현물시장에서 달러를 매수하여(환율 폭등) 본점에 송금(본점 달러 회수)하는 경로를 통해 외환시장의 변동성이 확대되고 외화 수급에 큰 부담을 주었다.

정부는 단기외채가 위기를 촉발하고 심화하는 주요 원인임을 인식하고 2011년 단기외채 증가요인을 억제하고 자본유출입 변동성을 완화하기 위해 은행의 선물환포지션 한도를 별도로 신설하여 규제하였다.[1] 또 금융기관의 비예금성 외화부채에 대하여 외환 건전성 부담금을 부과하였다.

해외은행의 차익거래도 요주의 대상이다

금융시장이 완전히 개방되고 실물경제와 직접적으로 연계되지 않은 자금 유출입도 빈번하게 일어난다. 글로벌 금융위기가 발생하기 전 2007년부터 스왑(swap)시장에서 금리와 통화 스왑거래를 통해 외은지점과 해외은행은 차익거래로 국내 채권투자를 확대했다. 해외은행 차익거래는 외견상 외국인의 국내 채권투자 증가로 나타난다. 하지만 실상은 국내 외환시장에서 달러 공급이 원활하지 않은 상황을 이용하여 스왑시장에 달러를 유입하여 차익거래를 통해 이익을 따먹기 위한 거래에 불과하다.

위기가 발생한 후 이러한 차익거래가 청산되면서 외은지점의 단기외채 부문과 외국인 채권투자 부문에서 대량 유출이 발생했다. 이러한 차익거래 행태는 글로벌 금융위기 과정에서 국내 금융위기를 심화시키는 또 다른 요인으로 작용했다. 이러한 여러 가지 자본유출입 변동성은 일반인이 이해하기 어려운 진짜 프로의 세계에서 일어나는 거래형태로 금융당국과 외환당국이 예의 주시하는 사안이다.

외화자금시장 조달여건이 매우 중요하다

2020년 코로나로 인한 주가 폭락, 그 후 금리 인하와 유동성 확대로 주가가 급상승하는 과정에서 외국인 투자자는 지속해서 국내주식을 순매도하여 2020~2021년 2년간 357억 달러가 순유출 되었다. 반면 채권은 779억 달러가 순유입 되어 주식과 대조적인 양상을 보였다.[2] 주로 외국의 중앙은행, 국부펀드, 해외은행으로부터 순유입 되었다. 2020~2021년 외국인 투자자는 국내주식을 대거 처분하였으나 주식시장이나 외환시장, 나아가 주로 은행이 외화를 조달하는 외화자금시장에 별다른 부정적인 영향을 미치지 않았다. 보다 중요한 것은 은행의 단기차입이 급격히 순유출 하는지 여부다. 2022년 하반기 일시적으로 은행의 단기차입이 많이 상환되어 순유출이 증가하기도 했다.

한편으로는 은행이 외화자금시장에서 원활하게 외화를 조달할 수 있느냐가 관건이다. 은행이 양호한 조건으로 계속 자금을 빌릴 수 있으면 큰 문제가 되지 않는다. 2022.9월 이후 국내은행의 차입 가산금리가 상승한 적도 있다. 외화자금시장에서 차입 여건은 비교적 양호한 상태이나 예의 주시할 부분이다.

우리나라 금융시장은 완전히 개방되어 있어 자본유출입 변동성이 커 위기를 조장하는 측면이 없지 않다. 급격한 자본유출은 실물경제 위축을 초래하여 악순환의 고리로 작용할 수도 있다. 따라서 대내외적으로 경제 여건이 악화하고 있는 상황에서 위기를 촉발하는 자본유출입 핵심 경로를 예의 주시하고 대응 방안을 마련할 필요가 있다.

16

환율이 오르면
수출이 증가할까

2022년 원/달러 환율이 급등하면서 환율 관련 보도가 쏟아지고 인터넷에서도 논란이 뜨겁다. 하지만 부정확한 용어나 단정적인 설명은 대중에게 오해와 편견을 심어줄 수 있다.

우리나라는 1980년 복수통화 바스켓 환율제도, 1990년 시장 평균 환율제도를 운영하다가 마침내 1997.12월 외환위기를 계기로 자유변동환율제도로 이행하였다. 변동환율제도 하에서는 시장에서 달러에 대한 수요와 공급에 의해 원/달러 환율이 결정되고 자유롭게 오르내린다. 이를 원화가치가 '평가절하 되었다 또는 평가절상 되었다'라고 표현하는 것은 맞지 않다. 고정환율제도 하에서 정부당국이 인위적으로 환율을 인상하거나 인하할 때 쓰는 용어다. 그냥 '절하(切下) 또는 절상(切上)'이라는 용어도 적절하지 않다.

고정환율제도 용어에 익숙하고 더구나 일본식 용어가 관행으로 남아있어 아직도 부적합한 용어를 사용하고 있는 것이 현실이다. 그냥 환율이 '올랐다 또는 내렸다' '상승했다 또는 하락했다' '급등했다 또는 급락했다'라고 하면 가장 일반적이고 적합하다. 반대로 원화가치가 '내렸다 또는 올랐다' '하락했다 또는 상승했다' '급락했다 또는 급등했다'라고 하면 오해도 논란도 없다.

가격효과와 소득효과 등 다양한 요인이 영향을 미친다

환율이 오르면 수출기업의 경쟁력이 강화되어 수출이 증가하고, 환율이 내리면 수출기업의 경쟁력이 약화하여 수출이 감소한다는 주장이 많다. 교과서나 언론보도나 인터넷에서 많이 들어본 얘기고 그렇게 믿고 있는 것도 현실이다. 하지만 경제는 단순하게 단정적으로 설명하기 어려우며, 다분히 복합적으로 작용하고 영향을 미친다. 또 시대에 따라 상황에 따라 영향도 달라진다.

환율이 오르면 수출기업으로서는 수출량이 변동이 없으면 매출액이 늘어난다(예 : 제품 1개 1,000달러, 환율 1,150원→1,400원이 되면 1만 개 판매대금 115억 원→140억 원). 가격 인하 여지가 생겨 수출단가를 인하하면 수출량이 늘어날 수 있다. 이를 '가격효과'라고 하는데, 수출량이 얼마나 늘어날지는 그 제품의 가격 탄력성에 달려있다. 탄력적(탄력성

〉 1)이면 가격(P) 인하 폭보다 수출량(Q)이 더 많이 늘어나고, 비탄력적(탄력성〈1)이면 더 작게 늘어난다. 결국 수출액(P×Q)은 탄력적이면 증가하고, 비탄력적이면 감소한다. 제품별로 탄력성이 다르므로 환율이 오른다고 해서 반드시 수출(액)이 늘어나는 것은 아니다.

수출제품에 대한 수요는 꼭 가격에 의해서만 영향을 받는 것은 아니다. 경기둔화로 소득이 감소하면 소비를 줄일 수 있어(소득효과) 가격을 인하하더라도 오히려 수출물량이 감소할 수 있다. 최근처럼 원/달러 환율이 급등하여 수출업체가 단가를 인하하더라고 세계 경기가 둔화하고 있어 수출물량이 줄어들 수 있다. 가격효과보다는 소득효과가 크면 수출은 오히려 감소하게 된다. 2008년 글로벌 금융위기, 2012년 유럽 재정위기, 2018년 미·중 무역분쟁, 2020년 코로나 사태, 2022년 미국의 급격한 금리인상 등 환율이 상승한 시기에 대체로 세계 경기가 둔화하였다.

환율이 상승하면 수입이 감소할 수 있는데, 이 또한 수입품 가격(원화기준) 탄력성에 달려있다. 탄력적이면 가격 상승 폭보다 수입물량이 많이 감소하고, 비탄력적이면 작게 감소한다. 에너지는 비탄력적이어서 에너지 가격이 상승해도 수입물량은 크게 줄지 않는다. 2022년 원유 도입물량은 전년 대비 오히려 7.4% 증가하였다. 이는 원유가격(원화 기준)이 상승하였음에도 경기 등 여러 요인이 복합적으로 작용하여 수입물량은 오히려 증가하였다. 2022년 유가 상승까지 겹쳐 2022년 원유 수입액은 전년 동기간 대비 57.9% 증가하였다(670억→1,058억 달러). 배럴당 평균 도입단가는 69.4달러에서 96.4달러로 38.9% 상승하였다.

결론적으로 환율상승으로 무역수지가 개선되기 위해서는 수출공급탄력성과 수입수요탄력성의 합이 1보다 커야 무역수지 개선의 효과가 나타난다. 경제학에서는 이를 마셜-러너 조건(Marshall-Lerner Condition)이라고 한다.

이렇듯 제품에 따라 탄력성이 다르고, 경제 상황이나 경쟁 상대국의 여건에 따라 그 효과가 달라질 수 있다. 이를 단순하게 환율이 오르면 수출이 증가한다, 무역수지가 개선된다고 단정적으로 얘기하는 것은 편견을 주입하는 것이나 다름없다. 더구나 환율이 오르면 당연히 수입 물가가 오른다. 우리가 사용하는 제품 대부분이 수입 원자재를 사용하고 있어 국내 물가도 상승한다. 대표적인 수입품인 기름값만 보아도 피부로 느낄 수 있다. 밀가루, 식용유, 라면 등 생필품 가격이 인상되어 국내 물가도 비상이다. 해외여행을 위해 달러를 바꿀 때도 손해다. 대체로 환율이 오르면 소비자로서는 불리하다.

환율효과가 크게 약화하고 있다

최근 발표된 산업연구원 정책보고서에 따르면 우리나라는 수출구조 고도화와 글로벌 분업체제 확대로 2010년 이후 주요 수출산업에 대한 환율효과는 크게 약화한 것으로 분석되었다.[1] 대체로 실질실효환율이 하락하면 국내 수출 가격경쟁력이 상승하여 수출 증가를 견인하는 효과가 나타나는데, 2010년 이후 수출 가격경쟁력과 수출물량 간에 관계가 약화하였다.

비가격적인 요소가 수출에 큰 영향을 미친다

먼저, 가격경쟁보다는 기술경쟁이 중요시되는 중고위·고위 기술산업군의 수출 비중이 증가하였기 때문이다. 중고위 기술산업과 고위 기술산업의 수출 비중이 2005~2009년 64.3%에서 2020~2021년 72.6%로 8.3%포인트(p) 증가하였다.

구체적으로 우리의 주력 수출제품인 자동차, 디스플레이, 반도체, 2차전지에서 환율 변동으로 인한 수출량 변동 효과는 거의 사라진 것으로 추정된다. 실질실효환율이 1% 하락할 때 2010년 이전과 이후의 수출 증가 효과를 분석한 결과, 자동차는 0.96% → 0.12%, 디스플레이는 1.69% → 0.04%, 반도체는 1.24% → 0.10%,

금융시장, 어떻게 작동할까

2차전지는 0.27% → 0.09%로 나타나 환율효과는 거의 사라진 것으로 추정되었다(석유화학은 0.65% → 0.66%, 일반기계는 0.82% → 0.53%로 나타남).

이는 기술집약도가 높을수록 수출제품의 품질이나 기술우위 등 비가격적인 요소가 매우 중요하게 작용하여 환율의 영향이 감소한 것으로 분석되었다.

국제분업 확대도 중요한 요인으로 작용한다

다음으로 글로벌 생산체제 편입(국제분업) 확대로 기업 내 무역, 해외 생산, 중간재 수출입이 확대되었기 때문이다.

생산의 국제분업은 기업 내 무역(intra-firm trade), 해외 생산 등의 형태로 이루어져 환율변동이 수출가격으로 전가하는 압력을 낮추어 환율변동의 영향이 약화하는 요인으로 작용한다. 일례로 삼성전자는 스마트폰의 약 50~60%를 베트남에서 생산한다(국내 생산은 3~5%). 베트남에 진출한 국내 협력업체도 200여 개 사에 달한다. 당연히 핵심 부품은 국내에서 생산하여 기업 내 무역의 형태로 베트남으로 수출되고 현지에서 스마트폰을 조립·생산하여 전 세계로 수출한다. 우리나라 전체 수출 중 중간재 수출 비중은 2010년 59.1%에서 2020년 72.2%로 13.1%포인트(p) 증가하였다. 최종재 수출 대비 중간재 수입 비중도 2000년 2.8배에서 2021년 4.0배로 크게 증가하였다.

실질실효환율이 하락한다는 것은 국내 수출제품의 가격경쟁력 상승(수출품 가격 하락)과 동시에 해외제품의 가격경쟁력 하락(수입품 가격 상승)을 의미한다. 중간재 수입 가격 상승은 국내 최종재 생산비 상승 압력으로 작용하여 수출단가를 많이 낮출 수가 없다. 따라서 수출품 가격 하락을 통한 환율의 가격경쟁력 효과를 보기 어려워 수출변동에 대한 영향력이 약화한다.

* 2013.9.9.(월) 금융감독원 최수현 원장은 대통령 베트남 국빈 방문 경제사절단의 일원으로 하노이를 방문하여 베트남에 진출한 국내 중소기업과 금융기관의 대표를 초청하여 중소기업 간담회를 개최하였다. 당시 하노이 사무소장이었던 필자는 현지에서 간담회 개최를 주관하였다.

금융시장, 어떻게 작동할까

이처럼 수출산업 구조가 고도화되고 글로벌 분업화가 확대되면서 환율효과가 약화한 것으로 나타났다. 즉, 환율이 오르면 수출경쟁력이 높아져 수출이 증가한다는 단정적인 설명이 이제는 적절하지 않다는 애기다.

수출의 경제 기여도가 정체하고 있다

2004년 정부는 원/달러 환율이 떨어지는 상황에서 국내기업의 수출경쟁력이 약화하는 것을 우려하여 역외차익선물환시장에 개입하여 환율 1,140원 방어에 총력을 기울였다. 이 과정에서 막대한 국고 손실을 본 것으로 드러나 논란이 뜨거웠다. 그 당시와는 우리나라 산업구조도 많이 달라졌다. 환율의 변동은 산업간, 기업과 소비자 간에 이해가 엇갈린다. 민간소비가 국내총생산(GDP)에서 차지하는 비중은 거의 절반 수준(2000년 54.5% → 2021년 46.0%)으로 소비자인 국민의 시각도 많이 달라졌다. 물론 수출산업은 고용, 투자, 무역, 외환, 대외관계 등을 고려할 때 우리 경제에서 매우 중요한 부문이다.

하지만 GDP 대비 수출의 비중은 2000년 23%에서 2011년 36%로 증가한 후 10년 동안 정체 상태다. 수출이 유발하는 부가가치의 GDP 비중 또한 2000년 15%에서 2015년 22%로 증가한 후 6년 동안 22%~24% 수준에서 정체 상태다.[2] 과거처럼 수출기업에 유리하다고 고환율정책을 쓰는 것은 이제는 타당하지도 바람직하지도 않다. 시대가 바뀌어 과거와 같은 외환시장 개입은 환율조작국 지정 등 국제적으로 큰 문제를 일으킬 수 있다.

환율은 적정구간에서 안정적으로 움직이는 것이 경제에 우호적이다. 그렇다고 환율이 안정적으로 움직이도록 중앙은행이 시장에 개입할 수는 없다. 시장의 쏠림 현상으로 변동성이 심한 경우 중앙은행의 개입이 정당화될 수 있는 정도다. 환율의 효과는 거시적으로는 세계 경기 상황, 경쟁상대국 여건, 수출산업 구조, 글로벌 분업체계 상황 등에 따라 다르다. 미시적으로는 기업에 따라, 제품에 따라, 소비자와 생산자 입장에 따라 다르다.

전문가의 분석에 따르면 초·중·고교 교과서에 경제 관련 용어나 설명이 부적합한 경우가 많다고 한다. 특히 경제 현상이나 영향에 대한 단정적인 설명은 합리적이고 열린 사고를 저해하고 편견을 심어주기 쉽다. 경제는 자연과학이 아니라 사회과학이다.

17
국제금융시장 주도세력은 누구일까

전 세계 금융시장을 누가 좌지우지할까? 전설의 금융재벌 로스차일드일까?

2008년 글로벌 금융위기 무렵 출간된 『화폐전쟁』에서 쑹홍빙은 로스차일드 자산이 50조 달러(약 6경 원)에 달하고 국제금융시장과 세계 경제를 쥐락펴락하고 있는 것처럼 주장하여 대중의 호기심을 자극하였다. 그 근거로 19세기 중반 로스차일드 자산을 60억 달러로 추정하고 이를 150여 년간 연 6%의 복리로 증가하면 50조 달러에 이른다는 내용을 본문과 주석에서 제시하였다[60억 달러*(1+6%)^150여년].

50조 달러라는 돈은 어느 정도로 큰돈일까? 2022년 말 기준으로 미국의 중앙은행 Fed 전체 자산 8조5,512억 달러의 5.8배, 통화량(M2) 21.4조 달러의 2.3배, GDP(연간 기준) 26.4조 달러의 1.9배나 되고, 미국 전체 시가총액 38.1조 달러보다 많은 수준이다. 쑹훙 빙이 제시한 방식으로 계산하면 지금부터 28년 후인 2050년 말에는 580조 달러에 이른다. 추정과 가정에 근거하여 기하급수적으로 증가하는 복리의 마법을 이용한 가상의 수치 그 이상도 그 이하도 아니다. 한마디로 허황한 수치에 불과하다.

로스차일드 가문의 금융기관이 지금 어디서 무엇을 하는지 구체적으로 명확하게 제시된 자료는 찾기 힘들다. 여러 보고서나 통

제 1 장

1 G. Edward Griffin, The Creature from Jekyll Island (American Media, Westlake Village, CA 2002), p218.

2 Note: Morton (1962) noted that the Rothschild wealth was estimated at over $6 billion US in 1850. Not a significant amount in today? dollars; however, consider the potential future value compounded over 156 (2006) years!

Taking $6 billion (and assuming no erosion of the wealth base) and compounding that figure at various returns on investment (a conservative range of 4% to 8%) would suggest the following net worth of the Rothschild family enterprise:

$2.7 trillion US (@ 4%)

$12.1 trillion US (@ 5%)

$53.2 trillion US (@ 6%)

$230.2 trillion US (@ 7%)

$982.3 trillion US (@ 8%)

[출처 : 쑹훙빈 『화폐전쟁』 (2008), 주석]

계를 보면 현재 로스차일드라는 금융그룹이 국제금융시장의 주도 세력이 아님은 틀림없다.

국제금융시장은 미국계가 주도하고 있다

그러면 현대 국제금융시장을 주도하는 세력은 누구일까? ADV ratings 데이터를 참고하여 금융산업 업권별로 글로벌 시장을 주도하는 금융기관을 살펴보자. 참고로 미국 및 유럽계들은 대부분 금융지주회사로 개별 금융기관이 아닌 금융그룹으로 이해하면 된다.

먼저 금융시스템의 근간이 되고 작동하도록 떠받치는 금융기관은 은행으로 그 역할을 아무리 강조해도 지나치지 않는다. 금융위기가 발생할 때 은행이 대출을 줄이고 조이면 힘들어진다. 우리나라도 1997년 외환위기 때 해외 은행들이 만기를 연장해주지 않아 결국 외환위기를 맞았다고 알려져 있다. 그만큼 은행은 든든한 수비수이며 금융시장의 보루이다. 은행은 주로 예금을 원천으로 자금중개 기능을 수행하기 때문에 자산규모가 매우 중요하므로 자산 기준으로 순위를 매긴다.

2022년 말 기준으로 세계에서 자산규모가 큰 은행으로는 중국의 공상은행(1위), 건설은행(2위), 농업은행(3위), 중국은행(4위) 등 중국 국영은행들이 선두권을 차지하고 있다. 25위 이내에 중국계 은행이 무려 7개가 포함되어 있다. 하지만 이들이 국제금융시장을 움직이는 주도세력이라고는 하지 않는다. 주로 자국 내에서 국영기업과 대기업에 많이 대출해주는 몸집이 비대한 거의 국내용 선수에 불과하다. 즉, 글로벌 시장에 진출해서 실력을 인정받고 돈을 버는 영향력이 있는 금융기관이 아니다.

국제금융시장에서 진정한 주도세력인 금융그룹은 JP Morgan Chase(5위, 미국), Bank of America(6위, 미국), Mitsubishi UFJ(7위, 일본), HSBC(8위, 영국), BNP Paribas(9위, 프랑스), Credit Agricole(11위, 프랑스), Citigroup(12위, 미국) 등이다. 다음으로 세계적으로 유명한 금융그룹은 Smitomo Mitsui(14위, 일본), Mizuho(15위, 일본), Wells Fargo(16위, 미국), Barclays(19위, 영국), Societe Generale(22위, 프랑스), Goldman Sachs Group(24위, 미국), Deutsche Bank(25위, 독일) 등으로 주로 미국계, 유럽계, 일본계 금융그룹이 상위권을 차지하고 있다.

더욱이 이들은 금융지주회사로 상업은행 외에 투자은행(증권회사), 자산운용회사, 여타 금융기관을 다수 거느리는 금융그룹으로 국제금융시장에 막대한 영향을 미치는 큰손들이다.

금융시장, 어떻게 작동할까

<세계 상위 20대 은행(2022년말 총자산 기준, 단위 : 십억달러)>

순위	국적	은행명	총자산
1	중국	중국공상은행	5,719
2	중국	중국건설은행	4,996
3	중국	중국농업은행	4,898
4	중국	중국은행	4,172
5	미국	JPMorgan Chase & Co	3,666
6	미국	Bank of America	3,051
7	일본	미쯔비시UFJ금융그룹	2,968
8	영국	HSBC Holdings	2,967
9	프랑스	BNP Paribas	2,846
10	중국	중국개발은행	2,634
11	프랑스	Credit Agricole Group	2,540
12	미국	Citigroup	2,417
13	중국	중국우정저축은행	2,031
14	일본	스미토모미쯔이금융그룹	2,006
15	일본	미즈호금융그룹	1,909
16	미국	Wells Fargo	1,881
17	중국	교통은행	1,876
18	스페인	Banco Santander	1,852
19	영국	Barclays	1,823
20	일본	Japan Post Bank	1,720

(출처 : ADV Ratings 자료를 참고하여 작성)

JP Morgan이 세계 금융시장의 리더로 부상하다

JP Morgan은 상업은행과 투자은행 양대 산맥을 거느린 세계 금융시장의 리더로 1799년 잉여금으로 은행업을 영위할 수 있도록 허가를 받은 Manhattan Company라는 정수 회사로부터 출발하였다. 19세기 중엽 Morgan 가문이 참여하게 되고 1913년 미국 중앙은행 Fed 설립에도 관여하는 등 영향력 있는 금융그룹이 되었다. 그 후 런던과 뉴욕에서 수많은 인수·합병을 거쳐 오늘날 세계 최고의 금융그룹이 되었다.

2000년 결정적으로 Chase Manhattan 은행을 합병, JP Morgan Chase가 되어 오늘날의 금융그룹으로 확고한 지위를 갖게 되었다. 2008년 금융위기가 발생하기 전에 주택담보대출 업무에 대한 철저한 리스크 관리를 통해 손실을 최소화하였다. 당시 서브프라임 직격탄을 맞은 5위 투자은행 Bear Stearns와 최대 저축은행 Washington Mutual을 정부당국의 지원을 받아 전격 인수하였다. 이로써 현재는 전 세계 금융기관 중 시가총액 1위로 명실상부한 세계 최고의 금융그룹이다.

210년의 역사를 가진 Citibank를 자회사로 두고 있는 Citigroup은 20여만 명의 직원이 전 세계 160여 개국에서 2억 명의 고객을 위해 금융서비스를 제공하고 있는 미국에서 세 번째로 큰 금융그룹이다. 2008년 글로벌 금융위기가 발생하기 전까지 미국 최대의 금융그룹이었으나 서브프라임모기지 사태로 막대한 부실이 발생하여 약 10만 명의 직원을 감축하고 주가도 1달러 밑으로 떨어지는 수모를 겪었다.

정부로부터 대규모 긴급 자금을 수혈 받아 회생하였지만, 대마불사(too big to fail)의 대명사라는 오명을 쓰게 되었고 JP Morgan에 최고의 자리를 넘겨주었다. 10여 년간 Citigroup 최고경영진의 일원으로 활약한 루빈 전 재무장관은 서브프라임 부실경영 책임으로 소송에 휘말리기도 하였다.

한편 세계 주요 미국 및 유럽계 금융그룹은 별다른 대주주가 없는 상장된 회사다. JP Morgan, Bank of America, Citigroup 등 주요 금융그룹의 주요 주주는 미국의 주요 자산운용사인 Vanguard, BlackRock, State Street, Capital Research, Fidelity 등으로 많은 펀드를 통해 주식을 보유하고 있다. Bank of America는 여타 금융그룹과 달리 워런 버핏이 이끄는 Berkshire Hathaway가 최대주주로 13.0%를 소유하고 있다. 이처럼 대체로 대주주가 별도로 있지 않고 여러 자산운용사 펀드들이 소유하고 있어 기관투자가의 소유 비중이 대부분 2/3 수준을 넘는다.

투자은행은 은행이 아니라 증권회사다

국제금융시장에서 가장 역동적인 플레이어로 자본시장의 중심에 있는 금융기관은 투자은행이다. 이들의 움직임은 항상 투자자들의 관심 대상이며 뉴스의 시선이 집중된다. 금융그룹은 보통 자회사로 상업은행, 투자은행(investment bank로 줄여서 'IB'라고 한다), 자산운용회사 등을 거느리고 있다. 투자은행은 미국식 용어인데, 우리가 생각하는 은행이 아니라 증권회사다.

미국은 대공황 이전 은행이 예금과 대출 업무 이외에 증권 업무에 무분별하게 뛰어들어 버블이 만들어지고 무수한 파산에 이르렀다고 평가했다. 이러한 문제를 해결하기 위해 1933년 은행법을 개정(Glass-Steagall Act)하면서 '투자은행'이라는 용어가 생겨났다. 예금과 대출 업무인 상업은행 업무(CB : commercial banking)와 증권의 인수와 매매 업무인 투자은행 업무(IB : investment banking)를 구분하고, 한 은행에서 두 업무를 겸영하지 못하도록 엄격히 규제하였다. 따라서 당시 은행업과 증권업을 겸영하고 있는 대형 금융기관은 상업은행과 투자은행으로 회사를 분할하게 되었다.

좁은 의미로는 주식과 채권을 인수하고 매매하는 기업 자금조달 업무를 investment banking이라 부르며, 주로 이러한 업무를 하는 금융기관을 investment bank라고 부른다. 자본시장이 발전하면서 IB들은 기업공개(IPO : initial public offering), 증권인수 등 자금조달 업무 이외에 신용공여 및 증권대여 등 다양한 서비스를 제공하는 프라임브로커리지(prime brokerage) 서비스, M&A 자문, 금융투자상품 개발·판매 등 다양한 서비스를 제공하면서 성장하였다.

　미국은 이들을 증권회사라고 부르지 않고 IB라고 부르고 있다. 물론 증권회사라는 용어가 없는 것은 아니지만 정부나 업계, 언론에서 관행적으로 IB라고 부르고 있다. 금융그룹 내에서 이러한 투자은행 업무를 수행하는 자회사는 증권 관련법에 따라 독립 행정기관인 자본시장 감독기관 SEC(Securities and Exchange Commission)에 브로커·딜러로 등록하고 감독을 받는다. 우리나라로 보면 이들은 증권회사다.

　미국은 1998년 겸업에 대한 규제가 완화되면서 은행이 투자은행 업무를 겸업할 수 있게 되었다. 하지만 은행이 직접 겸업하려면 SEC에 브로커·딜러로 등록하고 SEC의 감독을 받아야 하므로 예전처럼 금융그룹 내 별도의 IB 자회사에서 투자은행 업무를 영위하고 있다.

투자은행도 역시 미국계가 주도한다

IB는 자산규모보다는 매출액에 해당하는 투자은행 수수료 수
입액이 회사의 능력과 외형을 보여주는 지표이므로 수익 기준으
로 순위를 매긴다. 2019년 기준으로, 1위에서 5위까지 모두 미국
계 금융그룹으로 1위 JP Morgan, 2위 Goldman Sachs, 3위 Morgan
Stanley, 4위 Bank of America, 5위 Citigroup 순이다. 다음으로 6
위 Credit Suisse(스위스), 7위 Barclays(영국), 8위 Deutsche Bank(독일),
9위 Wells Fargo(미국), 10위 RBC Capital(캐나다)이 뒤따르고 있다.

<세계 상위 10대 투자은행(2019년 수수료 수입액 기준, 단위 : 억달러)>

순 위	국 적	투자은행명	수수료 수입액
1	미국	JP Morgan	72
2	미국	Goldman Sachs	68
3	미국	Morgan Stanley	62
4	미국	Bofa Securities	56
5	미국	Citigroup	52
6	스위스	Credit Suisse	33
7	영국	Barclays	32
8	독일	Deutsche Bank	22
9	미국	Wells Fargo	21
10	캐나다	RBC Capital Markets	20

(출처 : ADV Ratings 자료를 참고하여 작성)

금융시장, 어떻게 작동할까

투자은행은 사실상 미국계가 주도하고 있다. 이는 월가를 중심으로 한 자본시장 중심의 경제 시스템과 관련이 있다. 반면 일본은 주로 은행 중심의 경제 체제여서 투자은행 상위권에 일본계 금융기관을 찾아보기 어렵다. 세계 최고의 투자은행인 Goldman Sachs는 주식시장 부문에서 특히 IPO와 M&A 자문에서 독보적인 강자이다. 세계 최고의 금융그룹인 JP Morgan은 유수의 은행을 보유하고 있어 채권시장과 신디케이션 업무에서 최고의 강자로 군림하고 있다.

Goldman Sachs와 Morgan Stanley는 은행 기반이 상대적으로 낮은 IB 금융그룹이며, 그 외 상위권의 IB는 상업은행(CB)과 IB를 모두 활발하게 영위하는 금융그룹으로 이해하면 된다. 우리나라로 예를 들면 미래에셋그룹과 한국투자금융지주가 전업 IB 금융그룹에 해당하며, KB금융지주, 신한금융지주, 하나금융지주는 CB와 IB를 모두 영위하는 금융그룹으로 이해하면 된다.

2008년 서브프라임 모기지 부실로 금융위기가 발생하면서, 미국에서 투자은행 중 네 번째로 크고 160여 년의 역사를 가진 Lehman Brothers는 유동성 위기에 몰려 파산 절차를 거쳐 Barclays와 Nomura에 분할 인수되었다. 또 미국에서 세 번째로 큰 투자은행 명가였던 약 100년 역사의 Merrill Lynch는 당시 모기지 대출 관련 파생상품

시장의 리더로 막대한 부실이 발생하여 생존 위협을 받고 Bank of America에 전격 인수되는 비운을 맞았다. 최근에는 Merrill Lynch 라는 상호도 역사 속으로 사라졌다. 자산관리 부문에서만 'Merrill' 이라는 이름 한 자만 남겨놓고 있어 리스크 관리에 실패한 투자은행의 뒷모습이 씁쓸하기까지 하다.

든든한 자금줄인 상업은행을 동시에 거느리지 못한 전업 투자은행들은 2008년 금융위기 과정에서 1위 Goldman Sachs, 2위 Morgan Stanley만 생존하고 나머지 부실 투자은행은 다른 금융그룹으로 인수 합병되는 재편 과정을 겪게 되었다. 그간 투자은행 부문에서 두각을 나타내지 못했던 Bank of America 금융그룹은 투자은행 명가 Merrill Lynch를 인수하여 상업은행과 투자은행 양대 진용을 확실히 구축하면서 투자은행 부문 세계 4위로 급성장하였다.

세계 자본시장 리더인 투자은행 전업의 Goldman Sachs도 2008년 서브프라임 모기지 사태 때에 잠시 위기를 겪으면서 정부로부터 100억 달러의 긴급 자금을 수혈 받았으나 다음 해 바로 상환하였다.

금융시장, 어떻게 작동할까

골드만삭스가 사실상 투자은행의 리더다

Goldman Sachs는 독일계 유태인 Marcus Goldman이 1869년 설립하였다. 그 후 많은 M&A를 통하여 사업을 확장하여 국제 금융시장에서 상업은행 기반이 거의 없는 전무후무한 투자은행 그룹으로 성장하였다. 1906년부터 IPO 업무를 시작하여 Sears, Ford, Microsoft, GE, Yahoo 등 걸출한 기업공개를 수행하였으며, Goldman Sachs 자신도 1999년 IPO를 통해 상장회사가 되었다.

CEO를 역임한 Rubin과 Paulson을 재무부 장관으로 배출하여 정부와의 유착이 논란이 되기도 하였다. 2008년 금융위기 때 정부로부터 긴급 자금을 지원받으면서 은행지주회사 겸 금융지주회사(쉽게 말하면 금융그룹)로 연방준비위원회(Federal Reserve Board)에 등록하여 Fed와 SEC의 감독을 받고 있다.

투자은행 그룹 Goldman Sachs는 Goldman Sachs Bank USA라는 은행을 보유하고 있는 은행지주회사이기도 하다. 이 은행은 뉴욕주 허가를 받은, 연방준비은행과 연방예금보험공사(FDIC) 회원은행이며 정부채 딜러이기도 하다. 따라서 Fed, FDIC, 뉴욕 주정부, SEC, CFTC, 재무부 등의 감독을 동시에 받고 있다.

Citibank는 IB(투자은행)가 아니라 CB(상업은행)다. 왜냐하면, 예금과 대출 업무를 주로 하는 금융기관이기 때문이다. Citibank가 속해

있는 지주회사인 Citigroup 아래에는 상업은행 업무를 주로 하는 Citibank와 투자은행 업무를 주로 하는 Citigroup Global Markets 라는 증권회사가 있다.

미국은 지주회사가 상장되어 있고 지주회사 상호가 브랜드가 되어 대중에게는 지주회사 이름이 익숙하다. 그래서 Citigroup을 IB라고도 부른다. Citibank는 전 세계에 많은 지점과 현지법인을 거느리고 있어 그 자체가 브랜드이고 대중에게 많이 알려져 있지 만 보통 다른 자회사들은 일반인에게 이름이 잘 알려져 있지 않다.

세상의 돈도 미국계가 운용한다

세상의 돈은 어디에 있을까, 누가 운용할까?

물론 돈은 은행에 많이 있다. 하지만 은행은 고객으로부터 예금 을 받아 돈을 필요로 하는 기업이나 개인에게 대출해주는 전형적 인 금융중개기관(financial intermediaries)이다. 돈을 투자하고 운용하는 기관은 아니다. 금융시장이 발전하면서 이제 자금의 운용은 예금 에서 투자로 패러다임이 바뀌었다. 증권회사, 자산운용회사, 연기 금, 국부펀드 등 돈을 굴리고 운용하는 금융기관이 주목받는 세상 이 되었다. 2020년 말 운용금액 기준으로 자산운용회사(뮤추얼펀드) 는 103조 달러, 연기금은 35조 달러, 국부펀드는 10조 달러를 운용하고 있다. 주로 이들이 국제금융시장에서 돈을 투자하고 운용하고 있다.

먼저, 국제금융시장을 주도하는 자산운용회사는 어느 회사일까?

2023.3월 말 자산운용 규모(AUM : Asset Under Management)를 기준으로 살펴보면 다음과 같다. 1위 BlackRock(미국), 2위 Vanguard(미국), 3위 Fidelity (미국), 4위 State Street(미국), 5위 Morgan Stanley(미국)이다. 다음으로 6위 JP Morgan(미국), 7위 Goldman Sachs(미국), 8위 Credit Agricole(프랑스), 9위 Allianz(독일), 10위 Capital Group(미국) 등이다.

10위 이내에 Credit Agricole과 Allianz를 제외하면 미국계 자산운용사와 투자은행이 세상 대부분 돈을 운용하고 있다. 이들이 국제자본시장을 쥐락펴락하고 있다고 해도 과언이 아니다. 미국의 자산운용 전문 그룹인 BlackRock, Vanguard, Fidelity, State Street 등이 선두권을 차지하고 있다. 더불어 Morgan Stanley, JP Morgan, Goldman Sachs 등 국제금융시장을 주도하는 투자은행 그룹들도 역시 상당한 자금을 운용하고 있다.

다음으로 Amundi(프랑스), Bank of New York Mellon(미국), UBS(스위스), 채권투자 전문 자산운용그룹인 PIMCO(미국), Edward Jones(미국), Deutsche Bank(독일), Invesco(미국), Legal & General(영국), Bank of America(미국), Franklin(미국), Prudential(미국), Credit Suisse(스위스), T Rowe Price(미국) 등이 뒤를 잇고 있다.

일본계 금융기관이 은행 부문 선두권에는 자리 잡고 있지만, 투자은행이나 자산운용사 부분에는 두각을 나타내지 못하고 있다. 이는 일본 경제가 은행 중심으로 성장하여 자본시장이나 금융투자 업계가 미국이나 유럽 수준으로 발전하지 못했으며 고객의 자산도 예금 위주로 보수적으로 관리되고 있음을 방증하고 있다.

또한, 중국계 금융기관도 은행 부문에서는 자산이 거대하여 최고 선두권을 차지하고 있지만, 그 외 부문에서는 아예 상위권에서 찾아볼 수가 없다. 이는 은행 중심의 사회주의 경제 체제로 성장하면서 자본시장이 발전하지 않고 거대 은행그룹들도 국제금융시장에서 미국과 유럽 금융그룹과 경쟁할 정도로 성장하지 못하고 있음을 알 수 있다.

<세계 상위 20대 자산운용사(2023.3월말 운용자산 기준, 단위 : 십억달러)>

순 위	국 적	자산운용회사	운용자산
1	미 국	BlackRock	9,090
2	미 국	Vanguard Group	7,600
3	미 국	Fidelity Investments	4,240
4	미 국	State Street Global Advisors	3,600
5	미 국	Morgan Stanley	3,131
6	미 국	JP Morgan	3,006
7	미 국	Goldman Sachs	2,672
8	프랑스	Credit Agricole	2,660
9	독 일	Allianz Group	2,634
10	미 국	Capital Group	2,300
11	프랑스	Amundi	2,103
12	미 국	Bank of New York Mellon	1,910
13	스위스	UBS Group	1,830
14	미 국	PIMCO	1,800
15	미 국	Edward Jones	1,700
16	독 일	Deutsche Bank	1,492
17	미 국	Invesco	1,484
18	영 국	Legal & General	1,477
19	미 국	Bank of America	1,467
20	미 국	Franklin Resources	1,421

(출처 : ADV Ratings 자료를 참고하여 작성)

BlackRock이 세계 최대 자산운용회사로 부상하다

세계 최대의 자산운용사는 미국의 BlackRock으로 운용자산 규모가 2023.3월 말 기준으로 약 10조 달러다. 이는 총자산 기준 세계 제1위인 중국 공상은행의 총자산(5.7조 달러)의 거의 두 배, 미국의 최대 금융그룹 JP Morgan 총자산(3.7조 달러)의 거의 세 배나 되는 규모다. 미국은 2000년대 초반 뮤추얼펀드 규모가 은행의 자산규모를 추월하여 이미 예금에서 투자의 시대로 바뀌었다.

BlackRock은 지금의 CEO Lary Pink가 동료 몇 명과 1988년에 창업한 업력이 35년에 불과한 회사다. Pink는 UCLA를 졸업하고 1976년 IB인 First Boston에 입사하여 주로 주택저당증권(MBS)를 매매하는 채권부서에서 혁혁한 실적을 내면서 승승장구했다. 하지만 1986년 금리예측 실패로 대규모 손실을 기록하여 회사를 떠나게 되었고, 1988년 동료들과 자산운용사를 창업하였다. 초창기에는 주택저당증권 영업에 주력하다가 1999년 IPO를 통해 뉴욕증권거래소에 상장하고 2000년대 초중반 State Street와 Merrill Lynch의 자산운용사를 차례로 합병하였다.

2008년 미국 금융위기 상황에서 정부로부터 Bear Stearns와

AIG의 채무조정 업무를 위임받아 신뢰받는 최고의 자산운용사로 부상하였다. 또 2009년에는 iShares라는 ETF 브랜드로 명성을 날리고 있는 Barclays Global Investors(BGI)를 인수하여 마침내 운용자산 규모 기준으로 세계 최대의 자산운용사에 등극하였다. Lehman Brothers 인수자금 마련을 위한 Barclays의 BGI 매각은 훗날 Barclays에는 '돌이킬 수 없는 후회'로, BlackRock에게는 세계 최대 자산운용사로 등극하게 되는 '신의 한 수'가 되었다.

이후 지속적인 인수합병과 ETF 시장의 급성장에 힘입어 명실상부한 세계 최대 자산운용사로 2023.3월 말 기준으로 약 10조 달러의 자산을 운용하여 국제자본시장에서 최대의 큰손이 되었다. ETF 운용자산이 전체 운용자산의 거의 33% 수준에 이르는 세계 최대의 ETF 운용회사이기도 하다. 2022.3월 말 현재 전 세계 ETF 운용자산 9.9조 달러 중 BlackRock의 iShares ETF가 3.2조 달러로 약 32%를 차지하고 있다.

세계 제2위의 자산운용사인 Vanguard는 운용자산 규모(약 7.6조 달러)로 볼 때 세계 최대의 은행들의 자산보다 훨씬 크다. 그만큼 많은 돈을 운용하고 있음을 보여준다. Vanguard는 주가지수를 추종하는 패시브 펀드의 명가로 ETF는 세계 2위지만 미국 펀드자산 규모로는 1위를 차지하고 있다. Vanguard 창업자인 John Bogle은

1951년 프린스턴 대학을 졸업하고 Wellington 자산운용사에 입사하여 1970년 CEO에 등극하는 등 승승장구하였다. 하지만 1974년 합병 실패로 결국 해임되어 지금의 Vanguard를 설립하였다. 그는 Vanguard를 세계 최대의 자산운용사의 하나로 세계적 반열에 올려놓고 1999년 건강 문제로 일선에서 물러났다.

1970년대 세계 최초로 개인투자자 대상으로 인덱스펀드를 출시하였다. 이는 액티브 펀드가 주가지수보다 성과가 저조하다는 Paul Samuelson 교수(1970년 노벨 경제학상 수상)의 연구결과에 영향을 받았다. Bogle 회장은 주식처럼 시장에서 매매하는 ETF 상품 자체에 대해 회의적이었다. 하지만 ETF는 패시브 펀드의 대명사로 자리를 잡았고 Vanguard는 세계 최대규모의 ETF를 운용하고 있는 BlackRock에게 세계 1위의 자리를 넘겨주게 되었다.

1993년 ETF를 최초로 개발한 자산운용사는 세계 제4위의 State Street이다. 지금은 BlackRock, Vanguard와 함께 세계 3대 ETF 운용사로 자리 잡았다. 액티브 펀드의 명가인 Fidelity는 증권사 업무도 같이 영위하는 종합금융그룹이다. 인수·합병으로 그룹의 덩치를 키우고 상품을 다각화하는 BlackRock과는 달리 액티브 펀드 한 우물을 파는 전략을 고수했다. Fidelity는 미국의 퇴직연금시장을 선도하면서 성장하였으나 ETF를 비롯한 패시브 펀드가 전성기

금융시장, 어떻게 작동할까

를 구가하면서 업계 선두 자리를 내주었다. BlackRock, Vanguard 등 세계 최대의 자산운용사는 여러 ETF, 인덱스펀드, 이머징마켓 펀드, 글로벌펀드 등을 통해 우리나라 상장주식에 수십조 원 투자하고 있다.

월가 뉴스에 나오는 금융기관은 은행이 아니라 증권회사다

예전에도 그랬지만 최근에는 더욱더 뉴욕증시와 미국 중앙은행 Fed의 통화정책에 대한 뉴스가 시시각각 전해지고 있다. 금리동향과 전망, 증시동향과 전망, 환율, 인플레이션, 고용지표, 주택가격, 에너지 가격 등에 대한 보도가 쏟아진다.

이때 '은행'이 뉴욕 시장상황과 경제동향에 대해 코멘트하고 전망한다고 보도하는 사례가 많다. 예를 들어 "월가 대형은행 70%가 경기침체를 예상하고 있다"라고 보도한다. 마치 은행이 경기를 예측하고 증권시장을 전망한다고 오해하게 만든다. 하지만 경기와 증권시장 동향에 대해 코멘트하고 전망하는 곳은 주로 증권회사(IB), 자산운용사, 투자자문회사, 독립 리서치회사 등 금융투자업계다.

또 "이번 주 모건스탠리, 뱅크오브어메리카, 골드만삭스 등 주요 은행들의 분기 실적이 나온다"라고 보도한다. 미국은 'bank'라고 해도 미국 국민은 혼란이나 오해가 없지만 우리나라는 '은행'이라고 하면 국민은행, 하나은행, 신한은행, 우리은행과 같은 은행을 생각한다.

미국의 대형 금융기관은 은행이 아니라 금융그룹이다

미국의 대형 금융기관은 우리가 생각하는 은행이 아니라 금융그룹이다. 대부분이 금융지주회사다. 자회사로 은행(상업은행), 증권회사(투자은행), 자산운용회사 등 여러 금융기관을 거느리고 있다. 일반인에게 그냥 금융그룹 즉 금융지주회사 이름이 통용된다. 그 자체가 브랜드다. 당연히 지주회사만 상장되어 있다.

예를 들어 세계 최대의 금융그룹인 JP Morgan은 그룹 내에 은행, 증권회사, 자산운용회사가 별도로 있다. 월가 뉴스에 주로 나오는 전문가는 증권회사나 자산운용회사 소속의 전문가다. 경제와 시장을 예측하고 종목을 추천하는 곳은 증권회사다.

이러한 맥락을 정확하게 알지 못하는 일반인은 미국 뉴스를 보면서 은행이 이것저것 다 하는 전천후 금융기관으로 오해하게 된다. 증권회사 목소리는 없는 것처럼 느껴진다. 물론 관행상 자회사를 따로따로 잘 일컫지 않는다. 금융그룹이 일반인에게 널리 알려져 있다.

미국은 대표적인 자본시장 중심의 경제체제 국가다. 상업은행의 기능도 물론 중요하지만, 대체로 자본시장과 금융투자산업을 중심으로 역동적으로 돌아간다. 자본시장이 경제와 국민에게 그만큼 중요하다.

그래서 미국은 투자은행 나아가 금융투자산업의 역할이 매우 중요하다. 목돈 마련이든 퇴직연금을 위해서든 금융자산의 절반 이상이 자본시장에 투자되고 있다. 미국 국민은 매일매일 금융투자산업 전문가의 코메트와 전망을 듣고 투자하며 살아간다.

증권시장,
고정관념을
깨다

18

주식투자 기법은 얼마나 유용할까

여러분 주식은 안녕한가요? 요즘 같으면 많은 투자자가 안녕하지 않다.

김용범 전 기획재정부 차관은 저서 『격변과 균형』(2022)에서 팬데믹 이후 금융위기와 경기침체, 지정학적 갈등, 에너지 위기가 겹친 복합위기 징후가 나타나고 있다고 진단했다. 코로나 사태 이후 그야말로 격변의 시기다.

증권시장은 참으로 예측하기 어렵다. 수많은 전문가가 연구하고 예측하지만 맞추기도 하고 틀리기도 한다. 주식투자나 재테크와 관련된 수많은 책이 출판되고 몇 달 지나면 사라진다. 서점가에는 본인만 아는 비법을 알려주는 것처럼 지금도 새로운 책들이 널려져 있다. 도대체 주식투자 비법이란 게 있을까? 이는 '미래를 정확히 예측할 수 있을까'의 또 다른 말이다. 어쩌면 미래를 알 수 없기에 많은 사람이 알려고 노력할 뿐이다.

지난해 세간의 관심을 끈 드라마가 있었다. 재벌가의 머슴으로 살다가 억울하게 죽은 주인공이 재벌가 막내 손자로 환생하여 미래를 알고 있으니 투자에 성공하여 재벌그룹을 접수하고 승자가 된다는 뭐 그런 내용이다. 허무맹랑하고 뻔한 스토리지만 많은 사람의 욕망을 채워주는 얘기라 인기가 있지 않았을까? 미래는 알 수 없지만 그래도 모두가 알고 싶어 한다.

주가는 술 취한 사람처럼 어디로 갈지 알 수 없다

월가의 진정한 투자 명망가들은 시장을 예측하는 일은 시간 낭비라고 치부한다. 1973년 프린스턴대 버턴 말키엘(Burton Malkiel) 교수는 미래의 주가는 술 취한 사람처럼 어디로 갈지 알 수 없다며 '랜덤워크이론(random walk theory)'을 제시했다.

투자 대결에서 원숭이가 펀드매니저보다 낫다는 실험도 이 이론과 일맥상통한다. 침팬지, 앵무새, 소와의 대결에서도 펀드매니저가 졌다는 진짜 소가 웃을 일(?)이 회자한다. 랜덤워크이론은 시장을 예측하고 유망한 종목을 발굴해야 하는 월가로서는 가장 싫어하는 금기어이기도 하다.

(C) 2023. 배예찬 all rights reserved.

모든 정보가 주가에 반영되어 있고 미래의 정보는 알 수 없어 주가를 예측할 수 없다. 과거를 통해 미래를 예측할 수 없다. 랜덤 워크이론은 이러한 맥락에서 기술적 분석이나 기본적 분석을 비판하고 있다.

기술적 분석은 차트를 통해 주가흐름을 분석한다

주가를 분석하고 예측하는 방법으로는 크게 기술적 분석(technical analysis)과 기본적 분석(fundamental analysis)이 있다. 관련된 책들만 하더라고 넘쳐난다. 성공 투자를 보장하지는 않는다는 건 상식이다.

증권시장, 고정관념을 깨다

기술적 분석은 차트(chart)를 통해 주가의 흐름을 분석하여 '차트 분석'이라고도 한다. 주가에 영향을 미치는 모든 계량적·비계량 적 요소가 주가와 거래량 데이터에 반영되어 있다는 보고, 과거 의 데이터를 분석하여 매매시점이나 주가향방을 예측하는 기법이 다. 200년이 넘는 역사를 통해 검증되고 발전된 투자기법이나 성 공투자를 보장하는 것은 아니다. 미래는 꼭 과거 흐름대로 흘러가 지 않는다. 비슷한 흐름을 보일 때도 있겠지만 그렇지 않은 경우 도 많다.

시간이 지나고 나서야 과거의 주가 흐름을 그럴듯하게 해석할 뿐이다. 사후적으로 해석하는 일은 그리 어렵지도 않다. 학원 강 사가 기출문제를 푸는 것과 별반 다르지 않다는 얘기다. 기술적 분석을 신봉하는 전문가들이 자기 돈으로, 실시간으로, 나름의 기 술적 분석대로 실전 투자대회를 하면 어떻게 될까? 실전문제를 풀 기보다 훨씬 어려운 일이 될 것이다. 항상 예상치 못한 다른 문제 가 나오기 때문이다. 당연히 이익을 본 전문가도 있고 손해를 본 전문가도 있을 것이다. 이익을 본 전문가도 계속해서 이익을 볼 수는 없다. 마찬가지로 손해를 본 전문가도 계속해서 손해를 보지 는 않을 것이다.

기본적 분석은 재무제표 분석을 통해 본질가치를 산정한다

기본적 분석은 재무제표 분석을 통해 기업의 본질가치를 산정하고 저평가된 종목에 투자하는 기법이다. 기관투자가나 가치투자자가 많이 활용한다. 기본적 분석가들은 과거 차트를 통해 미래 주가를 예측하는 기술적 분석은 마치 백미러를 보면서 운전하거나 마찬가지라고 비판한다.

이들은 '시장은 항상 옳다'라고 생각하지 않는다. 미스터 마켓은 감정적이어서 불완전하다고 본다. 지나치게 비관적일 때, 즉 저평가되어 있을 때 주식을 사서 이익을 거둘 수 있다는 주장이다.

주가(price)는 기업의 가치(value)를 토대로 시장에서 투자자의 매수·매도에 의해 결정된다. 단기적으로는 사고파는 세력 간에 혈투가 벌어지지만, 장기적으로는 기업의 가치가 중요한 나침반 역할을 한다. 기업의 가치는 크게 보아 자산 또는 이익으로 평가한다. 자산은 특정 시점을 기준으로, 이익은 일정 기간을 기준으로 산정하는 수치다. 저성장 기업은 자산이 중요하지만 고성장 기업은 이익을 보다 중시한다.

자산으로 기업의 가치를 평가하는 경우 보통 자산에서 부채를

증권시장, 고정관념을 깨다

뺀 순자산가치를 사용한다(자산총계-부채총계=자본총계=순자산). 이를 활용한 지표가 바로 주가순자산비율(PBR : Price-to-Book Ratio)로 주가를 주당(株當) 순자산가치(BPS : Book–value Per Share)로 나누어 산정하며 단위는 '배(倍)'로 표시한다. 시장 PBR은 시장의 시가총액을 시장의 순자산총액으로 나눈 비율이다.

예를 들어, 주당 순자산가치가 1만 원인데 주가가 2만 원이면 PBR은 2배가 된다. 만약 주가가 5,000원이면 PBR은 0.5배가 된다. 주가가 주당 순자산가치의 절반에 불과하다는 얘기다. 그렇다고 주가가 저평가되고 너무 싸다고 단정할 수 없다. 시장에서는 회사의 미래 성장성이나 수익성이 낮다고 평가하여 결과적으로 PBR이 낮다고 볼 수 있다.

재산을 처분하여 빚을 갚은 후 주주에게 나눠주면 훨씬 이익이라고 생각할 수 있지만, 이는 현실성이 없는 가정에 불과하다. 기업이라는 게 회사가 망하여 청산하지 않는 이상 계속해서 사업을 영위하는 계속기업(going concerns)이 바탕에 깔려있다. 더욱이 재무제표에 계상된 가격을 받을 수 있을지 알 수 없다. 처분하여 받을 수 있는 가치, 즉 청산가치를 사전에 추정할 수 있지만, 이 또한 전문가의 추정치에 불과하고 실제로 팔아봐야 정확히 알 수 있다.

이익으로 기업의 가치를 평가하는 경우 과거에 벌어들인 실제

이익이나 미래에 벌어들일 추정 이익을 사용한다. 이를 활용한 지표가 바로 주가수익비율(PER : Price-to-Earnings Ratio)로 주가를 주당 순이익(EPS : Earnings Per Share)으로 나누어 산정하며 '배(倍)'로 표시한다. 예를 들어, 주당 순이익이 1만 원인데 주가가 10만 원이면 PER은 10배가 된다. 시장 PER은 시장의 시가총액을 시장의 순이익총액으로 나눈 비율이다.

PBR은 과거에 투입된 자본과 적립된 이익의 합계인 순자산가치(분모)로 계산되어 비교적 배수가 낮다. 반면 PER은 1년간의 이익(분모)만으로 계산되어 배수가 훨씬 높다. 더욱이 주가(분자)라는 게 훨씬 기간이 긴 '미래의 이익'을 현재가치로 평가한 것으로 볼 수 있어 PER이 PBR보다 대체로 높다.

미래의 이익이 주가에 큰 영향을 미치므로 과거 순이익으로 계산되는 과거 PER보다 애널리스트들이 추정한 이익 전망치 평균으로 산출되는 12개월 선행 PER을 많이 활용한다.

PBR이나 PER을 이용하여 목표주가를 제시한다

예를 들어 애널리스트는 삼성전자에 대하여 본인이 추정한 주당 순자산가치, 예를 들어 50,000원에, 본인이 적정하다고 판단하는 PBR, 예를 들어 1.7배를 적용하여 12개월 목표주가 85,000

증권시장, 고정관념을 깨다

원, 매수의견을 제시한다. PER로 목표주가를 제시하는 경우 본인이 추정한 주당 순이익, 예를 들어 5,000원에, 본인이 적정하다고 판단하는 PER, 예를 들어 16배를 적용하여 12개월 목표주가로 80,000원, 매수의견을 제시한다.

이익 추정은 애널리스트의 축적된 노하우로 경제·산업별 전망을 토대로 사업부별·제품별, 가격·수량·매출액·이익률 등을 예측하고 복잡한 엑셀 작업을 통해 주당 순이익을 추정한다. 소위 '멀티플(multiple)'이라 일컫는 PER을 몇 배를 부여할 것인가는 애널리스트 본인의 주관적이고 전문적인 고유영역이다. 선행 PER은 애널리스트가 여러 가정과 전망에 기초하여 산출한 이익 추정치를 토대로 산출한다. 시간이 지나면서 전망이 바뀌어 이익 추정치를 수정하고 주가도 변동되므로 선행 PER은 매우 가변적이다.

종목별 또는 시장 전체 PBR이나 선행 PER을 시계열 흐름으로 분석하여 현재 비율이 역사적으로 낮은 구간에 있으면 저평가, 높은 구간에 있으면 고평가로 판단하여 투자에 활용하기도 한다. 유용한 투자기법인지는 장담할 수 없다.

먼저, 주당 순자산가치(BPS) 대비 주가로 산정되는 주가순자산비율(PBR)이 활용된다.

PBR은 같은 회사라도 성장단계에 따라 다르다. 강세장일 때와 약세장일 때 크게 차이가 난다. 업종별로 다르고, 나라마다 다르다. 성장성이 높은 회사는 PBR도 높다. 적정 PBR로 산정한 주가보다 현재 주가가 낮으면 저평가된 것으로 판단하여 매수하는 기법이다. PBR이 몇 배가 적정한지는 투자자나 애널리스트 각자의 의견이 다르며 정답이 있는 것도 아니다. 1배보다 낮아 저평가되어 있다고 판단하는 것은 타당하지 않다.

다음으로, 주당 순이익(EPS) 대비 주가로 산정되는 주가수익비율(PER)이 많이 활용된다.

PER 또한 같은 회사라도 성장단계에 따라 다르다. 강세장일 때와 약세장일 때 크게 차이가 난다. 업종별로 다르고, 나라마다 다르다. 성장성이 높은 회사는 PER도 높다. 적정 PER로 산정한 주가보다 현재 주가가 낮으면 저평가된 것으로 판단하여 매수하는 기법이다. PER이 몇 배가 적정한지는 투자자나 애널리스트 각자의 의견이 다르며 이 또한 정답이 있는 것도 아니다.

고평가인지 저평가인지 판단하기 쉽지 않다

2023.3.10일 현재 삼성전자 주가는 6만 원이며, 증권사 컨센서

스 목표주가는 77,500원이다. 증권사 애널리스트들은 앞으로 1년 동안 29.2% 상승 여력이 있다고 본다는 의미다. 매출액은 2021년 279.6조 원, 2022년 302.2조 원 당기순이익은 2021년 39.9조 원, 2022년 55.7조 원으로 전년 대비 각각 8.1%, 39.9% 증가하였다.

PER는 2021년 13.6배에서 2022년 6.9배로 반 토막 나 역사적으로 매우 낮은 수준이다. 이를 두고 삼성전자가 지나치게 저평가된 것으로 해석하는 것은 타당할까? 이는 과거실적 기준 PER이다. 주가는 미래 예상실적을 반영하므로 과거 PER로 주가 수준을 판단하는 것은 타당하지 않다.

증권회사 애널리스트의 2023년 전망치(컨센서스)는 매출액은 261.0조 원, 당기순이익은 9.0조 원으로 전년 대비 매출액이 13.6% 감소하고 당기순이익은 83.8%나 급감할 것으로 추정되고 있다. 2023년 추정치 기준 선행 PER는 54.2배로 매우 높은 수준이지만, 2024년 순이익 추정치 기준 선행 PER은 19배로 그리 높지 않다.

현재 주가가 저평가된 것인지 고평가된 것인지 판단하기는 쉽지 않다. 저평가되어 있다고 판단하는 투자자는 매수하고, 고평가되어 있다고 판단하는 투자자는 매도할 뿐이다. 정답은 시간과 시장이 말해 준다. 한편으론 '시장은 항상 옳다'는 관점에서 주가는 항상 적정하게 평가되어 있다고 보는 견해 또한 존재한다.

미국의 빅테크 기업들은 코로나 이후 금리인하 추세에서 높은 PER, 예를 들어 40~80배 高PER이 정당한 것처럼 보였다. 하지만 금리가 인상되면 미래이익의 현재가치가 감소하고, 감소한 기업가치를 반영하여 주가는 하락한다.

이는 저금리 시기에는 높은 PER이 정당화되었지만, 고금리 시기에는 PER이 떨어지는 게 타당하다고 시장은 판단한다. 물론 금리인상에 따른 경기둔화로 이익이 감소할 것이라는 전망도 당연히 영향을 미친다.

PER이 이익의 성장 가능성을 반영하지 못하므로 이익 성장률을 고려한 주가이익성장비율(PEG : Price/Earnings to Growth) 지표가 활용되기도 한다.

월가의 전설인 피터 린치는 이익 증가율이 높은 기업의 가치를 평가하는데, PEG 지표를 이용했다. PEG는 PER을 주당순이익(EPS) 성장률로 나누어 산출한다(PER/EPS성장률). PEG 지표가 1배보다 낮으면 저평가된 것으로 판단한다.

예를 들어 PER이 40배이고 EPS 성장률이 50%이면 PEG는 0.8배로 저평가된 기업으로 본다. 두 기업이 PER이 30배로 같은데

증권시장, 고정관념을 깨다

이익성장률이 A기업은 40%, B기업은 15%이면 PEG는 A기업은 0.75배, B기업은 2배로 A기업이 훨씬 매력적인 투자대상이라는 의미다.

우리 시장에서는 주가가 급등한 2차전지 기업의 가치와 주가를 평가하는데 PEG가 이용되기도 한다. 단순하게 선행 PER보다는 보통 향후 3~5년 정도의 평균 이익 성장률을 적용하여 산출한 PEG로 주가가 고평가되었는지를 판단한다.

PEG는 이익이 급성장하는 회사를 평가하는 데 유용할 수 있다. 하지만, 향후 수년간의 이익을 정확히 예측할 수 있느냐가 관건이다. 1년도 예측하기 어려운데 하물며 5년을 예측하는 일은 더더욱 어렵고 빗나가기 쉽다. PEG 지표 또한 한계가 있을 수밖에 없다. 피터 린치는 투자판단 지표로 PEG를 선호하지만 다른 지표들도 함께 참고한다.

한편, 매출은 급증하고 있지만, 이익이 나지 않는 초기 성장단계에 있는 기업의 가치를 평가하는 방법으로 주가매출비율(PSR : Price-to-Sales Ratio)이 활용된다.

기업공개 과정에서 발행회사와 주관 증권회사는 상장된 유사기업의 PSR 배수(multiple)를 고려하여 공모가를 결정한다. 몇 배가 적정한지 정답은 없다. 상장되면 시장에서 주가가 결정되고, 공모가가 적정했는지는 시장이 결과적으로 말해 준다.

　2021년 뉴욕증권거래소에 상장된 쿠팡과 코스피 시장에 상장한 케이카가 PSR 기업가치 평가 방법을 사용하여 공모가를 산출하였다. 2021.3.11일 쿠팡은 공모가는 35달러, 기업가치는 630억 달러(약 72조 원)로 국내 증시로 보자면 삼성전자, SK하이닉스를 이은 3위 수준의 기업가치로 상장되었다. 2020년 실적은 매출액 13조9,258억 원, 순손실 6,047억 원이었다.

　상장 후 2021년 실적은 매출액 20조3,695억 원, 순손실 1조6,242억 원으로 매출은 46.3% 증가했지만 적자는 168.6% 급증하여 시장의 기대와 우려가 엇갈렸다. 상장 첫날 주가는 69달러까지 급등한 후 지속해서 하락하여 2023.10월 15~20달러 수준에서 거래되고 있다. 상장 당시에는 금리가 거의 최저 수준이고 유동성도 풍부하여 증시가 활황세를 보이며 지수가 사상 최고치를 경신하고 있었다.

　하지만 쿠팡의 적자 폭 확대, 금리인상 등 증시여건이 악화하여 쿠팡 주가는 최고치 대비 75% 정도 폭락하였다. 미국 유수의 기관투자가, 대학기금 등이 대거 투자하였으나 큰 손실을 본 것으로 알려졌다.

쿠팡이나 주관사 입장에서는 결과적으로 최고로 좋은 타이밍에 기업공개가 이루어지고, 투자자로서는 최고로 안 좋은 타이밍에 투자한 케이스다. 회사는 고객이며 회사의 주인이 되는 투자자에게 주식이라는 상품을 가장 비싼 값에 팔아넘긴 셈이다. 참고로 주식을 파는데 마케터(marketer) 역할을 한 주관사는 골드만삭스, JP모건, 도이치방크, HSBC 등 세계 최고의 투자은행(증권회사)이다.

이렇듯, 기본적 분석은 재무제표를 토대로 기업의 가치를 평가하고 현재 주가와 비교하여 저평가된 종목을 발굴하여 투자하는 방법이다.

공시된 재무제표는 누구나 이용 가능한 과거 수치로 주가에 이미 반영되어 있다고 볼 수 있다. 주가를 예측하기 위해서는 미래 실적을 정확히 예측하는 것이 무엇보다 중요하지만, 당연히 쉽지 않은 일이다. 기본적 분석 방법을 통해 유망한 종목에 투자하여 시장수익률을 상회하는 수익률을 추구하는 것을 '알파(α) 투자전략'이라고 한다. 수많은 펀드매니저, 기관투자가, 개인투자자들은 높은 수익률을 얻을 수 있는 종목을 찾아 투자한다.

반면 인덱스 펀드와 인덱스 ETF는 시장은 효율적이라 모든 정보가 반영되어 있어 시장보다 초과 수익률을 거둘 수 없다는 랜덤

워크이론에 바탕을 두고 있다. 이처럼 시장수익률을 추구하는 투자전략을 '베타(β) 투자전략'이라고 한다.

주가는 참으로 예측하기 어렵다

주가가 싼지 비싼지 알 수 없는 노릇이다. 어떤 투자자는 싸다고 매수하고 어떤 투자자는 비싸다고 매도한다. 나름대로 고차원적인 분석을 통해 또는 직관적으로 판단하여 투자한다. 고차원적인 분석이 맞을 수도 있고, 단순한 직관이 맞을 수도 있다. 언론, 케이블방송, 유튜브, SNS 등을 통해 소위 전문가들이 유망한 종목을 추천한다. 나름대로 분석을 통해 저평가 종목, 유망한 종목, 쉽게 말해 주가가 오를 종목을 추천한다.

그 유명한 경제학자 케인스는 주식투자를 미인 선발대회라고 했다. 절대적인 기준이 있는 것은 아니라는 얘기다. 자기가 미인이라고 생각하는 사람이 선발되는 것이 아니라 많은 사람이 미인이라고 해야 미인으로 선발된다는 의미다.

맞고 틀림의 문제가 아니라 다수의 생각, 경제학적으로는 시장, 즉 '보이지 않는 손(invisible hand)'이 결정한다는 의미다. 시장은 1인 1표로 규정된 민주주의가 아니다. 기관투자가 등 큰손은 많은 표를 가지고 시장에 큰 영향을 미친다. 어쨌든 다수의 표가 미인이

증권시장, 고정관념을 깨다

라고 해야 미인이 되는 것은 마찬가지다.

노벨경제학상을 수상한 로버트 실러 교수가 저서 『내러티브 경제학(Narrative Economics)(2021)』에서 주창한 '입소문 효과'가 가장 크게 작용하는 데가 바로 증권시장이기도 하다. 때론 케인스가 말한 소위 '야성적 충동(animal spirits)'까지도 시장을 파고든다.

주가란 참으로 예측하기 어렵다. 시장은 매수·매도 세력의 줄다리기 싸움이다. 시시각각 매일 매일 계속해서 게임은 진행된다. 참가자들은 청팀과 백팀을 옮겨 다닌다. 뒷짐을 지고 관망하기도 한다. 새로운 참가자들도 들어오고 나간다. 몸무게도, 기술도, 생각도 다르다. 어느 팀이 이길지 모른다.

유망한 종목을 발굴하기도 어려운 일이다. 기업 실적뿐만 아니라 금리, 환율, 경기, 국제정세, 전염병 등 다양한 변수가 영향을 미친다. 때론 너무 많이 알아도 독이 될 수 있다. 전문가와 투자자들은 시장보다 높은 이익을 얻을 수 있는 종목을 찾으려 머리를 싸맨다. 항상 그렇듯이 결과는 장담할 수 없다.

증권사 지수 전망은
타율이 얼마나 될까

미국의 전설적인 투자 대가인 피터 린치는 "주식시장을 예측하려고 하는데, 이건 완전히 시간 낭비다. 시장을 예측할 수 있는 사람은 아무도 없다(They try to predict the stock market. That is a total waste of time. No one can predict the stock market)"라고 일갈했다.

코로나 팬데믹 3년 동안 코스피 지수는 그야말로 롤러코스터로 천당과 지옥을 왔다 갔다 했다. 2020년 초 2,200선에서 출발하여 코로나 사태가 심각해지면서 2020.3월 1,400선까지 급전직하했다(2020.3.19. 코로나19 발생 후 최저치 1,457.64p). 전 세계 중앙은행과 정부가 금리를 인하하고 돈을 풀면서 지수는 급반전하여 2021년 초 사상 최초로 3,000선을 넘어선 후 3,300선까지 치솟았다(2021.7.6. 사상 최고치 3,305.21p). 약 1년 반 만에 코스피 지수가 두 배 이상 급등한 것이다.

증권시장, 고정관념을 깨다

극심한 인플레이션으로 인한 미국의 공격적인 금리인상과 글로벌 경기둔화로 2022.9월 지수는 다시 2,100선으로 주저앉아 코로나 이전으로 되돌아갔다(2022.9.30. 연중 최저치 2,155.49p).

증권사 지수 전망은 실망스러운 수준이다

증권회사는 해마다 다음 해 주가지수 전망치를 발표하는데 성적은 어떨까? 알려진 대로 실망스러운 수준이다. 2022년 사례를 살펴보자. 2022년 주가는 때론 반등을 보이기도 했지만 그야말로 바닥을 모르고 속절없이 하락했다. 코스피 지수는 3,000p 언저리에서 출발하여 연중 최저치인 2,155p까지 추락하다가 소폭 반등하여 연말 2,236p로 마감하였다. 2008년 글로벌 금융위기 이후 최대 하락률(△24.9%)을 보여 투자자들에게는 그야말로 끔찍한 한해였다.

15개 주요 증권사는 2022년 코스피 지수를 하단 2,610p 상단 3,600p로 전망했다. 대부분 지수 상단을 3,300~3,400p로 예측했고, 제일 높은 전망치인 3,600p를 제시한 증권사도 있었다. 평균 전망치는 하단 2,828p 상단 3,415p로, 하단은 최저치 2,155p보다 무려 31.2%, 상단은 최고치 2,989p보다 14.3% 높았다. 가장 높은 하단 전망치(2,950p)는 결과적으로 최고치와 비슷하여 어이없는 상황이 돼버렸다.

　지수 상단뿐만 아니라 하단도 터무니없이 높게 제시하여 주가 하락세를 전혀 예측하지 못한 완전히 빗나간 전망으로 비난을 피할 수 없게 되었다. 모 증권사 리서치센터장이 오죽했으면 32페이지 장문의 『2022년 나의 실수』라는 사과의 보고서(?)를 냈을까. 공개적으로 잘못된 전망을 복기해 본다는 점에서 의미가 크고 용기 있는 일이다.

　최근 7년간(2016~2022) 매해 증권사 지수 전망의 하단·상단 평균치를 각각 최저치·최고치와 비교해 보자. 하단은 최저치보다 -22.5% ~ +34.6%, 상단은 최고치보다 -16.6% ~ +14.2% 괴리가 있었다. 참고로 하단의 플러스(+) 괴리율은 최저치가 하단보다 내려간 경우고, 상단의 마이너스(-) 괴리율은 최고치가 상단보다 올라간 경우로 최고·최저치가 상·하단을 벗어난 경우다.

　절댓값을 기준으로 7년간 평균 괴리율은 하단 16.7%, 상단 12.2%, 평균 14.5%로 나타났다. 코로나19 사태 3년간은 시장이 급등락하면서 괴리율이 하단 29.4%, 상단 15.3%, 평균 22.4%로 확대되었다. 2,500p를 기준으로 보면 최저치나 최고치에 대한 예측이 각각 560p 정도 빗나갔다는 얘기다. 2016년과 2019년은 증권사 전망이 그나마 우수한 해로 평가된다. 전망치 평균 괴리율은 하단

+0.7%, 상단 +6.8%로 낮은 수치를 보였다. 코스피 지수가 2016년 1,835~2,069p, 2019년 1,910~2,249p로 박스권 장세를 보였다.

타율로 계산해 보면 얼마나 될까

더 쉽게, 더 정확하게 이해할 수 있도록 코스피 지수가 증권사 전망치 과녁에 얼마나 들어가는지 살펴보자.

거래일 수 기준으로 코스피 지수가 증권사 전망치의 하단과 상단 범위 안에 들어간 비중은 6년 평균 48.2%로 나타났다.[1] 주가지수가 하단과 상단을 벗어난 비중은 51.8%다. 정확한 비유는 아니지만, 쉽게 말해 절반은 과녁에 들어가고 절반은 과녁을 빗나간 것이다. 증권사 전망치의 상·하단 폭은 상·하단 평균치의 약 20%다. 평균치가 2,500p라면 하단 2,250p 상단 2,750p로 상·하단 폭이 약 500p라는 것이다. 이렇게 큰 과녁임에도 지수의 절반만 과녁에 들어간 것이다. 증권사 예측 실력이 양호하다고 말할 수 없는 수준이다.

더욱더 실감 나게 야구의 타율로 계산해 보자. 전망치 과녁이 너무 커 평균 상·하단 폭의 절반인 10%(약 ±5%) 범위만 안타로 가정하고 타율을 계산해 보니 3할 3푼 9리로 나타났다. 야구선수 타

(C) 2023. 배예찬 all rights reserved.

율로는 우수하지만, 최고의 전문가 그룹임에도 해마다 실력이 엄청나게 들쭉날쭉하고 타율도 낮은 실망스러운 타자에 불과하다.[2]

시장은 태생적으로 조증(급등)과 울증(급락)을 반복하기 때문에 최고치와 최저치를 비슷하게 예측하기란 여간 어려운 일이 아니다. 증권사는 증시 전망의 최고 전문가이며 비교적 큰 폭의 상·하단을 고려하면, 과녁에 들어가는 적중률이 80% 정도는 되어야 하지 않을까?

증권시장, 고정관념을 깨다

해외 유수 투자은행도 마찬가지다

우리나라에 진출해 있는 세계 유수 투자은행(증권회사)의 전망은 어떨까? Goldman Sachs는 2020.11월(2020.11.6. 기준 2,417p) 코스피 지수가 상승하는 분위기에서 2021년 전망치를 2,800p로 제시했다. 2021년 지수가 예상 밖으로 크게 오르자 3,200p, 3,700p(2021년 하반기 전망치)로 계속해서 전망치를 상향 조정한 후 2021.12월에는 2022년 전망치를 3,350p로 하향 조정했다. JP Morgan, Morgan Stanley 등 해외 유수 증권회사도 2022년 전망치를 3,300~3,400p로 제시했다. 글로벌 증권회사도 이름값을 하지 못하고 빗나간 전망을 하거나 뒷북치기 일쑤였다.

월가를 주름잡는 세계 유수 투자은행의 S&P500지수 전망 실력은 어느 정도일까? Goldman Sachs, Morgan Stanley, JP Morgan, Bank of America 등 14개 사의 2022년 S&P500지수 전망의 정확도는 우리나라 증권사와 별반 다르지 않다. 2022년 S&P500지수 전망치로 하단 4,400p 상단 5,300p를 제시하였다(2021년 말 4,766p). 대부분 상승 장세를 예상했으나 하단은 최저치 3,577p보다 +23.0%, 상단은 최고치 4,796p보다 +10.5% 높았다. 2022.6월 지수가 전년 말 대비 900p나 폭락하여 4,000p가 깨지고 나서야 허겁지겁 전망치를 대폭 하향 조정하였다.

지수 전망은 왜 이렇게 맞지 않을까

2022년 증시가 이례적이긴 하지만, 최고 전문가 집단인 증권사의 전망이 왜 이렇게 맞지 않을까? 증권사 나름대로 고도의 분석 기법과 모델을 통하여 여러 가지 변수를 예측하고 가정하여 지수를 전망한다. 하지만 미래를 예측하는 일 자체가 본질적으로 어려운 일이고 한계가 있다.

국내외 경제지표, 금리·환율 등 금융지표, 기업이익 등 주가에 영향을 미치는 여러 가지 변수를 예측해야 한다. 때로는 전쟁이나 테러와 같은 지정학적 이슈 등 돌발변수가 시장에 중대한 영향을 미친다. 많은 변수를 정확히 예측한다 해도 어느 정도 영향을 미칠지는 또 다른 문제다.

증권회사는 개인투자자, 기관투자가, 법인 등 고객을 상대로 영업을 하는 금융회사다. 속성상 고객을 의식하지 않을 수 없고, 마케팅을 염두에 두지 않을 수 없다. 비교적 낙관적으로 전망할 수밖에 없는 처지다. 시장 분위기가 뜨거운 상황에서 큰 폭의 약세장을 전망하기는 어려운 일이다. 시장 분위기가 침체한 상황에서 엄청난 강세장을 전망하는 것도 마찬가지로 어렵다. 우리 속담에 '모난 돌이 정 맞는다'라는 말이 있어서인지, 대체로 시장 분위기에 편승하여 비슷한 전망을 하기가 쉽다.

증권시장, 고정관념을 깨다

2022년 극심한 인플레이션, 미국의 공격적인 금리인상과 우크라이나 전쟁사태까지 예상하여 큰 폭의 지수 하락을 예상했다손 치더라고 소신 있게 시장에 내놓기는 쉽지 않다. 시장관계자나 투자자로부터 증권시장에 찬물을 끼얹는다고 비난의 표적이 될 것이 불 보듯 뻔하다.

국내증시에 대한 중국 영향력이 커지고 있다

미국이 기침하면 우리나라는 감기에 걸린다는 우스갯소리가 있다. 그만큼 미국경제가 우리 경제에 미치는 영향이 크다는 얘기다. 경제의 거울인 증권시장도 마찬가지다. 하지만 자본시장연구원이 2001.1월~2020.5월 동안 코스피 지수 수익률에 대한 국내외 요인의 영향을 분석한 결과 2012년을 기점으로 미국 실물경제 영향력은 현저히 감소한 반면, 중국 실물경제 영향력은 크게 증가한 것으로 나타났다. [3]

KOSPI 수익률은 2001~2011년에는 S&P500지수와 미국 실물경제에 의해 상당 부분 영향을 받았지만, 2012~2020.5월에는 미국 실물경제(17.3→2.9%)의 영향력은 감소하고 중국 실물경제(1.0→24.5%)와 항셍지수(6.5→15.2%)의 영향력이 커진 것으로 나타났다. 물론 S&P500지수(32.3→26.6%)는 모든 구간에서 KOSPI 수익률 변동에 큰 영향을 준 것으로 나타나 국내 주식시장은 미국 주식시장의 움직임에 민감하게 반응한 것으로 판단된다.

국내 주식시장을 쥐락펴락한다고 인식되고 있는 외국인 순매수도 비슷한 양상을 보인다. 2001~2011년에는 외국인 순매수 규모에 대한 미국 실물경제와 S&P500지수(11.8→8.6%)의 영향력이 컸지만, 2012~2020년에는 미국 실물경제(20.0→5.5%)의 영향력은 감소하고 중국 실물경제(0.7→32.4%)와 항셍지수((2.7→14.0%)의 영향력이 증가한 것으로 나타났다.

이렇듯 국내 주식시장은 시장 고유요인(27.9%) 외에 S&P500지수, 중국 실물경제 및 항셍지수, 미국 실물경제, 외국인 순매수 규모가 큰 영향을 미치고 있다.

역시 시장은 예측하기 어렵다

따라서 코스피 지수 전망은 미국과 중국의 증시와 실물경제를 정확히 예측하는 것이 중요하다. 한 발짝 더 들어가면 미국과 중국의 증시와 경제에 미치는 요인도 예측해야 한다. 역시 어려운 일임엔 틀림없다.

2008년 글로벌 금융위기, 2020년 위기, 2022년 위기를 정확히 예측했다고 보도되는 국내 전문가도 있다. 전문가는 직업상 예측을 많이 하니까 가끔 맞춘 때도 있다. 하지만 번번이 맞추기는 어렵다. 자주 예측하면 많이 틀리게 되어 있다. 그 전문가가 했던 많은 예측이 결과가 어떠했는지는 뻔하다.

월가의 전설인 벤저민 그레이엄 또한 시장을 예측하는 일은 불가능한 영역이라고 말했다. 국내에서 엄청난 추앙을 받는 투자의 거장 워런 버핏도 아무도 시장을 예측할 수 없다며 시장에 대해 거의 언급하지 않는다.

많은 전문가는 물리학과 심리학까지 동원하여 주가를 예측하는 모델을 만든다. 빅데이터와 인공지능(AI)까지 동원한다. 나름 정확성을 높이려고 애를 쓰지만 많은 변수가 시장에 영향을 미치고 또 매번 달리 영향을 미치므로 한계가 있기 마련이다.

시장을 예측하는 것은 어려운 일이다. 가까운 미래, 예를 들어 한 달 또는 1년 후 주가지수를 예측하기는 쉽지 않다. 하지만 먼 미래는 그렇지도 않다. 그간의 역사로 보면 시장경제와 자본시장은 계속해서 성장한다.

⑳
코리아 디스카운트는
정말 존재할까

2022년 오랫동안 우리 시장을 짓누른 코리아 디스카운트(Korea Discount)가 다시 소환되었다.

우리나라 증시가 해외 주요국보다 저평가된 현상을 일컫는 코리아 디스카운트라는 말은 1997년 외환위기 이후 해외 애널리스트가 사용하기 시작했다고 한다. 2010~2017년 오랫동안 코스피 지수가 1,700~2,200p 사이에 갇혀 소위 '박스피'라는 오명이 씌워지며 코리아 디스카운트는 국내 증시에 깊이 각인되었다.

2021년 코로나 사태 와중에 극적으로 3,000선을 돌파하여 드디어 코리아 프리미엄 시대를 여는 듯했다. 이도 잠시, 2022년 다시 박스피 근처로 내려와 코리아 디스카운트가 재연되고 있는 것처럼 보였다. 25년이 지난 지금도 고질병처럼 우리 증권시장의 화두가 되고 있다.

2022.9.15 정부는 '코리아 디스카운트 해소를 위한 정책 세미나'를 개최하고 제도 개선을 추진하였다. 우리나라 자본시장 개방의 상징인 외국인 투자자 등록제도도 30년 만에 폐지되었다. 코리아 디스카운트의 주요 원인으로 남북관계 등 지정학적 위험, 재벌구조에 기인한 후진적 기업지배구조, 낮은 배당성향, 회계 불투명성, 높은 무역의존도 등이 단골 메뉴처럼 지적되고 있다. 그런데 코리아 디스카운트가 과연 존재하는 것일까? 국내 증시가 저평가되어 제값을 못 받는 것일까?

코리아 디스카운트 다시 도마 위에 오르다

코리아 디스카운트는 주로 선진국이나 신흥국에 비해 낮은 주가순자산비율(PBR)과 주가수익비율(PER)이 근거로 제시된다. 2022년 들어 미국 중앙은행의 공격적인 금리 인상으로 국내 증시가 지속해서 하락하면서 시장 PBR이 1배 밑으로 추락하여 코리아 디스카운트 문제가 다시 도마 위에 올랐다.

자본시장연구원은 45개국 32,428개 상장기업을 대상으로 2005~2021년 16년간의 PBR을 비교 분석한 결과 국내 증시 PBR이 선진국의 52%, 신흥국의 58%, 아시아태평양국가의 69% 수준으로 선진국과 신흥국보다 매우 낮다고 발표하였다.[1]

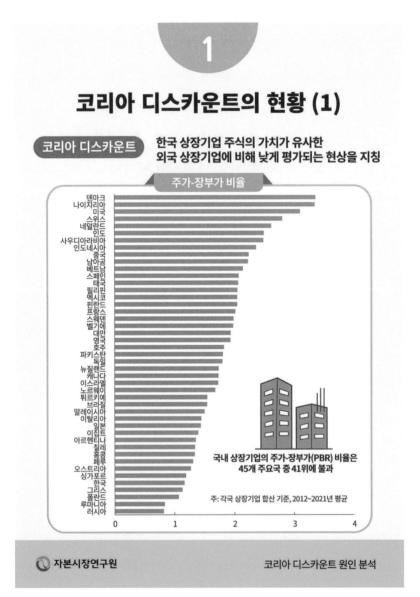

(출처 : 자본시장연구원 『코리아디스카운트 원인 분석』 23-05, 2023.2.16.)

증권시장, 고정관념을 깨다

구체적으로 2012~2021년 10년간 PBR이 한국 1.16배, 싱가포르 1.19배, 홍콩 1.34배, 일본 1.44배, 독일 1.82배, 영국 1.93배, 대만 1.94배, 중국 2.24배, 인도 2.49배, 미국 3.10배로 나타났다. 3개 지역의 산술평균 PBR로 보면 국내 증시 PBR은 해외의 60% 수준이다. 명시적으로 기술하고 있지는 않으나 사실상 국내 증시가 매우 저평가되어 코리아 디스카운트가 명확히 존재한다고 결론을 내리고 있다.

쉽게 얘기하자면, 코스피 지수 2,400p에 해외증시의 평균 PBR을 적용해 보면 4,000p가 되는데, 코리아 디스카운트로 저평가되어 2,400선에 머물러있다는 얘기다. 고개를 갸우뚱할 수밖에 없고 수긍하기 어렵다. 같은 논리라면 PBR이 우리나라와 비슷하거나 조금 높은 싱가포르, 홍콩, 일본의 주가도 상당히 저평가되었다고 해석할 수 있는데, 그들 나라도 주가가 디스카운트되었다고 판단할까?

먼저, 순자산가치를 토대로 산정되는 PBR 지표는 과거 데이터에 불과하다. 시장은 계속기업을 가정하여 미래에 벌어들일 이익을 더 중요하게 평가한다. 같은 PBR이라 할지라도 미래이익 성장성이 다르므로 시장에서 기업가치 평가가 달라질 수밖에 없다. 이익 성장성이 낮은 회사는 PBR이 낮지만, 성장성이 높은 회사는 PBR이 높다.

주가는 계속 변동하기 때문에 PBR 또한 계속 변동한다. 삼성전자 PBR은 최근 5년간 1.0~2.4배 사이에서 움직였으며 최근에는 1.2배 수준을 보이고 있다. 애플은 과거 30년 동안 2~6배 사이에서 움직이다가 코로나 사태 이후 20배를 상회한 후 최근에는 30~50배 수준을 보이고 있다. 애플의 PBR은 왜 이렇게 높을까? 주가가 엄청나게 고평가된 것일까?

가치평가에 무형자산의 영향이 커지고 있다

2021년 SK증권 분석보고서에 따르면, 초대형 일류기업과 혁신기업의 가치평가에 무형자산이 미치는 영향이 커지고 있다.[2] 특허, 브랜드 가치, 우수한 지배구조, 규모의 경제, 연구개발(R&D) 등의 무형자산은 회사의 비즈니스 모델에서 중요한 역할을 차지하고 있다. 애플, 구글, 아마존, 메타(옛 페이스북), 퀄컴, 시스코, 비자, 스타벅스 등 미국의 대기업들이 여기에 해당한다. 미국의 5대 기업에 대하여 1975년(IBM, Exxon, P&G, GE, 3M)과 2018년(애플, 구글, 마이크로소프트, 아마존, 메타)을 비교해 보면 유형자산은 6,000억 달러에서 4조 달러로 6.7배 증가한 데 반해 무형자산은 1,200억 달러에서 21.0조 달러로 무려 175배나 폭증했다.

재무제표에는 기업의 인수·합병(M&A) 등 특수한 상황에서만 무형자산을 계상하도록 하고 있다. 하지만 시장에서는 재무제표에 반영되지 않은 무형자산의 중요성을 인식하고 주가에 반영하고 있다. 애플이 단순하게 PBR이 40배를 넘나든다고 해서 고평가라고 단정할 수 없다. 조너선 해스컬(Jonathan Haskel)의 『자본 없는 자본주의(Capitalism without Capital)』(2018)의 제목만으로도 무형자산의 중요성을 극명하게 역설하고 있다.

시장에서는 무형자산 중 재무제표에 계상되지 않은 브랜드 가치를 특히 중시하고 있다. InterBrand와 JP Morgan이 글로벌 기업을 대상으로 조사한 공동 연구에 따르면, 브랜드 가치가 주주가치(shareholders value)에서 차지하는 비중은 38%로 나타났다. 유형자산은 36%, 브랜드 이외의 무형자산은 26%로 브랜드 가치를 포함한 무형자산이 주주가치의 거의 3분의 2인 64%를 차지한 것으로 분석되었다.[3] 세계 최대 규모의 브랜드 컨설팅 회사인 미국의 InterBrand가 발표한 2022년 글로벌 브랜드 순위에 따르면, 애플이 1위로 브랜드 가치가 4,822억 달러로 미국 기업이 상위 20대 기업 중 15개를 차지하고 있다.

애플은 고평가되고 삼성전자는 저평가된 것일까

2022년 말 기준으로 애플은 시가총액은 2조726억 달러(약 2,618조 원), 순자산은 567억 달러(약 72조 원)로 PBR은 36.6배다. 시가총액보다 순자산이 너무 작고, 다시 말해 순자산보다 시가총액이 엄청나게 높다.

애플은 최근 10년간(2013~2022 회계연도) 5,905억 달러의 누적 순이익을 거둬 배당으로 1,294억 달러, 자사주 소각으로 5,532억 달러를 사용했다.[4] 순이익 대비 주주환원이 115.6%로, 벌어들인 순이익을 자산으로 유보하지 않고 전부 배당과 자사주 소각에 사용했다.

삼성전자는 최근 10년간(2012~2021 회계연도) 289.2조 원의 누적 순이익을 거둬 배당으로 67.8조 원, 자사주 매입으로 23.1조 원을 사용하여 순이익 대비 주주환원이 31.4%를 나타냈다.[5] 삼성전자는 엄청난 설비투자를 지속해야 하는 IT 제조회사이지만 애플은 제조는 아웃소싱하고 디자인과 설계에 중점을 둔 지식기반 플랫폼 회사다. 두 회사는 기본적으로 사업구조가 달라 PBR이 차이가 날 수밖에 없다.

삼성전자는 미래 투자를 위한 이익 유보로 순자산(분모)이 커서 PBR이 낮다. 반면 애플은 제조 아웃소싱과 높은 영업이익률을 바탕으로 작은 순자산(분모)으로도 경영이 가능하며, 배당과 자사주 소각 등 엄청난 주주환원을 통해 주가(분자)를 견인하여 PBR이 높다. 2022년 말 기준으로 삼성전자의 순자산은 애플보다 약 5배나

　　　　　　　　　　증권시장, 고정관념을 깨다

많지만 시가총액은 애플의 14.2%에 불과하다. 반대로 애플의 순자산은 삼성전자의 20.2%에 불과하지만, 시가총액은 삼성전자보다 7.0배나 많다. 결국 애플이 삼성전자보다 PBR이 33배나 높다.

국가별로 증권시장의 여건, 상장기업의 업종·성장성·수익성·배당성향, 재무제표에 포함되지 않은 무형자산의 가치 등이 다를 수밖에 없다. 분자인 주가는 미래를 반영하고 있다. 게다가 '보이지 않는 세상(무형자산)'도 반영하고 있다. 분모인 순자산은 '보이지 않는 세상'은 반영되지 않는다. 주주환원이 많은 회사는 돈이 회사 호주머니(자산)에 있지 않고 투자자 호주머니에 있다.

낮은 PER은 코리아 디스카운트의 반증일까

해외 주요국에 비해 낮은 주가수익비율(PER)을 근거로 국내 증시가 저평가되고 코리아 디스카운트가 존재한다는 주장은 기정사실화되어 왔다. 증권거래소는 2023년 5월 2일 종가 기준으로 2022년 결산 재무제표를 반영한 코스피200 지수의 PER은 11.3배로 선진국의 약 63% 수준에 불과하고 신흥국보다도 낮은 수준이라고 발표했다. 미국 20.4배, 일본 16.3배, 영국 11.0배, 선진국(23개국) 17.9배, 중국 13.7배, 인도 23.6배, 대만 12.6배, 신흥국(24개국) 12.5배로 나타났다.[6]

이는 과거 실적 기준 PER로 해마다 변동 폭이 크고, 국가 간 변동 폭 편차도 상당하다. 무엇보다도 순이익(분모)은 과거 수치고 주가(분자)는 미래를 반영하고 있어 지표 자체로도 한계가 있다. 따라서 과거 실적 기준 PER로 국가별 주가 수준을 비교 평가하는 것이 타당한지 의문이다. 선행 PER 또한 한계가 있긴 마찬가지다.

애널리스트의 낙관적 편향이 신뢰성을 떨어뜨린다

주가지수 선행 PER은 상장회사 시가총액을 애널리스트가 추정한 상장회사 순이익 총액으로 나눈 비율이다. 시가총액(분자)은 수많은 투자자의 거래로 결정된 주가를 토대로 산정된다. 다시 말해 시장이 결정한 수치다. 반면 순이익 추정치(분모)는 코스피200 지수 구성 개별종목에 대해 증권사 애널리스트들이 예측한 추정치를 평균한 컨센서스(consensus)를 기준으로 산출된다. 우리나라 선행 PER을 산출하는 에프앤가이드(FnGuide)에 따르면 20여 개 증권사가 제출한 추정치가 컨센서스가 된다. 결국 순이익 추정치는 소수 전문가가 예측한 수치다.

SK증권 애널리스트는 흥미로운 분석을 통해 코리아 디스카운트에 의문을 제기했다.[7] 2008~2019년 기간 동안 S&P500, 코스피200, 신흥국 지수를 구성하는 상장회사 순이익의 연초 추정치, 연말 추정치, 실제 확정치를 비교 분석하였다. S&P500 순이익 전망치는 연초 이후 연말까지 크게 상향되거나 하향 조정되지 않고 대체로 안정적이다. 반면 신흥국은 추정치 변동 폭이 크고, 우리나라는 신흥국보다 변동성이 더 심하다. 우리나라는 12개년 중 연초 전망치가 하향 조정된 해가 8개년, 상향 조정된 해가 3개년, 나머지 한 해는 변동이 거의 없는 경우로 나타났다. 다시 말해 연초에는 대체로 낙관적으로 예상하다가 시간이 흐르면서 추정치가 하향 조정되는 현상이 두드러졌다.

연초 대비 연말 추정치가 하향 조정된 8개년의 평균 하향 조정률은 21.0%로 나타났다. 예를 들어 연초 순이익 전망치를 100조 원으로 예측했는데 시간이 흐르면서 추정치가 낮아져 연말 추정치가 연초 대비 21% 하향 조정된 79조 원이 되었다는 의미다. 연초 전망치 대비 확정치를 비교하면 8개년의 평균 오차율은 33.7%로 더 확대된 것으로 나타났다. 연말까지 하향 조정된 추정치보다 다음 해 3월 말 사업보고서를 통해 공시되는 확정치가 더 낮아졌다. 바꿔 말하면 확정치보다 연초 전망치가 평균 58.1%나 부풀려진 것이다.

글로벌 금융위기가 발생한 2008년을 제외하고 오차가 가장 컸던 해는 2019년이다. 연초에 145.0조 원으로 순이익을 전망했는데 연말에는 88.5조 원으로 연초 대비 39.0% 하향 조정되었다. 다음에 발표된 확정치는 71.0조 원으로 연초 전망치 대비 51.0%나 감소한 수치다. 다시 말해 연초 전망치는 확정치보다 104.2%나 높아 그야말로 두 배나 뻥튀기된 추정치가 돼버렸다. 2011~2017년 7년 동안 계속해서 실제 확정치가 100조 원을 밑돌았음에도 연초 전망치는 계속해서 100조 원 이상 제시되어 외국인의 웃음거리가 되기도 했다.

우리나라는 연초에는 전망치를 높게 제시하다가 시간이 흐르면서 계속 하향 조정되고 실제 확정치는 더 낮은 소위 '낙관적 편향'의 전형적인 모습을 보여줬다. 물론 우리 시장은 세계 경기 영향을 많이 받는 경기민감 업종이 거의 절반을 차지하고 있어 이익 예측이 어렵다고 한다.

하지만 낙관적 편향은 부인할 수 없는 현상으로 선행 PER 지표의 신뢰성을 떨어뜨린다. 즉, 애널리스트들의 낙관적 편향으로 이익 전망치(분모)가 부풀려져 결과적으로 선행 PER이 낮아질 수밖에 없다. 낮아진 선행 PER로 해외 주요국과 비교하여 국내 증시가 저평가되었다는 결론이 타당한지 의문이다.

저자는 본인이 애널리스트이면서도 "코리아 디스카운트의 진짜 원인은 코스피 실적 추정치의 변동성이 큰 것이라고 볼 수 있다"라고 진단했다.

참고로 JP모건자산운용 자료에 따르면, 최근 26년간(1996~2021

년) S&P500의 주당순이익 전망치를 과대 추정한 평균 오차율은 연초에는 +5.5%이며 4분기에 가면 +0.1%에 불과하다. 반면 우리나라의 12년간(2008~2019년) 연초 평균 오차율은 미국보다 7배나 높은 +38.3%로 '낙관적 편향'이 심한 것으로 나타났다.

이를 뒷받침하듯, 2008~2022년 15년간 이익 확정치가 반영되는 매년 5월 2일 발표된 PER 평균을 계산해 보면 14.8배(최저 11.1배 최고 26.1배)가 나온다. 증권거래소 발표에 따르면 2011~2020년 10년간 평균 선행 PER이 10.6배로 나타났는데, 이 수치는 애널리스트들의 낙관적 편향 때문에 낮아진 수치가 아닌지 의심스럽다.

상장회사의 사업구조, 수익성, 성장성이 다르다

삼성전자, TSMC, 애플을 비슷하게 평가할 수는 없다. 2023.9월 말 기준 시가총액은 삼성전자는 453조 원(3,329억 달러)으로 한국거래소 1위, TSMC는 4,507억 달러(613조 원)로 뉴욕증권거래소 4위, 애플은 2조 6,767억 달러(3,643조 원)로 나스닥 1위 회사다. 애플의 시가총액은 삼성전자의 8.0배, 우리나라 시장 전체의 1.5배에 달한다.

2021~2022년 최근 2년간 영업이익률은 TSMC와 애플이 삼성전자보다 두 배 이상 높다. 자기자본이익률(ROE : Return on Equity)은 TSMC는 삼성전자보다 두 배 이상 높고, 애플은 배당과 자사주 소각으로 자

기자본이 적어 삼성전자보다 거의 10배 이상 높다. PBR은 삼성전자보다 TSMC는 3배 이상 높고 애플은 30배 이상 높다. PER은 2021년 말에는 예상과 달리 세 회사 간에 차이가 크지 않았으나, 2022년 말에는 차이가 확대되어 애플은 삼성전자보다 두 배 이상 높다.

간략히 살펴본 재무비율만 보아도 삼성전자가 TSMC나 애플과 비슷하게 평가받기 어렵다. 2022년 말에는 PBR이나 PER의 차이가 더 확대되었다. 주가는 미래를 반영하고 있다. 시장은, 즉 많은 투자자는 2023년 삼성전자의 실적이 상대적으로 좋지 않을 것으로 보고 있다는 의미다.

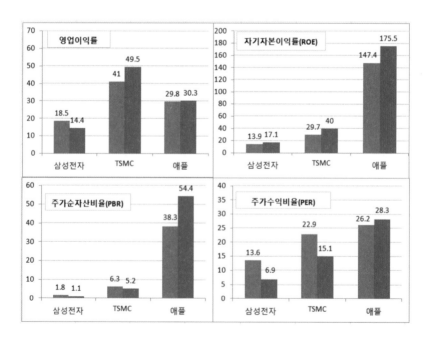

증권시장, 고정관념을 깨다

삼성전자의 PBR과 PER이 왜 낮은지 불만을 제기하는 것은 시장의 생리를 모르는 거나 마찬가지다. 기본적으로 거래되는 물건이 다르고 품질도 다르다. 더욱이 거래하는 시장과 투자자가 다르기도 하다. 쉽게 말해 사고파는 장소와 고객이 다르다. 하지만 무엇보다 중요한 것은 사업구조, 수익성, 성장성이 다르다는 점이다.

만약 삼성전자가 미국에도 상장되었다면 아마 조금 높은 가격으로 거래될 가능성도 있다. 하지만 본질은 회사의 수익성과 성장성이다. 기업이 이익을 많이 내고, 계속해서 이익이 증가하는 경우 높은 평가를 받는다.

증권시장마다 상장된 회사가 다르다. 다른 회사라 다르게 평가받고 주가 수준도 다를 수밖에 없다. 전 세계 유수의 기관투자가가 주로 거래하는 뉴욕시장이 신흥국 시장보다 주가 관련 지표가 높은 것은 어쩌면 당연하다. 상장회사의 수익성과 성장성도 우수하여 더더욱 그렇다.

주가가 낮은 데는 다 이유가 있다

언론보도에 따르면, 2022년 9월 세미나에 외국인 기관투자가를 대표해 참석한 외국계 증권사 임원은 "내부 분석으로도 한국 시장은 주요 선진국보다 40%가량, 신흥국이랑 비교해도 20% 정도 디스카운트 요인이 있고 이런 상황이 10년 가까이 지속되고 있다"라며 "그 원인은 주당 이익 성장률, 기업이익 변동성, 그리고 기업지배구조 문제로 분석했다"라고 말했다고 한다.

국내기업의 성장성이 낮고 이마저도 수익성이 들쭉날쭉하다는 지적은 정곡을 찌른다. 그래서 기업가치가 낮고 주가가 낮다는 의미다. 2023.5월 기준으로 우리나라 상장회사 자기자본이익률은 주요국에 비해 낮다. 주요국의 ROE를 비교해 보면, 미국 20%, 선진국(미국 제외) 12.3%, 신흥국 12.0%, 중국 11.6%인데, 우리나라는 7.2%로 낮다.[8] 2005.1월에 비해 미국은 4.5%포인트(p) 증가한 반면, 우리나라는 10.4%포인트(p) 감소했다. 결국 수익성과 성장성이 핵심이다.

우리 시장이 제값을 받지 못하고 저평가되어 코리아 디스카운트가 존재한다는 주장은 동의하기 어렵다. 지금까지 살펴본 바와 같이 PBR이나 PER 지표를 통해 국가 간 주가 수준을 비교 평가하는 것 자체가 다분히 한계가 있다. 게다가 상장된 회사가 다르고, 시장도 다르고, 투자자도 다르다. 재무제표는 회사의 상태와 실적을 표시하는 가장 중요한 자료지만, 과거의 수치고 '보이지 않은 세상'을 담아낼 수 없다. 우리나라 애널리스트의 낙관적 편향 현상도 무시할 수 없다. 지표는 시점에 따라 다르고 변동 폭도 크다.

코리아 디스카운트는 기업가치는 비슷한데 주가가 낮아 제값을 못 받고 저평가되어 있다는 의미다. 우리나라 상장기업이 유달리 제값을 못 받고 있는지는 알 수 없다. 수익성이나 성장성이 낮아 기업가치가 낮고 그래서 주가가 낮은 것은 아닌지 냉정하게 따져 볼 일이다.

기업가치와 주가는 결국 기업의 수익성과 성장성에 달려있다. 기업의 노력이 가장 중요하다는 얘기다. 아울러 그간 우리 증시의 문제로 지적되고 있는 배당성향, 기업지배구조, 회계 투명성, 소액주주 보호 등의 개선을 위해 정부와 기업이 함께 노력해야 한다는 점은 두말할 나위가 없다.

미스터 마켓은 때론 쏠림현상으로 급등하거나 급락하기도 하여 고평가되거나 저평가되기도 한다. 하지만 '시장은 항상 옳다'는 견해도 있다. 시장이 효율적이라기보다는 시장 참여자의 생각이 잘 반영되어 있다는 의미로 보인다. 모든 지표는 다분히 한계가 있기 마련이다. 고정관념에 사로잡히면 중요한 것을 놓치기 쉽다. 비판적인 사고와 다양한 분석이 필요한 대목이다.

21

버핏지수는
고평가 척도로 타당할까

2021년 연초부터 코스피 지수가 사상 최초로 3,000선을 돌파하면서 주가 고평가 논란이 벌어졌다.

코로나 사태로 주가가 폭락한 지 1년도 채 되지 않아 저점 대비두 배 이상 급등하여 시장은 그야말로 축제 분위기였다. 하지만팬데믹 지속으로 경기는 회복되지 않았고 더욱이 중소기업, 자영업자, 서민의 체감경기가 최악인 상황에서 주가만 사상 최고치를기록한 것이다. 주가가 아무리 미래 기대감을 반영한다고 할지라도 너무 많이 오른 게 아닌지, 게다가 돈의 힘으로 밀어 올린 거품이 아닌지 우려가 커졌다.

증권시장, 고정관념을 깨다

주가 고평가 척도 버핏지수를 소환하다

주가 고평가 여부를 판단하는 지표로 널리 알려진 버핏지수(Buffett Indicator)가 100%를 돌파하여 사상 최고치로 치닫자 국내 언론은 앞 다투어 이를 보도했다. 미국 주가도 사상 최고치를 계속 경신하자 해외언론과 투자업계에서도 버핏지수를 소환하며 고평가 논란에 불을 지폈다.

버핏지수는 국내총생산(GDP) 대비 시가총액 비율로 대체로 100%를 기준으로 그보다 낮으면 저평가, 높으면 고평가로 판단한다. 워런 버핏은 2001년 포춘(Fortune)지 공동 기고에서 "주가 수준을 판단할 수 있는 아마도 가장 좋은 단일척도(probably the best single measure of where valuations stand at any given moment)"라고 말했다. 버핏지수는 단순하여 이해하기 쉽고 큰 흐름을 판단하는데 그럴듯해 보인다. 하지만 주가 고평가 여부를 판단하는 지표로서 타당한지 의문이며, 지표 자체로도 한계가 있다.

본디 자본시장 발전 정도를 판단하는 지표다

GDP 대비 시가총액 비율(이하 간단히 '시총비율'이라 함)은 본디 감독당국이나 학계에서 국가별 자본시장 성숙도를 평가하는 지표로 활용한다. 지표의 의미를 곱씹어 봐도 한 국가의 경제규모에 비하여 주식시장이 어느 정도 성장하고 발전했는가를 측정하는 지표로 이해하는 게 합리적이다. 채권시장 발전 정도를 평가할 때도 같은 맥락으로 GDP 대비 채권발행잔액 비율을 활용할 수 있다.

미국은 은행보다는 자본시장을 중심으로 금융이나 경제가 운영되어 자본시장이 가장 발달한 나라다. 미국의 시총비율은 2021년 말 199.0%로 다른 나라에 비해 높다.[1]

기업을 창업하고 성장하는 과정에서 은행 대출보다는 벤처캐피탈 투자를 받거나 자본시장을 활용한다. 신용평가와 회계감사를 받고 기업공개(IPO)를 거쳐 대규모 자금을 조달하고 증권시장에 상장하여 거래된다. 우리나라와 달리 대부분 지주회사가 상장되므로 모든 자회사가 한꺼번에 상장되는 형태다.

일반대중은 주로 상장주식이나 뮤추얼펀드에 투자하여 재산을 증식하고 퇴직연금을 관리한다. 상업은행보다는 투자은행(증권회사)과 자산운용회사 등 금융투자산업이 시장에서 적극적인 역할을 수행한다. 이렇듯 자본시장 중심(Market-based Financial Structure)의 경제체제는 경제와 자본시장이 함께 성장하고 발전하여 시총비율이 당연히 높을 수밖에 없다.

반면 주로 은행을 통해 저축하고 자금조달이 이루어지는 은행 중심(Bank–based Financial Structure)의 경제체제 국가인 독일(60.4%)은 미국보다 시총비율이 훨씬 낮다. 더욱이 독일은 많은 비상장 중소기업이 경제의 근간을 이루고 있기도 하다. 일본(135.1%)은 독일과 비슷한 금융산업 구조를 보이지만 시총비율은 상당히 높은 편이다.

싱가포르(179.1%)나 홍콩(1,422.9%)은 도시국가(지역)로 경제규모는 작지만, 국제금융중심지로 자본시장이 매우 발달하여 시총비율이 굉장히 높다. 특히 홍콩은 알리바바, 샤오미, 텐센트, 바이두 등 중국 빅테크기업과 홍콩상하이은행(HSBC), 중국공상은행 등 초대형 해외은행과 중국 국영은행이 상장되어 있어 시총비율이 다른 나라와 비교할 수 없을 정도로 높은 수준이다. 중국(73.2%), 브라질(51.5%), 러시아(45.2%), 인도네시아(45.4%)와 같은 개발도상국은 은행 중심으로 금융시장이 운영되고 자본시장이 충분히 발달하지 않아 시총비율이 낮다.

상장회사와 비상장회사의 비중이 크게 다른 경제구조일 경우 시총비율도 크게 달라진다. 예를 들어 비상장회사가 많은 독일(60.4%)보다 상장회사가 많은 스위스(292.7%)의 시총비율이 무려 다섯 배나 높다.

이를 두고 미국, 싱가포르, 홍콩, 스위스는 주가가 고평가되었고 독일이나 중국 등 개도국은 저평가되었다고 판단하는 것은 번 지수가 틀려도 한참 틀린 것이다.

극단적인 예로 사우디아라비아는 2019.12월 초대형 국영 석유 기업인 아람코(Aramco)가 기업공개를 통해 상장했다. 사우디는 전 세계 자본시장에서 차지하는 위상이 미미하였으나, 아람코 상장 (당시 시가총액이 1조 8,800억 달러)으로 시가총액 기준으로 단번에 전 세계 7위로 부상하였다. 시총비율도 그전에는 100% 수준을 보이다가 아람코 상장 후 300%로 급등하였다. 아람코의 시가총액은 사우디 GDP의 두 배로 당시 최대 시가총액 회사 애플(1.2조 달러)을 추월하 였다. 이를 두고 사우디 주가가 곧바로 고평가되었다고 단정하는 건 그야말로 어불성설이다.

이처럼 시총비율은 자본시장의 발전 정도를 평가하는 척도로 삼는 것이 타당하다. 이 또한 하나의 참고지표이며 경제와 자본시 장 상황을 종합적으로 비교 평가하는 것이 바람직하다.

버핏지수는 역사적으로 우상향한다

한 국가의 버핏지수를 역사적인 시계열로 분석하여 고평가 여 부를 판단하는 것도 나름대로 일리 있어 보이지만, 이 또한 한계가 있다. 지난 50년간 미국의 버핏지수의 흐름을 보면 등락을 거듭하지만 대체로 우상향하는 모습이다. 민간부분의 지속적인 성장과 금리하락 추세에 따른 유동성 증가로 GDP보다 주식시장의 성장세가 빠르다.

그동안 버핏지수는 네 차례 정점을 찍은 후 급락한 경험이 있다. 1972년 82%까지 상승하다가 오일쇼크로 경기가 침체하여 1974년 37%로 급락했다. 2000년 143%까지 상승하다가 닷컴버블이 붕괴하면서 2002년 71%로 급락했다. 2007년 107%까지 상승하다가 서브프라임 모기지 사태로 미국발 글로벌 금융위기가 발생하여 2008년 56%로 급락했다. 코로나19 사태 이후 금리 인하와

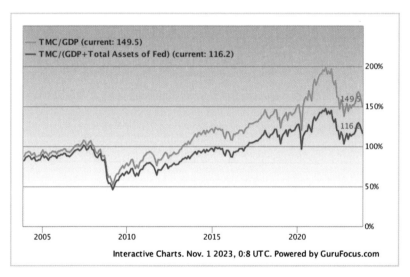

(출처 : GuruFocus)

유동성 확대로 2021년 200%까지 상승하다가 인플레이션에 따른 공격적인 금리 인상과 경기둔화로 2022.9월말 139%로 급락했다.

2000년과 2021년 당시 버핏지수가 급등하여 고평가 논란이 있고 난 뒤 그 다음 해 때마침 주가가 폭락하였다. 2021년은 이미 2013년부터 100%를 상회한 후 9년간 100% 밑으로 떨어지지 않고 지속해서 상승했다. 2020.3월 코로나 팬데믹으로 전 세계 증시가 급락한 때도 120% 선이었다. 2022년 우크라이나 전쟁이라는 돌발 변수까지 겹치고 전무후무한 인플레이션으로 미국 중앙은행이 실수를 만회하듯 공격적인 금리인상을 거듭하면서 증시가 급락했다.

2022년의 주가 급락은 코로나 사태 이후 금리 인하와 유동성 확대로 주가가 급등하면서 버핏지수가 추세적 평균인 120%를 크게 상회한 200%까지 치솟는 등 주가가 고평가된 데서 비롯된 경우로 볼 수 있다. 하지만 우크라이나 전쟁사태, 예기치 못한 하이퍼인플레이션(hyperinflation), 40년 만에 처음 경험하는 중앙은행의 때늦은 금리인상 폭거(?)로 주가 급락을 촉발했다는 분석도 많다.

버핏지수는 그냥 경험칙 정도로 참고하면 무방하다

주가가 과연 고평가된 것인지, 또 고평가되어 급락한 것인지를 판단하기 쉽지 않다. 버핏지수가 100% 선을 넘을 때 고평가된 것인지, 그리 오랫동안 고평가 영역에 있었던 것인지 단정하기 어렵다. 최근 버핏지수가 추세적 평균치를 웃도는 150% 수준인데 아직도 고평가된 것일까?

이렇듯 주가 고평가 여부를 단순하게 버핏지수 100%를 기준으로 두부 자르듯이 판단하는 것은 일반대중에게는 단순하여 이해하기는 쉽지만, 위험하고 무책임하다. 추세적 평균에서 벗어난 경우에도 사전에 고평가 여부를 판단하는 것은 어려운 일이다.

워런 버핏이 불세출의 투자 영웅으로 추앙받아서인지 언론은 버핏지수를 전가의 보도처럼 증시과열 지표로 보도하곤 한다. 인터넷에서나 유튜브에서도 너나 할 것 없이 버핏지수를 언급한다. 하지만 워런 버핏도 지표가 단순하여 한계가 있음을 인정했다. 지표 자체의 의미나 한계 때문에 고평가 여부를 판단하는 지표로서 타당한지도 의문이다. 그냥 경험칙(rule of thumb) 정도로 참고하면 무방할 듯싶다.

최근에는 스마트폰으로 눈 깜짝할 사이에 주식을 거래해서 상상할 수 없는 풍경이지만 예전 시골 사람들은 "TV에서 증권회사 객장에 주부들이 북적거리며 난리라는 뉴스가 나오면 주가가 천

정이고, 주식투자로 손해를 봐 자살했다는 뉴스가 나오면 바닥이다"라고 말하곤 했다. 우스갯소리로 들리지만, 그들 나름의 경험칙으로 크게 틀리지 않는다.

주가 고평가 여부에 대해서 국가별 경제상황과 자본시장 여건을 고려하지 않고 단순하게 버핏지수로 판단하는 것은 부적절하고 위험하다. 그만큼 주가 고평가 여부를 판단하는 지표로 타당한지 의문이며, 측정 단위나 범위가 다른 두 데이터를 비교하여 지표 자체로도 한계가 있다.

주가가 고평가된 것인지 판단하는 분석기법은 다양하다. 하지만 나름대로 다 한계가 있어 비판적인 사고를 갖고 잘 톺아봐야 한다. 더욱이 특정 지표를 금과옥조로 삼을 필요는 없다.

증권시장, 고정관념을 깨다

22 금리가 오르면 주가는 내릴까

시장은 그야말로 생물이다. 다양한 요인이 영향을 미친다. 새로운 변수가 어디서 어떻게 튀어나올지 모른다. 영향도 일정하지 않고 예측하기도 어렵다.

국내의 인플레이션·금리인상·수출둔화·무역적자·환율급등, 미국의 인플레이션·금리인상, 코로나 사태, 러시아의 우크라이나 침공, 북한의 미사일 발사, 일부 해외은행의 유동성 위기, 최근에는 중동사태까지 예측하기 어려운 다양한 요인이 시장에 영향을 준다.

이 가운데 핵심 금융지표인 금리와 환율이 주가에 어떠한 영향을 미치는지 이해하는 것은 매우 중요하다.

시장은 미리 금리향방을 전망하고 움직인다

중앙은행의 금리 인하 또는 인상 조치는 시장을 움직이는 중대한 변수다. 하지만 중앙은행이 금리를 변경하기 전에 전문가나 시장참여자의 전망이 시장에 전달되고 주가에 영향을 미친다.

미국은 금리선물 가격에서 산출된 금리변동 확률이 시시각각 제시되고 있다. 예를 들어 2023.10.31. 현재 다음 미국 중앙은행 FOMC 회의(2023.12.13)에서 정책금리가 동결될 확률 72.1%, 0.25% 포인트(p) 인상될 확률 26.7%이라는 데이터가 증권시장에 반영되고 있다. 시카고상품거래소(CME)는 FedWatch Tool을 통해 CME에서 거래되는 30일물 연방기금(fed fund) 선물가격에서 정책금리 변동 폭과 확률을 계산해 낸다. 선물가격에 금리변동에 대한 시장의 예상이 반영되어 있다고 본다.

우리나라는 설문조사를 통해 집계된 전문가 전망이 발표되고 있다. 예를 들어 2023.10.17. 금융투자협회 보도자료에 따르면, "응답자의 90%(직전 92%)는 10월 금융통화위원회에서 기준금리가 동결될 것으로, 10%(직전 8%)는 0.25%포인트(p) 인상될 것으로 응답하였다"라고 밝히고 있다. 시장의 예상대로 2023.10.19. 한국은행 금융통화위원회는 기준금리를 동결하였다.

증권시장, 고정관념을 깨다

(출처 : 2023.10.31. CME Group FedWatch)

시장은 중앙은행의 금리인상 향방을 예측하고 미리 움직이고 있다. 실제로 중앙은행이 당초 예상대로 금리를 결정하고 금리 향방 메시지를 내놓으면 시장은 크게 영향을 받지 않는다. 하지만 예상과 다른 금리 결정이나 메시지가 나오면 새로운 정보가 시장에 영향을 미친다

금리가 상승할 때 주가가 오르는 경우가 많다

보통 '금리가 상승(하락)하면 주가는 하락(상승)한다'라고 말한다. 이론적으로 배당할인모형에 따르면, 주가는 배당금 등 미래 현금 흐름에 할인율을 적용한 현재가치다. 할인율이 곧 금리이므로 금

리가 상승하면 미래 현금흐름의 현재가치가 감소하여 주가가 하락한다는 본다. 한편으론 자산대체효과 모형에 따르면, 금리가 오르면 채권이 그만큼 싸지고 기대수익률이 높아져 주식투자 수요가 채권투자 수요로 이동하여 주가가 하락한다는 본다.

하지만 이는 어디까지나 이론적인 설명이고, 현실은 경제 상황에 따라 영향이 다르다. 더욱이 시장은 환율, 경기, 물가, 기업이익, 국제정세 등 여러 가지 요인이 복합적으로 영향을 미쳐 투자자들의 매수·매도에 의해 결정되는 생물이다. 단정적으로 이해하는 것은 바람직하지 않다.

경기가 회복하는 과정에서 금리상승은 악재로 작용하지 않고 오히려 기업의 매출과 이익이 증가할 것으로 기대하여 주가가 상승하는 경향이 있다. 즉, 경기 회복기에는 금리와 주가가 동반 상승하는 추세를 보인다.

미국의 경우 2004~2007년 경기가 호황이면서 물가는 안정된 소위 '신경제(new economy)' 기간 동안 금리와 주가가 동반 상승하였다. 2004.6~2006.6월 약 2년 동안 정책금리는 1.25%→5.25%로 4%포인트(p) 급등하였으나 S&P500지수는 2003.9~2007.10월 약 4년 동안 54% 상승하였다.

우리나라도 2005.9~2007.7월 약 2년 동안 기준금리는 3.25%→5.00%로 1.75%포인트(p) 인상되었지만, 미국의 신경제, 중국의 경기호황 등으로 KOSPI 지수는 58% 상승하였다.

Thomson & Reuters 분석에 따르면, 1987~2017년까지 약 30년 동안 미국의 금리와 S&P500지수와의 상관관계가 1997~1999년 기간은 음(-)의 상관관계가, 2000~2017년 기간은 양(+)의 상관관계가 있는 것으로 나타났다. 양(+)의 상관관계는 금리가 오르고(내리고) 주가도 오르는(내리는), 즉 금리와 주가가 같은 방향으로 움직이는 관계를 의미한다. 음(-)의 상관관계는 금리가 오르고(내리고) 주가는 내리는(오르는), 즉 금리와 주가가 반대 방향으로 움직이는 관계를 의미한다.

Truist 투자자문회사 분석자료에 따르면, 1950년 이후 중앙은행 Fed의 열두 차례의 금리인상 기간 동안 S&P500지수는 열 한차례 상승세를 보이고 연평균 +9.4%의 수익률을 기록했다. 한 차례 손실이 발생한 시기는 석유 파동으로 심각한 경기침체를 겪었던 1972~1974년 기간, 즉 금리인상과 경기침체가 동시에 나타난 시기로 마이너스 (-)8.6% 수익률을 기록했다.

보통 경기가 위축될 때 금리가 인하되고 경기가 과열될 때 금리가 인상되므로 금리가 인상되더라고 경기가 좋아 주가는 오히려 상승하는 경향이 있다. 하지만 물가가 상승하여 금리가 인상되고 경기가 침체한 상황에서는 주가가 하락하는 경향이 있다.

금융연구원 분석에 따르면, 1989.8~2007.6월 경기 순환주기에 따라 금리상승 영향이 다르게 나타났다.[1] 경기를 회복기, 확장기, 후퇴기, 수축기로 구분하면 경기 회복기와 후퇴기에는 금리와 주가가 양(+)의 상관관계가 자주 나타났다. 경기 회복기(72개월) 동안 전월 대비 월평균 금리가 0.04%포인트(p) 오를 때 주가는 1.8% 상승하였다. 후퇴기(39개월) 기간 동안 금리가 0.15%포인트(p) 내릴 때 주가도 1.85% 하락한 것으로 나타났다. 주가는 경기에 선행하여 기업이익의 변동을 반영한다. 기업의 자금수요 변화, 통화당국의 정책기조 변경 시차 등으로 금리가 경기에 후행하면서 금리와 주가가 양(+)의 상관관계를 보인다.

금리와 주가가 음(-)의 상관관계를 보이기도 한다

대한경영학회지 논문에 따르면, 2000~2012년 기간 동안 국내 기준금리 인상 10회, 인하 5회 총 15회 조정에 대해 국내 기준금리 조정과 주가지수와의 관계를 분석해 본 결과 이론적인 설명대로 음(-)의 관계로 나타났다.[2]

삼성증권 분석에 따르면, 미국의 경우 장기적으로 지난 50년간

증권시장, 고정관념을 깨다

(1971~2021) 금리와 주가는 음(-)의 상관관계가 뚜렷하지만 2012~2019년 기간에는 양(+)의 관계가 매우 강하게 나타났다.[3] 경기요인과 물가요인 중에 어떤 요인이 강하게 작용하느냐, 즉 시장 관심의 핵심이 무엇이냐에 따라 금리와 주가는 동행(+)하기도 하고 역행(-)하기도 한다. 경기가 상승하면 금리와 주가가 같이 오르고, 물가가 상승하면 금리는 오르고 주가는 떨어진 것으로 나타났다. 2022년에는 40년 만에 기록적인 초인플레이션(hyperinflation)으로 인플레이션 변수가 시장의 가장 큰 관심사였다. 금리가 상승하고 주가는 하락하는 음(-) 상관관계를 보여준 시기다.

환율이 상승하면 주가가 상승할까

원/달러 환율은 달러값이다. 환율이 상승하는 것은 달러값이 오르고 반대로 원화가치는 떨어지는 것이다. 환율이 급등하는 것은 달러값이 급등하고 원화가치는 급락하는 것을 의미한다. 쉽게 말하자면, 우리나라 경제에 안 좋은 상황이 발생한 것으로 주가는 하락할 가능성이 크다.

환율이 급등한 시기를 생각해보면 쉽게 이해가 된다. 1997년 외환위기, 2008년 글로벌 금융위기, 2020년 코로나 사태, 2022년 미국의 공격적인 금리인상 등 위기 상황에서 환율은 급등하고 다시 말해 원화가치는 급락하고 주가는 폭락했다.

반대로 환율이 하락하는 것은 달러값이 떨어지고, 원화가치는 올라가고, 이는 우리나라 경제가 좋아진다는 얘기다. 무역의존도가 높은 우리경제가 좋아진다는 것은 미국과 중국을 비롯한 세계경제가 좋아진다는 의미다. 그래도 우리나라 경제가 더 좋아져 환율은 하락하고(원화가치는 상승하고) 대체로 주가는 상승한다. 이처럼 환율과 주가는 반대로 움직이는 경향이 있다.

대표적으로 2003.6~2008.4월 약 5년간 세계경제는 미국의 '신경제'와 중국의 경기호황으로 그야말로 허니문 시기였다. 금리는 오르고 환율은 떨어지고 주가는 상승하는 기간으로 주식시장으로서는 최고의 시기였다. 환율은 1,209원에서 1,000원을 밑돈 990원으로 약 18% 하락하면서 원화가 꾸준히 강세를 보였다. 원화가치는 22.1% 상승하였고, 코스피 지수는 633p에서 1,825p로 188% 상승하여 거의 3배나 뛰었다.

금융연구원 분석자료에 따르면, 1992~2008.6월 동안 환율과 주가는 경기국면과 관계없이 음(-)의 상관관계를 보이며 유의성도 높은 것으로 나타났다. 이처럼 환율과 주가는 대체로 음(-)의 상관관계를 나타낸다.[4]

증권시장, 고정관념을 깨다

환율과 주가는 상호 피드백 영향을 준다

환율이 주가에 영향을 미치는 일방적인 관계라기보다는 환율과 주가가 서로 영향을 미치는 상호 피드백(feedback) 영향을 주는 관계라는 분석이 많다. 환율은 주가와 동시에 움직인다고 이해하는 것이 합리적이다. 환율이 오른다는 것은 우리경제가 안 좋다, 수출보다는 수입이 많다, 외국인의 매수보다는 매도가 많아 순유출에 따른 달러 수요가 많다는 얘기다.

즉, 우리경제가 안 좋다는 얘기고, 그래서 주가가 떨어진다는 얘기다. '환율이 오르면 주가가 떨어진다'라고 이해하기보다는 '환율은 오르고 주가는 내리는' 동시적 현상으로 이해하는 것이 합리적이다.

은행의 외환 딜링룸에서도 주가를 쳐다보고, 증권사에서 회사 자금으로 투자하는 프롭데스크(prop desk)에서도 환율을 쳐다보고 거래한다. 외환시장이나 증권시장은 환율과 주가를 동시에 관찰하고 매매한다. 선후 인과관계라기보다는 상호 영향을 미치는 상호적 관계로 이해하는 것이 더 현실적이고 합리적이다.

외환시장(환율)과 증권시장(주가)의 상호작용은 외국인 주식투자 자금 유출입이 핵심적인 역할을 한다. 한국은행 논문에 따르면,

외국인 주식자금 유출입은 주가와 환율에서 발생한 충격을 서로에게 전달하는 역할을 할 뿐만 아니라, 외국인의 국내경제 펀더멘탈에 대한 정보 전달을 통해서 주가와 환율에 동시에 영향을 미치는 것으로 나타났다.[5] 2008년 글로벌 금융위기 이전에는 환율이 주가에 영향을 미치는 관계였으나, 글로벌 금융위기 이후에는 상호 피드백 영향을 주는 관계로 변화하였다는 분석도 있다.[6]

외국인이 환차익을 겨냥하여 주식을 매수하거나 환차손 때문에 매도한다는 설명을 자주 듣는다. 이는 주종(主從)이 바뀐 설명이다. 외국인의 주식투자는 주가 상승에 따른 차익(capital gain)이 주목적이며, 부수적으로 환차익도 겨냥한다. 외국인이 국내주식을 산다는 것은 국내 경제가 좋아지고 기업도 장사를 잘하여 이익을 많이 낼 것으로 예상하고 주식을 매수한다. 국내경제가 좋아지면 원화가치도 올라, 즉 환율이 떨어져 덤으로 환차익도 얻는 것이다.

주가에 대한 영향을 예측하는 것은 어려운 일이다

금융교육 과정에서 금리가 상승하면 주가는 하락한다고 단순하게 단정적으로 가르치는 경향이 있다. 경제라는 게 자연과학이 아니어서 정답이 있는 것이 아니다. 상황에 따라 영향이 달리 나타난다. 열린 자세로 복합적으로 이해할 필요가 있다. OX로 가르

증권시장, 고정관념을 깨다

치는 것은 적절하지도 타당하지도 않다. 금리 이외의 다른 변수들이 복합적으로 영향을 미쳐 주가가 상승하기도 하고 하락하기도 한다.

나아가 금리나 환율의 향방을 예측하는 것은 참으로 어려운 일이다. 변수들이 주가에 어떻게 영향을 미칠지 예상하는 것 또한 쉽지 않다.

금리를 관장하는 최고 정점에 있는 미국 중앙은행 제롬 파월 위원장에게도 예측은 어려운 일이다. 2021년 하반기 의회에 출석해 "인플레이션은 일시적(transitory)일 것"이라고 예상했는데, 이를 비웃기라도 하듯 인플레이션은 더욱 심해졌다. 'transitory'라는 단어는 미국 중앙은행 Fed의 '갈지(之) 자' 행보를 상징하는 단어가 돼버렸다.

23

외국인 투자자
그들은 핫머니인가

외국인 투자자, 그들은 누구일까? 핫머니일까, 헤지펀드일까, 경영권을 노리는 기업사냥꾼일까, 돈을 빼내 가는 먹튀 세력일까?

국내 증권시장 동향을 보도하면서 빠짐없이 등장하는 내용은 외국인이 얼마 사고 얼마 팔았다는 내용이다. 외국인이 주식을 대거 처분하여 주가가 급락했다거나 대량 매수하여 주가가 급등했다는 뉴스가 흔하게 나온다. 어떤 경우에는 핫머니라고도 하고, 헤지펀드 투기세력이라고도 하고, 한때는 달러 캐리 자금이라고도 하고 다양한 분석이 난무했다.

1992년 외국인에게 본격적으로 주식시장을 개방한 이후 벌써 30여년의 세월이 흘렀다. 그간 외국인은 IMF 외환위기, 2008년 글로벌 금융위기, 2020년 코로나 위기 등 국내외 경제가 큰 충격을

증권시장, 고정관념을 깨다

받을 때 국내주식을 대거 처분했다. 외국인은 지난 30여 년간 사고팔기를 반복했지만, 꾸준히 매수하고 장기 보유하여 2023.6월 말 현재 상장주식 691.7조 원, 전체 시가총액의 26.9%를 보유하고 있다. 그간 주가지수는 위기상황에서 폭락하기도 했지만 꾸준한 상승세를 보여(1991년 말 611p → 2023.9월 말 2,465.07p) 외국인은 많은 투자 이익을 얻었을 것으로 추정된다.

선한 투자자도 나쁜 투자자도 아니다

외국인은 다양한 투자그룹이다. 같은 날에도 매수하는 외국인도 있고 매도하는 외국인도 있다. 같은 종목에 대하여도 매수하는 세력도 있고 매도하는 투자자도 있다. 다들 그들 나름대로 국내외 경제, 시장 동향, 기업을 분석하고 투자전략에 따라 매매하는 것이다. 그들은 선한 투자자도 나쁜 투자자도 아니다. 쉽게 말해 전망이 좋으면 사고 안 좋으면 파는 것이다. 결국, 이익을 보려고 투자하는 투자자들이다.

일부 세력은 경제 전망과 관계없이 현물 바스켓(지수 구성 종목)을 사고 선물(옵션)을 팔거나, 현물 바스켓을 팔고 선물(옵션)을 사는 지수차익거래(index arbitrage)를 하기도 한다. 주식과 선물의 가격 차이가 정상적인 수준을 벗어났을 때 그 차익을 취하려는 투자기법으로 프로그램으로 대량 주문을 낸다. 쉽게 말해 삼성전자 주식을 전망이 좋아서 사는 투자자들도 있지만, 그냥 차익거래를 위해 사는 때도 있다. 2010.11.11. 도이치은행이 장 종료 동시호가에 2조 4천억 원의 대량 물량을 내던져 주가가 급락한 사건이 대표적인 사례이다. 또 롱숏(long-short)거래, 헤지(hedge)거래, 스왑(swap)거래 등 외국인 매매전략은 다양하다.

외국인 투자자 주류 세력은 누구일까

좀 더 구체적으로 외국인 투자자들의 실체를 그룹별로 살펴보자. 2023.6월 말 현재 국가별로 주식 보유현황을 살펴보면, 미국 41.0%, 영국 9.2%, 룩셈부르크 6.4%, 싱가포르 6.3%, 아일랜드 4.4%, 그다음으로 노르웨이, 캐나다, 네덜란드, 호주, 중국, 일본, 중동 국가들 순이다.[1]

먼저, 최대 투자국은 역시 미국이다. 전 세계 대부분의 자금을 주무르고 있는 미국의 주요 자산운용사들이 우리나라에도 투자하고 있다. 구체적으로는 BlackRock, Vanguard, Fidelity, State Street, Capital Group 등이 우리나라 주가지수를 추종하는 인덱스 펀드와 상장지수펀드(ETF), 개도국에 투자하는 이머징 펀드, 전 세계에 분산투자 하는 글로벌 펀드 등을 통해 국내 주식에 투자하고

증권시장, 고정관념을 깨다

있다고 보면 된다.

세계 최대 자산운용사이면서 ETF 운용회사인 BlackRock은 대표적인 ETF 브랜드인 iShares를 통하여, 구체적으로는 이머징 ETF와 한국주식 전용 ETF를 통하여 국내주식에 상당한 규모로 투자하고 있다고 보면 된다. 인덱스 펀드나 ETF는 주로 인덱스를 구성하는 대형 종목을 매매하는 패턴을 보인다. 펀드매니저가 경기전망에 따라 주식을 사고팔기도 하지만, 전 세계 기관과 개인투자자들의 매매(가입과 환매)에 대응하여 우리나라 주식을 사고팔기도 한다.

또한, 캘리포니아 공무원연금과 교직원연금(CalPERS, CalSTRS) 등 연기금도 전 세계 분산투자 차원에서 국내 주식에 투자하고 있다.

과거 흐름을 분석해 볼 때 미국 투자세력은 경기 흐름에 따라 지속해서 매수하거나 매도하여 소위 '밀물과 썰물'과 같은 중장기적인 매매행태를 보인다. 코로나 상황에서 미국 투자세력은 2020년 16.0조 원, 2021년 7.8조 원 2년간 23.8조 원을 순매도하여 외국인 전체 순매도의 거의 절반을 차지하였다.

다음으로 영국 투자세력은 전 세계를 주도하는 미국 유수 투자은행(증권회사)의 런던 현지법인과 영국의 금융그룹이 주류를 형성하며, 일부 펀드와 연기금도 가세하고 있다. 구체적으로는 JP Morgan, Morgan Stanley, Goldman Sachs, Merrill Lynch 등 미국계 투자은행의 런던 현지법인과 Barclays 등 영국계 금융그룹이 주축을 이루고 있다고 보면 된다.

이들은 주로 런던 씨티 본부 또는 홍콩 트레이딩 데스크에서 지수차익거래, 공매도 투자, 스왑거래, 헤지거래, 장세 급변에 대응한 적극적 매매 등 다양한 투자전략을 구사하는 비교적 단기 투자 성향을 보이는 투자세력이다. 2020년 코로나 위기로 시장이 급락한 후 시장이 회복하는 과정에서 대량 매수로 시장을 주도하기도 한다. 2020년 외국인은 전체적으로 24.4조 원의 순매도를 보였으나 영국 투자그룹은 증시 상승 과정에서 적극적으로 매수에 가담하여 4.0조 원의 순매수를 보였다. 한편 2021~2022년 2년간은 약 14.7조 원을 순매도하여 주식을 대거 처분하였다.

다음으로 룩셈부르크나 아일랜드는 자국의 주요 금융그룹 투자자들이 아니다. 해외 유수 자산운용사를 비롯한 다양한 금융기관이 세제 혜택과 유연한 규제 때문에 이들 국가에 등록한 펀드다. 이들은 정통 뮤추얼펀드와는 성격이 다른 다양한 펀드들로 투자성향을 단정적으로 말하기는 어렵다.

한편 자산운용사, 투자은행 외에 전 세계 자본시장에 적극적으로 투자하는 연기금, 국부펀드, 중앙은행도 국내에 투자하는 중

증권시장, 고정관념을 깨다

추적인 투자세력이다. 싱가포르, 노르웨이, 네덜란드, 일본, 중국, 사우디, 쿠웨이트, 아부다비 등은 주로 연기금, 국부펀드, 중앙은행 등 공적 자금으로 국내주식에 대규모로 투자하는 중장기 투자세력으로 보면 된다. 이들은 주로 인덱스 종목에 투자하는 패시브펀드(passive fund) 성격이 강하며, 국민연금처럼 직접 운용하기도 하고 일정 부분은 자산운용사에 일임하여 투자하기도 한다.

싱가포르와 홍콩은 국제금융 중심지로서 해외 유수 투자은행의 현지법인 데스크에서 활발한 매매를 보이기도 한다. 그 외 케이만 군도 등은 헤지펀드나 알고리즘을 이용한 퀀트(Quant) 투자 세력으로 매매가 빈번한 비교적 단기투자 성향을 보인다.

뮤추얼펀드, 연기금, 국부펀드가 주도세력이다

종합해보면, 외국인은 크게는 미국계 펀드와 연기금과 싱가포르, 노르웨이, 네덜란드, 일본, 중국, 중동국가 등의 연기금과 국부펀드 등이 중장기 투자세력으로 시장의 중장기적 흐름을 주도하는 세력으로 분석된다. 또 다른 축은 미국계 금융그룹의 런던 현지법인(증권회사)과 유럽계 금융그룹들로 다양한 투자전략을 구사하는 매매가 활발한 투자그룹으로 시장의 단기적 흐름을 주도하는 세력으로 이해하면 된다. 기타 케이만 군도를 비롯한 조세회피 지역 펀드들은 단기매매나 퀀트 매매로 매매가 빈번한 투자세력으로 주류 투자세력이라고 보기는 어렵다.

우리나라에 투자하는 외국인은 세계 유수의 투자은행, 자산운용사, 연기금, 국부펀드 등이 주류 세력이다. 물론 돈의 속성상 경기 상황에 따라 비교적 단기적으로 매매하는 세력들은 세계 어디나 있다. 또 증권회사 트레이딩 데스크는 원래 다양한 매매전략으로 빈번하게 사거나 팔거나 한다.

기업에 목소리를 내는 행동주의 펀드는 소수다

가끔 높은 배당을 요구하거나 기업 합병에 반대하는 등 국내 기업에 문제를 제기하는 외국인 투자자들도 있다. 소위 행동주의 펀드들로 외국인 가운데 그들은 소수이다. 주주이기 때문에 목소리를 크게 내는 투자자들도 있는 것이다.

그들의 주장은 시장에서 검증을 거치게 된다. 부당한 요구는 다수의 주주에 의해 배척되며, 합리적인 요구는 지지를 받게 된다. 국내 증시 개방 30년이 지났는데, 그간 국내 상장기업 경영권에 대한 악의적인 침탈은 사실상 없었다. 문제를 제기하고 또 소송을 거는 일부 행동주의 펀드들이 있지만, 언론이 민감하게 보도하여 부정적 인식이 커진 측면도 없지 않다.

국내채권 투자세력은 외국 중앙은행이 주도한다

외국인의 국내 증권투자의 또 다른 축인 채권투자는 2023.6월 말 현재 242.8조 원으로 전체 상장채권 잔액의 9.9%를 차지하고 있다. 외국인은 투자금액의 87.5%를 국채에 투자하고 있는데, 보유잔액은 212.5조 원으로 국채 상장잔액의 19.5%를 차지하고 있다. 나머지는 거의 통안채로 보유잔액은 20.1조 원, 통안채 상장잔액의 16.2%를 차지하고 있다. 그 밖에 특수채에 투자하고 있으며, 회사채는 거의 투자하지 않는다.[1]

외국인 주요 투자세력은 신흥국 중앙은행으로 외환보유고의 통화 다변화 차원에서 우리나라 국채에 투자하고 있는 것으로 보인다.

나머지 투자그룹은 일부 국가의 국부펀드, 국제기구, 글로벌 채권펀드가 국내에 투자하고 있다. 예전 외국인 채권투자의 큰 축이었던 미국계 채권펀드는 대부분 처분한 것으로 보인다. 또한 대규모 자금의 유출입을 초래하는 단기매매 성향의 유럽계 은행 차익거래도 현저히 감소한 것으로 추정된다.

2021.4월 말 현재 지역별로는 아시아 47%, 유럽 30%, 미주 9%, 중동 5%, 기타 9% 등이다.[2] 주식투자와 달리 미국의 비중이 현저히 낮고 아시아의 비중이 매우 높다. 투자 주체별로는 중앙은행 45%, 국부펀드 14%로 공공부문이 약 60%를 차지하여 이들이 외국인 채권투자의 주도세력이다. 나머지는 펀드 14%, 은행 14%, 증권사·연기금·보험 등 기타부문이 11%를 차지하였다.

외국인의 채권투자는 2010년 이전에는 상업은행, 투자회사 등 민간자금의 비중이 90% 내외로 대부분이었다. 2010년 이후 외국 중앙은행, 국부펀드 등이 국내 채권투자를 확대하기 시작하여 2016년 이후에는 공공자금의 비중이 70% 내외 수준까지 높아졌다.[3]

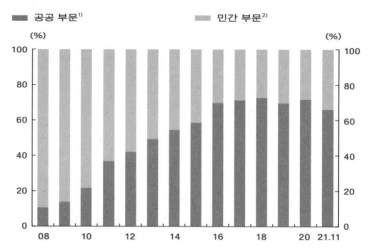

주: 1) 중앙은행, 국부펀드, 국제금융기구 등
   2) 상업은행, 투자회사, 증권회사, 연기금 등
자료: 한국은행

(출처 : 한국은행 금융안정보고서 2021년 12월)

증권시장, 고정관념을 깨다

24

공매도는 증권시장에서
공공의 적인가

"나는 공매도가 싫어요."

2020년 서울 시내 한복판에 공매도 반대운동 버스에 걸린 슬로건이다. 중장년 세대들에게는 추억이 서려 있는 반공 표어를 카피한 것이다. 그만큼 공매도는 개인투자자들에게 공공의 적으로 인식되고 있다. 개인투자자들은 2022년 주가 급락을 초래한 주범으로 외국인의 공매도를 지목하고 있어 여전히 공매도가 뜨거운 감자임엔 틀림이 없다.

공매도(short sales)는 특정종목 주가가 고평가되었다고 판단되면 해당 주식을 빌려서 매도하고 주가가 하락하면 다시 매수하여 주식을 반환하고 차익을 얻는 거래 전략이다. 하지만, 예상과 달리 주가가 상승하면 큰 손해를 볼 수 있는 리스크가 큰 거래이기도 하다.

공매도는 증권시장에 유동성을 공급해주고 가격 발견의 효율성을 높인다는 긍정적 효과 때문에 대부분 국가에서 허용되는 정상적인 거래다. 이를 원천적으로 금지하는 국가는 아마도 없다. 다만, 가격 하락을 부추겨 투기적으로 악용될 소지가 있어 몇 가지 제도적 장치를 두고 규제하고 감시하고 있다. 직전 체결가격 밑으로 호가를 제출할 수 없도록 규제하고(소위 '업틱룰' uptick rule), 대량으로 공매도하면 그 포지션을 공시하도록 의무화하고 있다.

또 결제가 불이행되면 시장의 안정성과 신뢰성이 훼손될 우려가 있어 대체로 무차입공매도(naked short sales)는 금지하고 있다. 공매도는 특성상 리스크가 큰 거래전략이기 때문에 공모펀드는 공매도 자체가 금지되고, 많은 기관투자가도 대체로 공매도를 활용하지 않는다. 외국인의 경우 뮤추얼펀드, ETF, 연기금, 국부펀드 등 현재 우리 주식시장에 투자하고 있는 주요 중장기 투자세력은 공매도를 하지 않는다.

공매도 주도세력은 누구일까

공매도 전략을 주로 활용하는 세력은 미국과 유럽계 투자은행(증권사), 일부 헤지펀드 등이다. 그들은 롱숏(long-short), 헤지(hedge), 스왑(swap) 등 다양한 거래전략을 구사하는 진정한 프로 투자세력

증권시장, 고정관념을 깨다

이다. 또 사모펀드나 헤지펀드는 직접 공매도를 하기보다는 주식 대여 등 종합서비스를 제공하는 증권회사(프라임브로커, prime broker)와 파생계약을 통하여 공매도 전략을 취하기도 한다.

즉, 우리시장에 공매도 포지션을 공시하고 있는 Goldman Sachs, JP Morgan, Merrill Lynch 등 유수 글로벌 IB(영국 현지법인 명의)의 공매도 포지션은 자체적인 공매도일 수도 있고 사모펀드나 헤지펀드의 파생계약에 따른 공매도일 수도 있다는 것이다.

공매도는 주가가 고평가된 주식을 빌려서 매도하는 경우가 일반적이다. 하지만 글로벌 시장 간, 유사종목 간, 현물주식과 선물지수(또는 옵션) 간, 현물주식과 주식관련사채(CB, BW 등) 간 가격 차이를 이용한 다양한 투자전략의 하나로 활용되기도 한다. 이렇게 다양한 투자전략으로 공매도가 이용되고 여러 계약을 통해 이루어지기도 하여 그 구체적인 실상이나 성격을 정확하게 파악하기 어려운 것이 글로벌 시장의 현실이다.

공공의 적으로 인식되고 있는 것이 현실이다

공매도는 외국인의 비중이 대부분이어서 외국인의 전유물처럼 인식되고 있다. 또 개인투자자보다는 유리한 조건으로 주식을 빌릴 수 있어 '기울어진 운동장'이라는 비판을 받는다. 더욱이 주가가 급락하는 과정에서 외국인의 공매도가 증가하여 공공의 적으로 인식되고 있는 것이 현실이다. 대표적으로 2007년부터 2008년 당시 주가가 많이 오른 상태에서 미국의 서브프라임 위기가 글로벌 금융위기로 악화하면서 외국인의 공매도가 48.5조 원이나 쏟아졌다. 최근 2022년에는 미국 중앙은행의 공격적 금리인상으로 주가가 하락하면서 외국인 공매도는 101.2조 원으로 급증하였다.

2020년 코로나 위기상황에서 과거 상흔이 되살아나 우리나라는 재빠르게 전 종목 공매도 금지조치를 단행하였다. 그 후 전 세계적으로 중앙은행이 금리를 인하하고 유동성을 확대하는 한편 여러 시장 안정화 조치가 취해지면서 국내 증권시장도 급속히 회복하였다. 애초 공매도 금지시한인 8월에는 코로나로 경제상황이 여전히 안 좋은 상태에서도 주가지수는 코로나 이전 수준을 거의 회복하였다. 하지만 여론에 떠밀려 금융감독당국은 공매도 금지조치를 해제하지 못하고 연장하게 되었다.

2021.2월에는 정치권도 이러한 논의에 뛰어들면서 애초 공매도 금지조치 해제 방향이 뒤집히는 상황이 연출되었다. 외국 언론에서는 여전히 공매도를 금지하고 있는 인도네시아와 비교하면서 국내증시 수준을 비판하였다.

2021년 초 코스피지수가 사상 최초로 3천 포인트를 돌파하고 삼성전자 주가도 10만 원을 눈앞에 두고 있는 상황에서 '10만 전자'라는 별명이 언론을 도배하였다. 그 당시 공매도가 허용된 상황이었다면 '10만 전자'라는 말도 나오지 않았을 것이고, 투자자들도 그렇게 높은 가격으로 삼성전자 주식을 사지 않았을 것이라고 감히 추측해 본다.

그 후 2021.5월 코스피 200종목, 코스닥 150종목에 대하여 공매도 금지조치가 해제되고 외국인의 공매도도 재개되어 전체 공매도 중 외국인의 비중은 약 80% 수준을 보인다. 시장 전체 거래대금 기준으로는 약 3~5% 수준이어서 다른 선진국(약 20~40% 수준)에 비해 공매도 규모가 현저히 낮은 수준이다.

공매도가 증권시장에서 정말 공공의 적인가

공매도가 주가 급락의 주범으로 증권시장에 있어서 정말 공공의 적인가? 먼저 그간 실증적 분석에 의하면 그렇지 않다는 것이 대체적인 중론이다. 한국거래소는 "공매도가 주가하락을 유발한다는 주장에 대해서는 현재까지 이론적으로나 실증적으로 타당성이 검증된 바는 없다."라고 설명한다.[1] 또 "실제 미국, 영국, 일본 등 주요 금융 선진국에서는 코로나19 위기에 따른 주가 급락 상황에서도 공매도가 주가하락을 유발하지 않을 것이라고 보고 공매도 금지조치를 취하지 않았다."라고 했다.

대체로 국내 연구결과들도 공매도가 주가 하락을 과도하게 부추긴다고 판단하기는 어렵다는 결론이다.[2] 주가가 급변한 시기에도 약탈적인 공매도 행태의 증거가 발견되지 않았다고 분석했다. 2022년 주가 급락 시기에도 공매도와 주가 간에 상관관계가 비교적 낮은 수준이었다. 설령 상관관계가 높다 할지라도 공매도가 주가 하락을 초래한다는 인과관계를 단정할 수는 없다.

증권시장에서 대표적인 '공공의 적'은 누구인가

자본시장법에서 규제하고 있는 대표적인 불공정거래는 시세조종, 미공개정보 이용(내부자거래), 부정거래다. 이러한 불법행위는 형사처벌과 손해배상 대상이 되는 중대한 범죄행위다. 이른바 '3대 중대 불법행위'야말로 증권시장의 '공공의 적'이라고 할 수 있다.

시세조종(market manipulation)은 투자자들을 오도하기 위해 여러 계좌를 동원하여 인위적으로 주가를 끌어올리는 행위로 공정한 시세 형성을 저해하는 대표적인 불법행위이다. 소위 작전세력이 특정종목의 주가를 인위적으로 끌어올리고 투자자들이 가세하여 주가가 더 오르면 주식을 팔아치워 부당이득을 얻는 불법행위다.

2006년 1주당 1천 원 정도 하던 주식이 6개월 후 5만 원 정도까지 약 46배나 급등한 전설의 '루보사태'가 전형적인 케이스다.

내부자거래(insider trading)는 임원 등 내부자가 투자자에게 공개되기 전에 회사의 중요정보를 이용하여 부당이득을 취하는 불법행위다. 이는 내부정보를 알지 못하는 선의의 투자자들을 속이는 대표적인 불공정한 불법행위다. 대규모 기술 수출계약 체결 시 또 계약 해지 시 미공개정보를 이용한 한미약품 주식 내부자거래 사건이 언론에 크게 회자하였다.

다음으로 부정거래(securities fraud)인데 이는 다양한 수법이 이용된다. 예를 들어 재무제표를 조작하고(회계분식) 이를 이용하여 자금을 조달하는 행위, 실제 사업을 추진할 의도나 계획도 없으면서 사업을 추진한다는 허위공시를 내고 투자자들이 이를 믿고 매수에 가담하여 주가가 상승하면 보유주식을 처분하는 행위 등 모두 투자자를 속이는 사기거래로 증권시장의 중대 범죄행위다. 희대의 'CNK의 카메룬 다이아몬드 광산 사기사건'과 '청담동 주식부자 이희진의 장외주식 사기거래 사건'이 기억에 남을 만하다.

이러한 3대 중대 불법행위는 거래에 참여하는 많은 투자자에게 엄청난 피해를 주는 것은 물론이고 증권시장의 공정성과 신뢰성을 해치는 공공의 적이다. 이러한 행위는 징역형(1년 이상) 또는 벌금형(부당이득의 3~5배) 등 무거운 형사벌칙이 적용되는 중대 범죄행위이며, 피해에 따른 손해배상 책임도 뒤따른다.

무차입공매도는 얼마나 중대한 위법행위일까

자본시장법에서는 무차입공매도를 금지하고 있다. 이는 투기적 거래로 악용될 소지가 있고 결제 불이행이 발생하면 증권시장의 안정성과 신뢰성을 훼손할 우려가 있어 원칙적으로 금지하고 있다. 많은 나라도 무차입공매도를 금지하고 있다. 하지만 법규에서 '무차입'이나 '차입'이냐를 따질 때는 공매도 주문 이전에 주식을 빌리기로 약정하였느냐, 즉 대차계약을 체결했느냐의 여부에 달려있다. 빌린 주식이 거래계좌에 입고되어 있는지를 따지지는 않는다.

대차계약을 맺었으면 실제 본인의 계좌(보관은행)에 빌린 주권이 입고되지 않았다 하더라도 합법적인 차입공매도다. 외국인 기관 투자가들은 대체로 규약상 증권회사 계좌에 주식을 보관하지 않고 주로 은행에 보관한다. 공매도 후 결제일에 증권예탁결제원에 있는 외국인의 보관은행 예탁자계좌부에서 거래 증권회사 예탁자계좌부로 이체되어 결제가 이루어진다. 참고로 개인투자자는 증

증권시장, 고정관념을 깨다

거금 면제기관이 아니어서 공매도하려면 대주계약을 맺고 실제로 주식이 증권회사 계좌에 입고되어 있어야 주문이 나갈 수 있다.

만약 대차계약을 맺지 않은 상태에서 그냥 공매도 주문을 내면 무차입공매도가 되는 것이다. 설령 공매도 주문 이후 대차계약을 통해 주식을 빌려와서 결제를 잘 이행하더라도 무차입공매도가 되는 것이다. 만약 결제가 잘 완료되면 이러한 무차입공매도는 적발하기는 쉽지 않다. 최근 홍콩 소재 글로벌 증권사에서 관행적으로 무차입공매도 주문을 내고 사후에 차입하여 결제하는 불법 공매도 행위가 적발되었다.[3]

무차입공매도가 위법이기는 하지만 앞에서 언급한 3대 중대범죄 행위와는 엄연히 무게감에서 차이가 있다. 그래서 그간 법에서도 형사벌칙 대상이 아니라 가벼운 과태료(행정질서벌) 부과 대상이었다. 하지만 외국인의 무차입공매도가 자주 발생하고 주가하락에 따른 공매도 여론이 악화하면서 2021년 법이 개정되어 과징금 부과 대상이 되고 나아가 다른 중대 범죄행위와 같이 형사벌칙(징역형과 벌금)이 적용되게 되었다. 무차입공매도가 결제 불이행 위험으로 증권시장의 안정성을 훼손할 우려가 큰 위법행위임은 틀림이 없으나 그 자체로 중대 위법행위인 사기행위에 해당하지는 않는다.

부정거래와 연계되어야 중대범죄가 된다

예를 들어 어느 외국인이 A종목을 대량으로 공매도한 후 온라인을 활용하여 허위의 자료나 소문을 퍼뜨리거나, 애널리스트와 짜고 의도적으로 부정적인 리포트를 발표하도록 하여 주가를 떨어뜨린 후 저가로 주식을 매수하여 부당이득을 취하면 부정거래에 해당할 수 있다. 이는 부정거래의 하나의 유형이지 공매도 절차를 준수했다면 공매도 위법행위는 아니다.

또 부당이득을 얻으려고 고의로 반복적으로 행하는 무차입공매도, 업틱룰(uptick rule)을 피하려고 공매도임에도 일반 매도주문으로 위장하여 가격 하락을 부추기는 약탈적 주문을 내는 행위 등도 부정거래로 처벌될 수 있다. 이는 불법 공매도 행위임과 동시에 부정거래에 해당할 수 있는 유형이다.

개별기업에 대한 부정적인 공시가 나오기 전에 공매도가 급증하여 공매도 세력이 사전에 내부정보를 알고 이용한 혐의가 있다는 보도가 나오곤 한다. 만약 그렇다면 이 또한 미공개정보 이용행위에 해당하여 중대범죄가 되는 것이다. 공매도는 수단에 불과하며 미공개정보 이용이 사건의 본질이다. 이처럼 공매도가 부정한 기법과 연계되면 중대범죄가 되는 것이지 공매도 그 자체의 위반은 3대 중대범죄보다는 등급이 낮은 위법행위에 불과하다.

외국인의 공매도 위반은 어느 정도 중대한 위법행위일까

결론적으로 말해 외국인의 무차입공매도는 잔고관리 소홀 등 내부통제 미흡에서 비롯된 경우가 대부분이다. 최근 10년간 무차입공매도 제재사례 중 90% 이상이 착오 등에 기인했다.[4] 이는 대부분은 고의로 부당이득을 취하려고 무차입공매도를 한 것도 아니고 더욱이 부정거래와 연계된 중대한 위법행위를 한 것도 아니라는 것이다.

일례로, 2018.5.30~5.31 이틀간 골드만삭스 영국 현지법인은 96개 종목(401억 원)에 대해 무차입공매도가 발생하여 2018.11월 75억 원의 과태료를 부과 받았다. 시세조종이나 미공개정보 이용 등 불공정거래와 연계된 혐의는 확인되지 않았다.

구체적으로, 공매도 주문 화면에서 '온라인 협상' 메뉴에 차입희망 주식내역을 입력하고 대여기관(보관기관)에 차입을 요청할 의도였으나, 실제로는 '차입결과 수동입력' 메뉴에 차입 희망 주식내역을 잘못 입력하였다. 즉, 온라인·오프라인 주식 차입 업무처리 착오로 발생한 사건이었다. 화면 입력 실수나 잔고관리 소홀 등 발생 원인을 불문하고 시장에 중대한 영향을 미친다는 점을 고려하여 애초 예상을 훨씬 뛰어넘은 사상 최대의 과태료 부과 조치가 취해졌다.

한편 원래 공매도 전략을 취하는 투자세력이 아닌 외국 연기금 B사는 잔고관리 착오로 10회에 걸쳐 총 1천3백만 원 상당의 무차입공매도가 발생하여 2020.9월 공매도 금액의 약 27배인 3억 6천만 원의 과태료를 부과 받았다. 금융감독당국도 미미한 사안이라고 밝히고 있는, 실수로 발생한 외국 연기금의 소액 무차입공매도에 대하여 엄청난 과태료 부과가 타당한지 논란이 제기됐다.

무차입공매도로 조치를 받게 되는 외국인 투자자들은 고의적인 위반이 아닌 잔고관리 착오, 실수 등으로 발생한 것이므로 글

(출처 : 금융위원회 카드뉴스, 2023.3.9.)

증권시장, 고정관념을 깨다

로벌 스탠다드를 고려하여 가벼운 조치가 적절하다고 주장한다. 반면 금융감독당국은 외국인의 무차입공매도가 자주 발생하고 시장에 중대한 영향을 미친다는 점, 나아가 공매도에 대한 부정적인 여론 등을 고려하여 징벌적 수준의 무거운 제재를 부과하고 있다.

우리나라 공매도 감시·감독 체계는 잘 구축되어 있다

우리나라 공매도 규제제도는 선진국보다 엄격하고 감시·감독 체계도 잘 구축되어 있다.

2016년에는 법령 개정을 통해 종목별 상장주식수의 0.01% 이상이면서 평가액이 1억 원 이상 또는 평가액이 10억 원 이상이면 공매도 잔고를 감독당국에 보고하도록 하였다. 또한 종목별 상장주식수의 0.5% 이상의 공매도 잔고를 보유하면 공시하도록 의무화하였다. 투자자별로 대량 공매도 잔고를 보고하고 종목별로도 공시하도록 하는 이중 장치가 도입되었다. 이러한 보고의무와 공시의무 위반에 대해 과태료 부과 등 제재 근거도 마련되었다. 미국, 일본, EU 등 선진국은 대량 공매도 보고와 공시 중 하나만 채택하고 있으나 우리나라는 둘 다 도입하여 제도를 더욱 엄격하게 운영하고 있다.

2017년 증권거래소는 일정규모 이상의 공매도와 주가하락이 발생한 종목에 대해 그다음 날 공매도를 금지하는 '공매도 과열종목 지정제도'를 도입하였다. 최근에는 공매도 비중이 상당하더라도 과열종목으로 지정되지 않은 경우가 많아 제도의 실효성이 떨어진다는 비판이 제기되었다. 이에 따라 공매도 거래비중(30% 이상), 주가 하락률(3% 이상), 공매도 거래대금 증가율(2배 이상)을 추가하는 등 지정요건을 강화하였다. 이 제도는 세계 어느 나라에서도 시행하지 않은 이른바 '핀셋장치'로 공매도 부작용을 최소화하는 데 중요한 역할을 하고 있다.

2018년 대규모 무차입공매도가 적발되고 여론도 악화하여 2020년 법 개정을 통해 가벼운 과태료 조치가 폐지되고 과징금과 형사벌칙(1년 이상 징역 또는 부당이득의 3~5배 벌금)이 도입되어 처벌도 강화되었다. 무차입공매도는 당연히 금지되고, 공매도에 대해서는 소위 '업틱룰(uptick rule)'이 적용되어 직전 체결가 이하로 주문을 낼 수 없다. 또 일반매도 주문과 달리 공매도 주문임을 표시하여 제출하여야 한다.

그간 증권거래소 감리부서와 금융감독원 자본시장조사부서에서 시세조종 등 중대 불공정거래뿐만 아니라 공매도 위반행위에 대해서도 감시·조사하여 제재해 왔다. 하지만 공매도 위반이 자

< 공매도 규제수준 비교 >

국가	무차입 금지	업틱룰	공매도 금지		공매도 호가 표시	공매도 잔고 보고·공시	
			개별종목	시장전체		투자자별	종목별
한국	○	○	○	△	○	○	○
미국	△[1]	△[2]	×	×	○	×	○
영국	○	×	×	×	×	○	×
일본	○	△[2]	×	×	○	○	×
홍콩	○	○	×	△	○	×	○

1) 시장조성자는 무차입 공매도 가능 2) 주가가 전일 대비 10% 하락한 경우에만 적용

(출처 : 금융위원회·대검찰청·금융감독원·한국거래소 합동 보도자료, 2022.7.28.)

주 발생하고 주가 하락으로 여론이 악화하자 불법 공매도 근절을 위해 2022년 증권거래소는 '공매도특별감리부'를, 금감원은 최근 '공매도조사팀'을 '공매도특별조사단'으로 확대하여 집중 감시·점검·조사하고 있다. 이처럼 공매도 제도가 강화되고 특별조직을 통한 감시·조사 체계도 구축되어 우리나라의 공매도 규제·감시·조사체계는 세계적으로 매우 높은 수준이다.

미국과 일본은 주가가 전일 대비 10% 이상 하락한 경우에만 업틱룰을 적용한다. 우리나라는 공매도 전에 실제 차입하거나 차입계약을 의무화하고 있으나 미국은 소위 'locate 기준(결제일까지 차입할 수 있다는 믿을만한 합리적 근거)'을 적용하여 규제가 우리보다 훨씬 느슨하다.

우리가 무차입공매도를 금지하고 있는데, 반해 미국은 악의적으로 남용한 경우에만 금지하고 있으며, 시장조성자는 무차

입공매도 자체가 허용된다. 미국 규제감독당국인 SEC(Securities and Exchange Commission)는 공매도 위반혐의를 상시로 감시하지도 않는다. 물론 우리는 개별경쟁매매 방식이고 미국은 딜러제도로 매매거래 구조가 기본적으로 달라 공매도 제도를 직접 비교하는 것은 다소 무리가 있다.

미국은 불법 공매도에 대해 500만 달러 이하 벌금 또는 20년 이하의 징역으로 처벌이 엄격한데 우리나라는 처벌이 약하다는 주장이 계속 제기되고 있다. 미국은 악의적이고 반복적인 무차입공매도 남용행위에 대하여 과징금이나 민사제재금을 부과하고 있다. 단순하게 실수로 발생한 무차입공매도는 처벌대상이 아니다. 한편 징역형은 불법 공매도 사안이라기보다는 공매도와 연계된 시세조종이나 사기거래, 즉 본질이 증권사기인 불법행위에 대한 처벌이다. 따라서 우리나라의 일반적인 공매도 위반에 대한 벌칙과 직접 비교하는 것은 타당하지 않다.

그간 미국 SEC가 조사하여 조치한 불법 공매도 사건을 간략히 살펴보자. 2014년 두 명의 플로리다 주립대 교수가 여러 계좌를 이용하여 20개 회사 주식을 고의적·반복적으로 옵션 전략을 이용한 사기적인 무차입공매도를 통하여 42만 달러(약 5.5억 원)의 부당이득을 얻은 사건에 대하여 법원을 통해 민사제재금 67만 달러(약

8.7억 원)를 부과하였다.

또 선물·옵션 중개회사이며 청산회사인 optionsXpress의 임원과 고객에 대하여 무차입공매도 남용행위에 대하여 480만 달러(약 62억 원)의 과징금을 부과하고 420만 달러(약 55억 원)의 부당이득을 환수조치 하였다.

공매도와 연계된 부정거래를 집중 감시할 필요가 있다

우리나라에서 외국인들이 고의적이고 반복적인 무차입공매도를 하기는 현실적으로 어렵다. 모든 외국인은 금융감독원에 등록하고 매매거래를 보고해야 하고, 10억 원 이상을 공매도하면 감독당국에 별도로 보고도 해야 한다. 또 거래소와 증권회사가 결제불이행을 상시 점검하고 있는 상황에서 고의적인 무차입공매도를 자행하기는 쉽지 않다.

언제든지 주식을 빌릴 수 있고 또 빌리는 것이 절차상 번거로운 외국인은 프라임브로커와 파생계약을 통하여 언제든 공매도 전략을 취할 수 있으므로 악의적이고 반복적인 무차입공매도를 할 유인은 거의 없다. 그래서 그간 발생한 외국인 무차입공매도는 합병 신주나 유상신주 잔고관리 착오, 대차시스템 입력 착오 등 단순한 착오로 발생한 사건이 대부분이다.

따라서 착오로 발생한 무차입공매도에 대해 감시와 조사역량을 집중하기보다는 투자자에게 피해를 초래하는 공매도와 연계된 부정거래 등 중대범죄를 집중 감시·조사할 필요가 있다. 예를 들어, 공매도 후 허위 소문이나 정보를 퍼뜨려 주가가 떨어지면 주식을 매수하여 부당이득을 취하는 행위, 애널리스트와 짜고 부정적인 리서치보고서를 발표하여 주가가 떨어지면 주식을 매수하여 부당이득을 취하는 행위, 업틱룰 예외조항을 악용하여 부당하게 호가를 낮추는 약탈적 공매도 행위 등 공매도와 연계된 다양한 시세조종이나 부정거래 혐의를 엄중히 단속할 필요가 있다.

증권시장은 어차피 기울어진 운동장이다. 덩치가 크고 작은 사람들이 뒤엉켜 돈 벌려고 싸우는 줄다리기 게임이다. 대출을 받는 것도 개인과 기관이 신용이 달라서 그 규모나 금리가 다르다. 공매도도 자금력이 높은 국내기관과 외국인 기관은 쉽게 주식을 빌릴 수 있다. 공매도하는 외국인 기관은 주로 글로벌 대형 IB들로 우리나라 대형 증권회사보다 수십 배 큰 증권회사다. 그들은 글로벌 보관은행을 통하거나 국내 증권회사를 통해 자유롭게 주식을 빌릴 수 있다. 물론 주식이나 채권, 현금을 담보로 맡긴다. 대여자가 회수 요청(리콜)하면 언제라도 상환해야 한다. 그들 나름대로 표

증권시장, 고정관념을 깨다

준계약에 따라 계약을 맺고 주식을 빌리고 빌려준다.

우리나라 공매도 관련 규제와 감독체계는 어느 선진국보다 촘촘하고 엄격하고 우수하다. 최근 개인투자자의 공매도 접근 기회도 많이 개선되고 있다. 투자자에게 막대한 피해를 초래하고 날로 지능화·고도화되고 있는 3대 중대 불공정거래와 공매도와 연계된 불공정거래에 감독·조사역량을 집중하기를 기대한다.

맺음말

경제와 금융시장 모두 어려운 상황이 지속되고 있다. 대내외적으로 여러 요인이 복합적으로 작용하여 해결하기도 쉽지 않다. 돌이켜보면 호황인 시절은 길지 않다.

금융산업 종사자, 기업, 정책당국과 감독당국이 본질에 충실하여 '튼튼한' 금융시장으로 발전하길 기대한다.

금융소비자도 현명한 금융생활과 자산관리로 금융시장과 '행복한' 동행이 되길 소망해 본다.

"독자와 소통하는 현장감 넘치는 금융·재테크 안내서"

권선복
도서출판 행복에너지 대표이사
전) 대통령직속 지역발전위원회 문화복지전문위원

책 『새로운 시선의 금융과 재테크』는 독자와 소통하는 금융·재테크 안내서로서, 최윤곤 저자의 탁월한 전문성과 노력이 돋보이는 작품입니다. 이 책은 단순히 재테크 방법을 안내하는 데 그치지 않고, 금융시장의 작동 원리를 파악하고 고정관념을 깨는 데 주목합니다.

첫째로, 저자는 명쾌한 재테크 원칙과 실전 포트폴리오를 제시하여 독자들에게 현실적인 투자 전략을 제공합니다. 금융시장에서의 재테크 원칙과 포트폴리오를 자세히 다루며, MZ세대가 은퇴 후 30억을 만들 수 있는 구체적인 방법을 세밀하게 안내함으로써 독자들에게 실용적인 가이드를 제공합니다.

둘째로, 금융시장의 현장을 실감 나게 안내함으로써 독자들에게 금융시장의 복잡성과 실제 작동 원리를 논리적으로 설명합니다. 금리나 환율과 같은 주제를 다룰 때 비유와 예시를 활용하여 낮은 단계부터 전문적인 부분까지 쉽게 설명함으로써 독자들이 금융시장의 작동 원리를 명확하게 이해할 수 있도록 구성되어 있습니다.

셋째로, 고정관념을 파헤치는 금융이슈 평론을 제공하여 독자들에게 실전적인 통찰을 제공합니다. 다양한 고정관념을 정리하고 오해와 고정된 사고방식을 파악하는 데 주력하여 독자들에게 금융시장에 대한 심도 있는 이해를 부여합니다.

저자는 금융감독원에서의 33년간의 경험과 최근 2년간의 금융교육 교수로서의 노하우를 바탕으로 독자들에게 금융시장과 재테크 실전 전략을 알기 쉽게 설명하고 있습니다. 이는 부동산저축 시대에서 금융저축 시대로의 전환기적 시점에서 독자들에게 유용한 금융·재테크의 안내서이자 길잡이가 될 것입니다.

책 『새로운 시선의 금융과 재테크』가 청년부터 장년까지, 일반

출간후기

인뿐만 아니라 금융업계 종사자까지, 다양한 독자층에서 금융과 재테크에 관심 있는 사람이라면 누구에게나 유익하고 실용적인 지식을 제공하는 필독서가 되리라 확신하며, 이 책을 읽는 모든 독자에게 팡팡팡! 행복에너지가 넘쳐나게 되기를 기원합니다.

[참고 자료]

3장

1. 미래에셋투자와연금센터『연금선진국들은 어디에 투자할까?』(2017.12.12.)

2. 사람인『2022년 신입직원 연봉현황 조사』중 중소기업은 2,881만 원, 대기업은 5,356만 원으로 이를 대략 평균한 수치 4,200만 원을 기준으로 산정함

3. 금융소비자연맹 보도자료 762호, 『생보사 연금저축 수익률, 수수료 빼면 마이너스』(2020.5.12.)

4. 최근 10년간(2013.11~2023.10) 국채30년물 금리 평균 2.48%를 고려하여 3% 할인율로 계산한 것임

5. 30년 후 퇴직연금 총액을 연 5% 수익률로 운용한다고 가정하고, 현재가치는 3% 할인율로 계산한 것임

4장

1. 서울시가 조사한 서울시민 은퇴 후 적정 생활비 조사(2022년 기준)에 따르면 50대 이후는 200~350만 원이 전체의 69%를 차지하고, 50만 원 구간별로 조사한 분포를 평균하면 약 250만 원으로 나타남

5장

1. 미래에셋자산운용, 『금리에 울고 웃는 우리의 노후』(2009)

2. 금융감독원 보도자료『금융꿀팁 200선-저축성보험 가입 시 유의사항』(2018.6.1.)

3. 생명보험협회 공시실 사이트 자료를 토대로 계산함

4. 금융감독원 보도자료『금융꿀팁 200선-변액보험 가입자가 알아 둘 필수정보 7 가지』(2016.11.16.)

5. 금융소비자연맹 보도자료 762호『생보사 연금저축 수익률, 수수료 빼면 마이너스』(2020.5.12.), 생명보험협회 보도해명자료『금융소비자연맹 '연금저축수익률, 수수료 빼면 마이너스' 보도자료 관련』(2020.5.13.)

6. 생명보험협회 공시실 사이트 자료를 토대로 계산함

7. 연 10% 수익률로 계산하면 약 40억 원에 달함

8. 연금기준액을 역산하면 납입보험료에 대한 사업비와 위험보험료는 약 24%로 추산됨

9. 금융감독원 보도자료『금융꿀팁 200선-종신보험 가입 시 유의사항』(2018.8.13.)

9장

1. 필자는 MBA 과정에서 1997.7월 워싱턴에서 한 달간 미국 정부시스템에 대한 특별 프로그램을 수강한 적이 있다. 현장학습(field trip)으로 재무부, 연방준비위원회, 의회 등을 방문하여 설명을 들었다. 재무부에서는 David Lipton 차관보가 설명을 했는데, 당시 국내에서 한국은행의 독립성 확보가 주요 이슈여서 Lipton 차관보에게 질문하여 들은 내용이다. 연방준비위원회 간부로부터도 비슷한 설명을 들었다.

10장

1. 10장 내용은 Board of Governors of the Federal Reserve System, 『The Fed Explained : What the Central Bank Does』자료와 Federal Reserve Act(중앙은행법)를 참고함

2. 일본은 외국의 기관 명칭에 Board를 대부분 '이사회'로 번역하고 있다. 그래서 일본은행은 Board of Governors of the Federal Reserve System을 '연방준비제도이사회', Financial Stability Board도 '금융안정이사회'로 쓰고 있다. 일본 외무성은 UN의 Security Council도 '안전보장이사회'로 쓰고 있으며, 우리나라는 이를 그

대로 쓰고 있다. '연방준비제도이사회'는 잘못된 명칭이다. FSB는 '금융안정위원회'로, Security Council은 '안보위원회' 또는 '안전보장위원회'로 쓰는 것이 적합하다. 미국의 연방정부 기관 명칭에 '국'을 사용한 사례가 많은데, 예를 들어 '식품의약국', '연방수사국', '중앙정보국' 등도 일재잔재로 잘못된 명칭이다. 이들은 미국 행정부의 각 부처 소속기관이거나 독립기관으로 '식품의약품청', '연방수사청', '중앙정보청'으로 쓰는 것이 적합하다. 기관의 장(長)도 당연히 '국장'이 아니라 '청장'이 적합하다.

3. Institutional Investor 보도 (2020.2.24.)

4. Federal Reserve Act, section 4의 9~12, 16~17, 20

5. Federal Reserve Act, section5와 section 7

6. Federal Reserve Act, section 11

7. Board of Governors of the Federal Reserve System, 『The Fed Explained : What the Central Bank Does』 4~5p

8. Federal Reserve Act, section 11, section 16

9. Federal Reserve Act, section 10의 10

10. Federal Reserve Board 보도자료, Minutes of the Federal Open Market Committee, September 19-20, 2023

11. Federal Reserve Act, section 11

12장

1. 금융감독원 보도자료, 『2021년도 신용평가실적 분석 및 시사점』(2022.5.4.)

2. 한국경제인협회(FKI) 보도자료, 『상장사 한계기업 비중 추이 분석』(2023.5.22.)

14장

1. 자본시장 이슈보고서 21-01, 『전자거래 확대에 따른 외환시장의 변화 및 시사점』(2021.1.12.)

15장

1. 기획재정부 보도자료, 『거시 건전성 제고를 위한 '자본유출입 변동 완화방안'』(2010.6.14.)

2. 한국은행 보도자료, 월별 『국제금융·외환시장 동향』

16장

1. KIET 산업경제이슈 제143호, 『원화 환율의 수출영향 감소와 시사점』(2022.10.19.)

2. 한국무역협회 국제무역통상연구원 2020년 11호 『우리 수출의 부가가치 및 고용창출 구조 변화(2000~2019)』(2020.4월), 2022년 16호 『수출의 국민경제 기여효과 분석(2021년)』(2022.7.13.)

19장

1. 2016년 99.2%, 2017년 34.6%, 2018년 39.3%, 2019년 97.2%, 2020년 60.9%, 2021년 0.0%, 2022년 6.1%로 나타남

2. 2018년, 2021년, 2022년은 거의 안타를 치지 못함

3. 자본시장연구원 이슈보고서 20-26, 『국내외 요인의 국내 주식시장에 대한 영향도 분석』(2020.10.14.)

20장

1. 자본시장연구원 『코리아 디스카운트 원인 분석』(2022.9월)

2. SK증권 리서치보고서 『보이지 않는 세상에서 투자하는 법』(2021년)

3. Patent 21 통권 78호, 『브랜드 가치평가의 기준 및 효용성』(2008년)

4. 미국 자본시장 규제감독기관 SEC의 공시시스템 EDGAR 공시자료를 토대로 계산함

5. 금융감독원 공시시스템 DART 공시자료를 토대로 계산함

6. 한국거래소 보도자료, 『유가증권시장과 해외 주요시장 투자지표 비교』(2023.5.3.)

7. 이효석 『나는 당신이 주식 공부를 시작했으면 좋겠습니다』(2021년)

8. KB증권, 『2023년 주목해야 할 미국주식』(2023.3.6.)

21장

1. 시총비율(버핏지수)은 2021년 말 기준, 데이터는 gurufocus.com 참고함

22장

1. 금융연구원 금융브리프 17권 37호, 『금리-주가의 관계 및 향후 전망』(2008년). 1997.10~1999.1월 외환위기로 금융변수가 불안정한 기간은 분석에서 제외함

2. 대한경영학회지 제27권 제2호, 『기준금리 조정이 주가에 미치는 영향』(2014년)

3. 삼성증권, 『주식과 채권의 상관성』(2022.8월)

4. 금융연구원 금융브리프 17권 30호, 『금리·주가·환율 간 상관관계 변동과 시사점』(2008년)

5. 한국은행 경제연구원 제24권 제2호, 『주식자금 유출입, 주가, 환율 간의 구조적 관계 분석』(2018년)

6. 시장경제연구 제50집 제3호, 『글로벌 금융위기 이후, 한국의 환율과 주가지수 간의 선·후행 관계 분석』(2021.10월)

23장

1. 금융감독원 보도자료, 『2023.6월 외국인 증권투자 동향』(2023.7.9.)

2. 금융감독원 보도자료, 『2021년 중(1~4월) 외국인 국내채권 투자 동향』 (2021.5.14.)

3. 한국은행 2021.12월 금융안정보고서, 주요 현안분석 Ⅲ『주요국의 통화정책 정상화가 외국인 국내증권투자에 미치는 영향』(2021.12.23.)

24장

1. 금융위 보도참고자료, 『5월 2일까지 주식시장 공매도 금지조치 연장, 5월 3일부터 코스피200·코스닥150 주가지수 구성종목에 대해 공매도를 부분 재개합니다』중『공매도 사실은 이렇습니다』설명자료 (2021.2.3.)

2. 자본시장연구원, 『외국인 주식공매도는 주식시장과 외환시장을 교란하는가?』 (2009), 재무관리학회 재무관리연구 제28권 제3호, 『개별종목 수준에서의 외국인 공매도의 주가에 대한 인과적 영향력 및 선행성에 관한 연구』(2011.9), 한국증권학회-금융연구원 공동심포지움『공매도의 기능과 규제』(2020.9.8.), 한국재무학회『주가와 공매도간 인과관계에 관한 연구』(2009.5)

3. 금융감독원 보도자료, 『글로벌 IB의 대규모 불법 공매도 적발 및 향후계획』 (2023.10.16.)

4. 금융위 보도자료, 『불법공매도에 대한 과징금과 형사처벌이 도입됩니다』 (2020.12.9.)

좋은 **원고**나 **출판 기획**이 있으신 분은 언제든지 **행복에너지**의 문을 두드려 주시기 바랍니다.
ksbdata@hanmail.net   www.happybook.or.kr   문의 ☎ 010-3267-6277

'행복에너지'의 해피 대한민국 프로젝트!

〈모교 책 보내기 운동〉 〈군부대 책 보내기 운동〉

한 권의 책은 한 사람의 인생을 바꾸는 힘을 가지고 있습니다. 한 사람의 인생이 바뀌면 한 나라의 국운이 바뀝니다. 그럼에도 불구하고 많은 학교의 도서관이 가난하며 나라를 지키는 군인들을 사회와 단절되어 자기계발을 하기 어렵습니다. 저희 행복에너지에서는 베스트셀러와 각종 기관에서 우수도서로 선정된 도서를 중심으로 〈모교 책 보내기 운동〉과 〈군부대 책 보내기 운동〉을 펼치고 있습니다. 책을 제공해 주시면 수요기관에서 감사장과 함께 기부금 영수증을 받을 수 있어 좋은 일에 따르는 적절한 세액 공제의 혜택도 뒤따르게 됩니다. 대한민국의 미래, 젊은이들에게 좋은 책을 보내주십시오. 독자 여러분의 자랑스러운 모교와 군부대에 보내진 한 권의 책은 더 크게 성장할 대한민국의 발판이 될 것입니다.

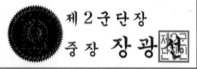